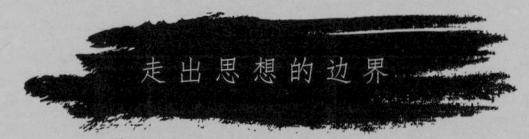

走出思想的边界

knowledge-power
读行者

# 陋规

## 明清的腐败与反腐败

张宏杰 著

# 目 录

**绪 论**
## 腐败：古代王朝的无解难题　001

**第一章**
## 朱元璋：注定失败的铁血反腐　023

- 第一节　｜　最痛恨贪官的皇帝　025
- 第二节　｜　严密的监管体系　031
- 第三节　｜　严酷的反腐运动　034
- 第四节　｜　思维混乱的反腐条规：《大诰》　039
- 第五节　｜　激进反腐的高潮与落幕　045

**第二章**
## 海瑞：一个清官的孤独抗争　053

- 第一节　｜　"笔架先生"的另类精神　055
- 第二节　｜　理想与现实的夹攻　061
- 第三节　｜　逆势而行，革除"常例"　066
- 第四节　｜　一边受排挤，一边升迁　072
- 第五节　｜　千载留名"骂皇帝疏"　077
- 第六节　｜　全面施展政治理想　082
- 第七节　｜　痛苦的赋闲　092
- 第八节　｜　异端，还是"神"？　100

## 第三章
# 康熙：千古明君亲手定下畸形制度 109

第一节 | 天性善良的皇帝 111

第二节 | 康熙反腐的两个错误 115

第三节 | 黄宗羲定律 124

## 第四章
# 雍正：古代反腐的成功案例 127

第一节 | 站在父亲的对立面 129

第二节 | 洞悉下情的天子 132

第三节 | 养廉银改革 137

## 第五章
# 乾隆：前严后废的情绪反腐 141

第一节 | 卓有成效的早期惩贪 143

第二节 | 明君老去，贪腐急速蔓延 152

第三节 | 王朝兴衰系皇帝一念 158

第四节 | 皇帝带头腐败 162

第五节 | 享乐：潘多拉盒子里的魔鬼 165

第六节 | "议罪银"之罪 178

第七节 | 不断升级的腐败段位 183

第八节 | 极具弹性的贪污罪名 188

第九节 | 一场自欺欺人的亏空盘查风波 195

## 第六章
## 嘉庆：反腐的下滑曲线 203

第一节 | 一百分的接班人 205
第二节 | 诛和珅初显身手 211
第三节 | 面对腐败该何去何从 218
第四节 | 改革当口举起保守大旗 225
第五节 | 全面守成 238
第六节 | 从伟大到尴尬 244

## 第七章
## 和珅：清代第一贪官 255

第一节 | 怀才误此身 257
第二节 | 大理财家 265
第三节 | 一个巨贪的诞生 269

## 第八章
## 官场：晚清官员的妥协与坚守 275

第一节 | "不妄取一钱"的林则徐 277
第二节 | "不要钱"的统帅曾国藩 283
第三节 | 不为钱所"累"的李鸿章 290
第四节 | "不以一钱自污"的左宗棠 306
第五节 | "赤贫"刘光第和"巨富"那桐 319

绪论

# 腐败：古代王朝的无解难题

一

细数中国历代王朝,几乎毫无例外地都是在"勃然而兴"后不久就越来越深地陷入腐败泥潭之中,最后也大多因"腐败综合征"而走上灭亡之路。

我个人认为,传统社会里的"权力决定一切",应该为腐败的产生负总责。

自秦朝至清末,从政治层面讲,中国历史基本上就是一段皇权专制不断强化的历史,而皇权专制本身,就是最大的腐败。

皇权专制制度的根本特征是,皇帝不是为国家而存在的,相反,国家是为皇帝而存在的,形成了"家天下"的格局。黄宗羲认为,从秦朝开始的君主专制制度是"以天下之利尽归于己,天下之害尽归于人"(《明夷待访录·原君》)。黑格尔则认为传统中国是"普遍奴隶制,只有皇帝一个人是自由的,其他的人,包括宰相,都是他的奴隶"[1],这句话在中国史书中得到了这样的注解——后梁宰相敬翔曾对梁末帝朱友贞说:"虽名宰相,实朱氏老奴耳。"[2]

这种制度安排,使天下成了君主的世袭产业:

---

[1] 转引自单演义:《庄子天下篇荟释》,西北大学出版社,2009,第221页。
[2] 薛居正等:《旧五代史(一)》卷一八,《梁书》一八,列传第八,《敬翔传》,中华书局,2000,第168页。

是以其未得之也，屠毒天下之肝脑，离散天下之子女，以博我一人之产业，曾不惨然，曰："我固为子孙创业也。"其既得之也，敲剥天下之骨髓，离散天下之子女，以奉我一人之淫乐，视为当然，曰："此我产业之花息也。"（《明夷待访录·原君》）

　　确实，在君主专制制度下，整个国家都是皇帝的私有财产，全体臣民都为皇帝而奔走，这就是所谓的"竭天下之财以自奉""以四海之广，足一夫之用""夺人之所好，取人之所争"。这种状况本身当然就是最大的腐败。在黄宗羲看来，皇权专制制度是"天下之大害"。用孟德斯鸠的话说则是："专制政体的原则是不断在腐化的，因为这个原则在性质上就是腐化的东西。"①

　　利益如此巨大，风险当然也高。为了保证自己及后代的腐败特权，皇帝们建立起庞大的官僚体系，试图控制社会的方方面面，"人人而疑之，事事而制之"②，甚至"焚诗书，任法律，筑长城万里，凡所以固位而养尊者，无所不至"③，这就导致权力笼罩一切。

　　传统中国是一个"权力决定一切"的"超经济强制"的社会。马克思称之为"行政权力支配社会"。凭武力夺取天下的中国皇帝，可以凭一己之喜怒，把国家像揉面团一样揉来揉去，对天下一切人随意"生之、任之、富之、贫之、贵之、贱之"。秦始皇可以调集全国之力修陵墓、修长

---

① 孟德斯鸠：《论法的精神》（上册），张雁深译，商务印书馆，1997，第119页。
② 顾炎武：《亭林诗文集·诗律蒙告》，《亭林文集》卷一《郡县论一》，刘永翔校点，上海古籍出版社，2012，第57页。
③ 邓牧：《伯牙琴（附补遗）》，《君道》，中华书局，1985，第3页。

城；朱元璋在全国范围内组织了数千万人的大移民；甚至到了清朝康熙时代，尚可一道迁海令下，沿海三十里内，人民搬迁一空。

传统社会生产、生活的各方面，大都是在权力的直接支配之下进行的。比如农业，刘泽华说："国家通过权力系统对农业生产进行直接的监督和管理，贯穿于中国整个封建时代。……从官府集中大量耕牛、种子、生产工具在全国范围内调配，到将几十万、上百万的劳动者从东迁到西，又从西迁到东；更不必说产品征收和转运过程中组织、措施的复杂与严密，都体现着一种精神，即国家对于全部土地、农民、一切生产活动的主宰。农民几乎没有自由的独立的自己的生产，一切都要纳入符合封建国家需要的轨道。自由竞争或自由选择的原则，在这里完全没有效应。"①

不仅大事由统治者决定，甚至普通百姓穿什么样的衣服、住多大的房子，也要由统治者来具体规定。比如明朝开国之初，朱元璋就制定了一系列规章制度，对细民百姓生活的方方面面都进行了明确要求。他规定金绣、锦绣、绫罗这样的材料只能由贵族和官员们使用。老百姓的衣料只限于四种：绸、绢、素纱、布。他还规定普通老百姓的靴子"不得裁制花样、金线装饰"②，也就是说，靴子上不得有任何装饰。洪武二十五年（1392年），朱元璋在一次微服察访中，发现有的老百姓在靴子上绣了花纹，勃然大怒，回宫后，"以民间违禁，靴巧裁花样，嵌以金线蓝条"③，专门下令，严禁普通老百姓穿靴子。后来北方官员反映，北方冬

---

① 刘泽华、汪茂和、王兰仲：《专制权力与中国社会》，天津古籍出版社，2005，第39页。
② 张廷玉等：《明史（二）》卷六七，志第四三，《舆服三》，中华书局，2000，第1101页。
③ 同上书，第1102页。

天太冷，不穿靴子过不了冬，朱元璋才格外开恩，"惟北地苦寒，许用牛皮直缝靴"①。就是说，可以穿靴，但只许穿牛皮的，只许做成"直缝靴"这一种样式。除了衣服，其他的生活起居也无不有明确的规定。比如老百姓的房子，洪武二十六年（1393年）定制，不过三间、五架，不许用斗拱、饰彩色。百姓喝酒，酒盏用银器，酒注只能用锡器，其余的都只能用瓷器、漆器……事实上，在中国古代，不存在公域与私域的区别，一个人的生老病死、衣食住行，都需要由权力来规定。

战国时期，中国的统治者们认为，不受权力控制的私营工商业乃是破坏自然经济、威胁"国本"的大敌，因此中国多数朝代都对商人阶层设置了歧视性规定。比如西汉"令贾人不得衣丝乘车"②；晋代为了侮辱商人，让他们"一足着白履，一足着黑履"③；前秦皇帝苻坚规定"去京师百里内，工商皂隶，不得服金银、锦绣，犯者弃市"④；朱元璋则规定，在穿衣方面，商人低人一等。农民可以穿绸、纱、绢、布四种衣料，而商人却只能穿绢、布两种料子的衣服。即使你富可敌国，也没权利穿绸子。农民家里只要有一人做生意，则全家不许穿绸、穿纱。商人考学、当官，都会受到种种刁难和限制。

历代统治者都坚持"利出一孔"原则，就是所有的利益都要由权力

---

① 张廷玉等：《明史（二）》卷六七，志第四三，《舆服三》，中华书局，2000，第1102页。
② 司马光：《资治通鉴（附考异）》（第一册），卷一六《汉纪八》，邬国义校点，上海古籍出版社，2017，第169页。
③ 李昉等：《太平御览》卷八二八《资产部》，转引自韩国磐《魏晋南北朝史纲》，人民出版社，1983，第146页。
④ 司马光：《资治通鉴（附考异）》（第二册），卷一〇一《晋纪二三》，邬国义校点，上海古籍出版社，2017，第1095页。

来分配。所以在传统时代，财富不能给自己带来安全，因为它随时可以被权力剥夺。汉文帝宠幸为他吮疮吸脓的"黄头郎"邓通，特许他可以冶铜铸钱，邓通遂一跃而富甲天下，而汉景帝上台，便厌恶这个靠拍马屁上来的人，于是邓通就"家财尽被没收，寄食人家，穷困而死"。（见《汉书·佞幸传》）朱元璋时代一个有名的传说是，江南首富沈万三为了讨好朱元璋，出巨资助建了南京城墙的三分之一，孰料朱元璋见沈万三如此富有，深恐其"富可敌国"，欲杀之，经马皇后劝谏，才找了个借口将沈万三流放云南。沈万三终客死云南，财产都被朱元璋收归国有。这个传说虽然被历史学家证明为杜撰，却十分传神地表现了朱元璋时代富人财富朝不保夕。事实是，洪武一朝，朱元璋为了消灭地方上的富豪之家，借洪武朝"四大案"，任意勾连地主富户，唆使人们诬陷他们藏有贪官寄存的赃款，以便没收他们的财产。此举"并尽洗富土之民，而夷其室庐"（《梦兰琐笔》），三吴地区因此"豪民巨族，划削殆尽"（《鲍翁家藏集》），地方上的富家大户均被清洗一空。因此王子今说，在古代中国，"政治地位高于一切，政治权力高于一切，政治力量可以向一切社会生活领域扩张，对社会文化的各个层面都表现出无与伦比的冲击力和渗透力"。[①]中国传统社会可谓是"权力万能"。权力支配一切，覆盖一切，规定一切。

因为权力笼罩一切，所以通过权力，很容易获得巨额财富。因此在传统社会，人们对纯粹的商业经营、经济投资兴趣不大，而对政治冒险、政治投机、权力经营却十分投入。战国时期的商人吕不韦是中国式权力投资学的开创者，他认为耕田之利不过十倍，珠宝之利不过百倍，而政治投资

---

[①] 王子今：《权力的黑光——中国封建政治迷信批判》，陕西人民出版社，2006，第7页。

则可赢利无数。后来他果然通过拥立子楚为秦国国君而拜相封侯,一下子家童万人,食洛阳十万户。在古代中国,要想致富并且保持财富,只有通过做官:"三代以上,未有不仕而能富者。"①而经商者往往"富不过三代",因为面临着财产随时有可能被权力剥夺的巨大风险,他们往往将钱财用于消费,而非扩大再生产。

权力支配一切,特别是支配经济利益,是古代中国制度性腐败的基础。

## 二

关于权力的性质和权力滥用的危害,西方思想家有过许多经典论述。亚里士多德在其名著《政治学》中指出:"把权威赋予人等于引狼入室,因为欲望具有兽性,纵然最优秀者,一旦大权在握,总倾向于被欲望的激情所腐蚀。"

这一思想被后世的学者们继承并发扬光大。英国十九世纪历史学家阿克顿的话是传播得最远的一个,他认为权力具有天然的腐败倾向,即"权力趋于腐败,绝对的权力趋于绝对的腐败"。法国思想家孟德斯鸠的观点与阿克顿如出一辙,他认为权力是毒品,"有权力的人们使用权力一直到遇有界限的地方才休止"。因此启蒙运动以来,"权力腐败论"深入人心,最终演变成为"权力必须受到约束"的政治学的基本公理。

然而,中国传统社会中支配一切的权力,受到的约束却极小。

---

① 刘宝楠:《论语正义(上)》卷八,高流水校点,中华书局,2007,第262页。

传统社会历来讲究"人治",因此在权力运用上表现出极大的任意性。虽然历朝历代都为了规范君权、约束臣权进行了很多制度设计,但是"有治人无治法"的人治原则,使这些精心设计的权力防范机制很容易在实践中失去效用。这突出表现在历代监督机制的虚化上。

中国古代王朝通常都很重视监督机制建设。在依赖官僚系统的同时,如何有效监督这个系统,是历代帝王一直在竭力思考的问题,所以中国古代监察机制的严密程度在很长历史时期之内都在世界上居领先地位。

中国古代监察机制形成于秦汉,成熟于隋唐,明清时期达到顶峰。这套机制的特点:

一是系统独立,垂直管理,直属皇帝领导。监察官员独立行使监察权,不受其他机构和官员的制约。早在汉代,汉武帝就分全国为十三个监察区,称之为"十三州部",每部设刺史一人,负责一州监察,刺史与地方长官没有任何隶属关系。后来历代监察官员也都自成体系,监察首长通常都直接对皇帝负责。

二是监察官员位卑权重,以小制大。汉朝时,十三州刺史的官秩不过六百石,与县令相当,却可监督秩二千石的郡守。明代也是这样,明代监察官的品秩很低,给事中和御史均为七品左右的小官。就是这样的小官,都被赋予了重权,"谏官虽卑,与辅臣等"①。另《元城语录》曾有记载:"秩卑则其人激昂,权重则能行志。"就是说,地位低,所以进取心强;而权力大,则能有效监督大员。赵翼也说:"官轻则爱惜身家之念

---

① 张廷玉等:《明史(四)》卷一七九,列传第六七,《邹智传》,中华书局,2000,第3165页。

轻，而权重则整饬吏治之威重。"①高级官吏既得利益太多，所以遇事顾虑重重，愿意息事宁人；小官则急于求进，锐意敢为，不会像高官那样老油条。

三是建立多重监察网络，多种监察方式并用。汉代起，就设有中央和地方两层监察网络。明代朱元璋确定都察院作为最高监察权力机关，执行对中央包括六部官吏的监察。在地方上设十三道监察御史，监察所辖各道，并且可以监督中央的都察院。定期从中央派出御史巡察各道，称为"巡按御史"。另外，各省行政长官对本地方、本部门的官员同样具有监察责任。这样就形成了多重的、相互制约的监察网络。

虽然历代帝王在监察体制建设上殚精竭虑，但是总体来说，历代王朝的监察系统发挥的作用都非常有限，特别是到了王朝中后期，基本都失去了作用。

比如有清一代的所有贪污大案的案发，或者是由政治因素主导，或者由一些非常偶然的因素引发，而朝廷的监察制度，在几乎所有大案中都没有发挥应有的作用。

康熙年间轰动一时的尚书齐世武、布政使觉罗伍实等多名大员的集体贪污案，是由两位官员的妻子到京城控告，才引发社会轰动，并得到皇帝关注的。"原任陕西宁州知州大计参革姚弘烈妻孙氏叩阍，控告原任甘肃布政使觉罗伍实、庆阳府知府陈弘道等勒索银两一案。又原任庆阳府知府陈弘道妻王氏叩阍，控告四川陕西总督殷泰等徇庇知州姚弘烈，将氏夫严

---

① 赵翼：《陔余丛考》卷二六《监司官非刺史》，栾保群、吕宗力校点，河北人民出版社，1990，第445页。

刑拷讯一案"①，平时从不抛头露面的官员夫人亲自告御状，出了如此轰动性的新闻，此案才得以查办。

雍正时期侍郎伊都立贪污军粮的案发，则更有戏剧性。曾任山西巡抚的伊都立，因罪被革职发往战场效力，负责采买军粮。他与下属范毓馪共同贪污军粮款项，伊都立贪污白银二万余两，范毓馪亦贪污白银数千两。范毓馪将银两分装于军粮袋子和衣物行李当中，行军当中行李破损，银两不停掉出，后来随行的军人不断捡到银锭。"捡元宝"的新闻在军中传开，这才引起多方关注，二人方遭到查办。

清代最大一起贪污案的查办，也是因为偶然因素。乾隆四十六年（1781年），甘肃人苏四十三率回民起义，乾隆皇帝派兵进剿。由于事发突然，甘肃一时难以筹集大量兵饷。时任甘肃布政使的王廷赞为了表现自己，主动向皇帝表示，愿意捐出四万两，以解燃眉之急。

甘肃本是穷乡僻壤，一个布政使怎么能一下子拿出这么多钱？乾隆由此生疑，派人密查王廷赞家产来源。清代历史上最大一起贪污案——"甘肃冒赈案"由此败露。

原来，乾隆三十九年（1774年），王廷赞的前任，山西人王亶望任甘肃布政使。他以捐监赈灾为由，伙同其他官员共同贪污数百万两白银。据事后统计，从乾隆三十九年至四十六年初，甘肃省共有274 450人捐了监生，收银15 094 750两，通省官员合计侵贪赈银2 915 600两。

这样严重的贪污案件长期未暴露，反映出清代监察机制形同虚设的状况。有清一代，放赈过程有着严格而细致的规定。规定发放粮米时，官

---

① 《巡抚鄂奇、布政使阿米达、觉罗伍实贪污案判决书谕》（康熙五十一年九月二十日），转引自牛创平、牛冀青编著《清代一二品官员经济犯罪案件实录》，中国法制出版社，2000，第36页。

员必须亲自到场，每日发放后，官员要亲自签字画押，以为凭证。全部发放完毕之日，还要在发放册首尾签上总名，通册加骑缝印记，以备上司检查。同时，还要将发放数目，具体领取人姓名、数额张榜公布，让百姓监督。然而王亶望命令全省官员自行捏报灾情，所有报灾、勘灾、监放规定均视为一纸虚文，无一执行。数年之间，不但从来没有人检查核实，也并没有人举报揭发过。

## 三

之所以出现这样严重的失灵状况，是因为传统监察机制通常都有以下不可克服的弊端：

第一，监察机构只是皇权的附属，并不能监督皇权。

一般来讲，传统监察制度的设计是为了监督官权而设的，它不但不是为了监督皇权，反而是为了强化皇权。虽然历代都有诤谏制度，但是否纳谏，则完全取决于皇帝的意志、品格甚至心情。谏官一片好心，但是谏言如果不合圣意，轻则遭贬，重则丧命。比如永乐年间刑科给事中陈谔，"尝言事忤旨，命坎瘗奉天门，露其首"[①]。下场非常悲惨。这样的例子历史上比比皆是。虽然历代都有法律，有"祖制"，但是法律和制度其实都必须服从皇帝的个人意志。皇帝很容易绕开制度，更改法律，法外施情，以情代法。比如明代成化、嘉靖皇帝喜欢方术，很多术士只凭一纸符箓，便可官运亨通。明武宗个性顽劣，多少大臣进谏也约束不了他的荒唐

---

[①] 张廷玉等：《明史（四）》卷一六二，列传第五〇，《陈谔传》，中华书局，2000，第2924页。

行为。所以一个王朝甚至一个时代,国家的精神面貌往往由皇帝一个人的精神面貌来决定。腐败的程度往往取决于皇帝个人的勤勉状况。比如乾隆早期,因为皇帝励精图治,厉行惩贪,所以腐败程度低;但是到了乾隆晚期,皇帝意志懈怠,贪图享受,收受贡品,贪腐也随之在整个官场蔓延。历史上一个王朝到了中后期,皇帝往往会放松对自我的约束和要求,在这种情况下,监察系统就完全失去了作用。

古代皇权是不可分割的,也不能让渡,所以传统社会不可能对皇权进行有效监督和制衡。事实上,除了皇权,古代王朝往往还有其他监管禁区。比如清代,虽然从制度上说监察官员可以举报任何不法事务,但是事实上极少有言官敢于弹劾满族的王公贵族,八旗事务也一向被言官视为言论的"禁区"。

第二,中国君主专制下的权力制约机制是封闭的、自上而下的线性模式,它排除任何外来力量的参与,特别是排斥民间的监督力量,因此是一种体制内的自体监督,效力非常有限。

因为皇权不可分割的特性,所以官员无论分工如何,本质上都是皇权的代表。他们都处于同一权力体系之内,彼此之间并无根本冲突,都是既得利益群体和统治集团的一分子,即使反腐也是周期性的、局部的,受到同样的游戏规则的左右,而这个游戏规则就是"官大一级压死人",权力阶梯上面的人可以轻易压倒下面的人。所以监察官员打"大老虎",随时可能被其反噬。

所以传统时代监察官员弹劾权臣的效果,完全取决于皇帝的心态。明代权臣严嵩得势之时,曾经多次受到监察官员的弹劾,但言官证据确凿的弹劾并不能撼动严氏分毫,言官本身却或被夺官,或被下狱。虽然最后由于御史邹应龙等的参劾,严嵩被勒令致仕,但其根本原因则是"帝眷已潜移"①。再比如康熙朝大学士明珠得宠之时,"颇营贿赂,权倾一时"②,监察官员无人敢言。后来明珠失宠,御史郭琇才得以借机扳倒他。乾隆晚年,并不是没有耿直的言官举报和珅及其家人,只是他们的举报完全产生不了作用。及至嘉庆亲政,要除掉和珅,才授意言官举报。

所以传统时代,大多数时候监察官员只能是在打"苍蝇"。万历年间,左副都御史丘橓曾经说:"(官场)贪墨成风,生民涂炭,而所劾罢者大都单寒软弱之流。"③也就是说,言官弹劾掉的,都是在官场上没有根基的、没有关系网庇护的小官。

清代历朝皇帝都屡屡指责言官怠政溺职,比如顺治皇帝曾经批评都察院:"而近来各官弹章,其中多有撦拾塞责,将他人已经纠参之事,随声附和,明系党与陋习,岂朝廷设立言官之意。"④就是说,言官们只愿意在已经被打倒的"大老虎"身上踩上几脚,不敢自己去挑战"大老虎"。康熙亲政之后,屡次指责"迩来科道绝无奏章"⑤,"近时言官条奏参

---

① 张廷玉等:《明史(四)》卷二一〇,列传第九八,《邹应龙传》,中华书局,2000,第3709页。
② 赵尔巽等:《清史稿(三)》卷二七〇,列传第五七,《郭琇传》,中华书局,1998,第2576页。
③ 张廷玉等:《明史(五)》卷二二六,列传第一一四,《丘橓传》,中华书局,2000,第3960页。
④ 章开沅主编《清通鉴:顺治朝·康熙朝》(1),顺治十三年六月二十一日,岳麓书社,2000,第356页。
⑤ 《康熙起居注》(第四册),康熙二十七年六月十一日,徐尚定标点,东方出版社,2014,第68页。

劾，章疏寥寥，虽间有入告，而深切时政从实直陈者甚少"①，到了晚年也曾评论科道官员说："朕听政四十余年，言官有为人而言者，有受贿陈奏者，有报私仇而颠倒是非者。此等条奏，朕无不知。"②监察官员们有为了帮朋友弹劾对手的，有受贿后弹劾官员的，有为了报私仇而弹劾他人的，可出于公心的却很少。乾隆中后期，各省大案频发，但很少是由言官揭露的。乾隆对此非常气恼，经常责问言官为什么无人奏及。要这科道有何用？但是这种现象贯穿整个清代，科道官并没有因皇帝的痛责而有所改变。

传统时代监察系统通常还有一条不成文的规则，那就是自己人通常不会找自己人的麻烦。比如明代监察官员们互相包庇，形成潜规则，称之为"乃科不拾道，道不拾科"③。虽然分属不同的监察系统，但是从来不会自相残杀，"凡官自科中升出者，自方面至于侍郎，纵有过恶，科中以先僚之故，永不纠弹"④，即凡是出身自监察系统，以后虽然转任其他，也从不会受到监察官员的弹劾。

第三，监督者与被监督者很容易"猫鼠一窝"，在窃取"天家"利益的时候，结成同盟。

传统官权不受皇权以外的力量制约，特别是不受民众的制约，因此权力可以很容易寻租。监察官员和其他官员一样，受利益最大化原则的支

---

① 戴逸、李文海主编《清通鉴（5）》卷五四，康熙三十六年二月初四日，山西人民出版社，1999，第2045页。
② 同上书，卷五七，康熙三十九年九月十六日，第2106页。
③ 孙承泽：《春明梦馀录》（上册），卷二五《六科》，王剑英校点，北京古籍出版社，1992，第395页。
④ 同上书，第395—396页。

配,所以他们会轻易将手中的监察权力作为向权贵们讨价还价的资本。比如在权臣张居正秉政时,"谏官言事必先请"①。又如"高拱以内阁掌吏部,权势烜赫。其门生韩楫、宋之韩、程文、涂梦桂等并居言路,日夜走其门,专务搏击"②,充当权贵的鹰犬。

所以我们就很容易理解为什么历代王朝后期,随着官僚体系的腐败,监察系统往往也会高度腐败。

明代言官的权力非常大,但明朝中后期,言官系统的腐败已经特别严重。

明代言官系统的腐败,表现在两方面:

第一,监察官员陷于党派、地域之争,为所在派别效力,大肆攻击敌对派系。"明至中叶以后,建言者分曹为朋,率视阁臣为进退。……故其时端揆之地,遂为抨击之丛,而国是淆矣。"③因为他们有风闻奏事的权力,所以在党派斗争中摇旗呐喊,甚至冲锋陷阵,手段就是歪曲事实、颠倒黑白。

第二,言官群体因为手中握有监督和考察官员的权力,所以公然索贿、买官卖官形成风气。明代后期,社会上给科道监察官员们起了个外号,叫"抹布",他们为了别人的"干净",完全不顾自己是否"污秽"。崇祯初年,谏官杨枝起对进京考察的地方官员公开索贿,声称如果不给,他就将在考评之中将对方评为下下等。面对这种恐吓,地方官员无人选择举报,因为他们知道举报也没有任何作用,只好连夜出门借钱

---

① 张廷玉等:《明史(五)》卷二一五,列传第一〇三,《陈吾德传》,中华书局,2000,第3790页。
② 同上书,《汪文辉传》,第3792页。
③ 同上书,卷二三〇,列传第一一八,《汪若霖传》,第4023页。

行贿。

　　明代监察御史权力更重，他们代天子巡狩，有"大事奏裁，小事立断"①之权，致使"按临之日，百事俱废，多方逢迎"②，从而形成明代的一个专有名词，叫"台使之害"。崇祯年间，十三道御史巡察地方，地方官甚至要在门前跪迎。梁廷栋曾做过这样一个估算，"如朝觐、考满、行取、推升，少者费五六千金。合海内计之，国家选一番守令，天下加派数百万。巡按查盘、访缉、馈遗、谢荐，多者至二三万金，合天下计之，国家遣一番巡方，天下加派百余万"③。

　　监察系统腐败的结果是这个系统完全失去作用。崇祯年间的都察院考核地方官吏，已经完全流于形式，徇私情、通关节，结果全是"称职"，真是"滑天下之大稽"。清代学者赵翼认为，明朝中后期监察系统的腐败与王朝灭亡之间有着直接的关系："嘉、隆以后，吏部考察之法徒为具文，而人皆不自顾惜。抚按之权太重，举劾惟贿是视，而人皆贪墨以奉上司，于是吏治日媮，民生日蹙，而国亦遂以亡矣。"④

　　这种监察官员的腐败，在清代也同样存在。比如晚清康有为变法期间，多次"买都老爷上折子"，也就是花钱让言官按自己的意志上言皇帝。梁启超在致康广仁、徐勤的一封信中就这样说：

---

① 张廷玉等：《明史（二）》卷七三，志第四九，《职官二》，中华书局，2000，第1180页。
② 管志道：《直陈紧切重大机务疏》，转引自王晓天《中国监察制度简史》，湖南人民出版社，1989，第176页。
③ 张廷玉等：《明史（五）》卷二五七，列传第一四五，《梁廷栋传》，中华书局，2000，第4432页。
④ 赵翼：《廿二史札记》卷三三《明史·明初吏治》，曹光甫校点，凤凰出版社，2008，第509页。

今日在此，做得一大快事，说人捐金三千，买都老爷上折子，专言科举，今将小引呈上，现已集有千余矣，想两日内可成也。①

## 四

中国历史上还有一个鲜明的规律，那就是历代官吏数量呈不断扩张趋势。明代刘体乾称："历代官制，汉七千五百员，唐万八千员，宋极冗至三万四千员。"②到了明代，文武官员共十二万余人。

同时，每一个王朝建立之初，官吏数量比较精简，但是随着时间的推移，无不成倍增长。

比如唐代，初唐时厘定的京官定员只有640人。到了玄宗开元末期，京官人数达到2620人，外官人数则达到16 185人。

宋朝草创之初，内外官员不过才5000人；到了景德年间（1004—1007年），已达10 000多人；而皇祐年间（1049—1054年），更增加到20 000多人。南宋只有半壁江山，但是庆元年间（1195—1200年）内外官员竟达40 000余人。这是指官员，至于吏的数量更是惊人，宋真宗一次就裁汰冗吏190 000余人。

明代也是这样。明初洪武年间（1368—1398年），天下文职官吏数目不过5480员，武职官数在国初也不过为28 000员。世宗嘉靖朝时，刘体乾

---

① 叶德辉：《觉迷要录》录四，第21页。
② 张廷玉等：《明史（五）》卷二一四，列传第一〇二，《刘体乾传》，中华书局，2000，第3775页。

上疏指出:"本朝自成化五年,武职已逾八万。合文职,盖十万余。"①至武宗正德年间(1506—1521年),文官24 683员,武官100 000员。

那么由此又引出了另一个问题:官僚系统为什么会不断扩张?

第一个原因,官僚体系的存在虽然是为皇权服务的,但是一旦出现,它本身就成为一个独立的利益集团,具有自我保护、自我繁殖的特点。按照"公共选择学派"理论来看,官僚机构本身是一个垄断组织,它垄断了公共物品的供给,缺少竞争机制;同时,公共物品的估价存在着困难,政府管理活动的输入、输出都是不可观察的。基于这些特点,官僚机构总是倾向于尽一切可能实现权力寻租,倾向于机构不断扩张,表现在官员数量上只能增不能减,既得利益只能增加不能减少,行政效率不断降低。

事实上,中国历史上搞了多次减员增效改革,然而总的趋势却是愈裁愈多,大多数减员改革都失败了。比如宋代"景祐三年正月,诏御史中丞杜衍沙汰三司吏,吏疑衍建言。己亥,三司吏五百余人诣宰相第喧哗,又诣衍第诟詈,乱投瓦砾"②。也就是说,当时皇帝命御史中丞杜衍负责裁减三司吏员。这些吏员怀疑这事是杜衍向皇帝建议的,十分愤怒,五百多个吏员集体跑到宰相府去闹事,然后又跑到杜衍家门口破口大骂,乱扔瓦块石头,进行抗议。这一事件发生后,朝廷虽"诏捕后行二人,杖脊配

---

① 张廷玉等:《明史(五)》卷二一四,列传第一〇二,《刘体乾传》,中华书局,2000,第3775页。

② 司马光:《涑水记闻》卷十《沙汰三司吏》,邓广铭、张希清校点,中华书局,1989,第198页。

沙门岛"①，但"沙汰"之举也被迫"因罢"。再比如清代"戊戌变法"期间，光绪皇帝大规模裁撤冗员，成为保守派官员强烈反击的起点，不几日，变法即遭失败。

第二个原因，官僚系统的不断扩张，也是皇权专制制度不断强化的结果。官僚系统是君主专制的工具，官权是皇权的延伸，君主专制不断完善，注定官僚系统也不断膨胀。

秦汉以后，中央集权不断发展强化。每一次集权强化，就意味着国家权力不断延伸，造成官僚队伍的不断发展壮大。

君主专制制度强化表现出两个方向：

一是皇权不断向下延伸，比如朱元璋强化"里甲制度"。古代社会发展的一个特点是民间组织、民间自治不断被打压，所有事务都要由官僚体系来把持，所以国家权力不断向基层扩张。

二是随着君主专制的发展，官员权力被不断分割，以期官员相互制衡，弱化他们对皇权的挑战。由此造成一官多职，官僚队伍进一步扩张。比如宋代为了防止地方割据，不断增设机构、分化事权，"昔以一官治之者，今析之为四五，昔以一吏主之者，今增而为六七"②。汉代初期的地方行政制度只有郡、县两级，唐代地方行政也只有州府和县两级，而到了宋太宗至道三年（997年），在州府上面又加了一级政权叫"路"，设置了四个行政长官，即"帅"（安抚使）、"漕"（转运使）、"宪"（按察使）、"仓"（常平使），分别掌管军事、财政、司法、救济等要务，且四个长官互不隶属。州县过去只承奉一个顶头上司，而现在得应付四个

---

① 司马光：《涑水记闻》卷十《沙汰三司吏》，邓广铭、张希清校点，中华书局，1989，第198页。
② 毕沅：《续资治通鉴》（第二册），卷八一，宋纪八一，岳麓书社，1992，第2页。

顶头上司和其相对应的衙门。

历代裁减官吏数量的努力之所以失败，也与官权是皇权的代表这一因素有关。皇帝裁撤官吏数量，就意味着要简政放权，放松对社会的控制，这是皇帝不愿意看到的。因为官僚权力受到约束之后，皇权也会相应萎缩。皇帝为了自己能更有力地控制社会，不得不依赖官僚集团，也就无法从根本上过度触动他们的利益。

臃肿庞大的官僚机构，最终导致"官多民少，十羊九牧"，百姓遭受搜刮的可能性大大增加。同时，它还带来了巨大的财政压力，使"陋规"这一腐败产物长期无法铲除。革除"陋规"涉及根本性、大规模的财政改革，要把各种办公经费全部列入政府预算，政府也相应地提高税率。但是清代皇帝，以康熙为代表，都迷恋"轻赋薄税"的美名，把"盛世滋丁，永不加赋"作为自己的政绩，不肯下功夫对财政税收体系进行理性分析和合理设计。只有雍正皇帝能做一定程度的突破，进行了"养廉银"改革。其实清代的绝大多数"陋规"，都可以用正式的税收来取代，让这些收费晒在阳光下，一方面可以解决政府实际支出困难，另一方面也可以减少对百姓的压榨。但统治者拒绝做出必要的调整，其结果只能是富了官吏，穷了百姓，祸害了地方，也败坏了王朝的统治秩序。

# 第一章

# 朱元璋：注定失败的铁血反腐

第一节

# 最痛恨贪官的皇帝

在中国历史上有一个阶段,反腐的"铁血"远超其他历史时期。

那就是朱元璋时代。

明太祖朱元璋是中国历史上实施反腐措施最激烈的皇帝。《草木子》说,明太祖规定,地方官贪污受贿六十两以上,就要在土地庙前剥下皮来,里面填上草,放在官府大堂的公座边上,以提醒下任官员不要贪污。(又按《草木子》,记明祖严于吏治,凡守令贪酷者,许民赴京陈诉。赃至六十两以上者,枭首示众,仍剥皮实草。府、州、县、卫之左特立一庙,以祀土地,为剥皮之场,名曰"皮场庙"。官府公座旁各悬一剥皮实草之袋,使之触目惊心。[1])这岂止是触目惊心,准确地说,是令人毛骨悚然。一般估计,朱元璋在反腐过程中杀掉的官吏在十万到十五万名之间,数量不可谓不多。

那么,朱元璋反腐到底是成功了,还是失败了呢?与中国历史其他时

---

[1] 赵翼:《廿二史札记》卷三三《明史·重惩贪吏》,曹光甫校点,凤凰出版社,2008,第512页。

期比较，朱元璋时代是贪腐现象较少的时期，但是按朱元璋自己的标准，他的反腐还远远没有达到目的。朱元璋多次表示，官员队伍的治理整顿成效并不显著："奸顽之徒难治，扶此彼坏，扶彼此坏。观此奸顽，虽神明亦将何如！"①我们看朱元璋从洪武二十一年至三十一年（1388—1398年）所颁布的多道榜文，可以看到让朱元璋不满的官场现象仍然比比皆是："县州府行省官吏在职役者，往往倒持仁义，增词陷良"②"凌虐良善，贪图贿赂"③"奸顽小人，恃其富豪，欺压良善，强捉平民为奴仆，虽尝累加惩戒，奸顽终化不省"④"无藉之徒，不务本等生理，往往犯奸做贼。若不律外处治，难以禁止"⑤。

抛开朱元璋自己的苛刻标准不提，客观地说，朱元璋的铁血反腐短时期内确实取得了很大成功，但是从长期历史效果看，朱元璋的反腐却是失败的。

朱元璋是中国历史上出身最贫苦的皇帝。他出生于元末一个佃农之家，出生之时，家里穷得连一块裹身体的布都没有。十六岁时家乡遭遇的一场灾荒，夺去了他家里大部分成员的生命，让他成为一个孤儿。在经历了短暂的僧人生活后，他流浪江湖，乞讨多年。这种特殊的出身对他的政治理念有着决定性的影响。

在传统中国，庞大的官僚体系就是一丛吸血的庞大根须，每一滴膏

---

① 《御制大诰三编·臣民倚法为奸第一》。
② 黄彰健编著：《明清史研究丛稿》卷二《明洪武永乐朝的榜文峻令》，台湾商务印书馆股份有限公司，1977，第275页。
③ 同上书，第271页。
④ 同上书，第270页。
⑤ 同上书，第269页。

血都最终来自社会最底层。因此，从社会底层向上望去，视野中所见的景象自然是一张张贪婪的面孔，是"无官不贪""无官不可杀"。中国的农民起义，与其说是农民阶级与地主阶级的斗争，不如说是农民阶级对官僚阶层的反抗。逼得百姓揭竿而起的，不是地主黑手里悬着的"霸主鞭"，而是各级官吏们催粮催款、敲诈勒索时的凶残嘴脸。中国老百姓说得简单而明白——"官逼民反"。在农民起义中有一个意味深长的现象，那就是每一次起义中受冲击最严重的都是官僚阶层，而不是地主阶级。据宋洪迈《容斋随笔》说，唐末黄巢起义"尤憎官吏，得者皆杀之"。而元末陈友谅起义军，每攻克一地，得官员皆活煮之。

起于垄亩的朱元璋对元代官吏的贪残有着深切的体会，并深为痛恨。因为统治技术的粗疏，元代官场贪腐极为严重，处处离不开钱。按照《草木子》的记载，下属拜见要给"拜见钱"，逢年过节要给"追节钱"，过生日要给"生日钱"，管个事要给"常例钱"，往来迎送要给"人情钱"，发个传票、拘票要给"赍发钱"，打官司要给"公事钱"，甚至无事也白要钱，叫"撒花钱"。上级官员到下级地方来检查公务，竟公开带着管钱的库子，检钞秤银，争多论少，简直是在做买卖。底层百姓平时见不到官员，偶尔地方官下乡，却都是来搜刮的。所以，朱元璋一见到衙门的官吏，就恨得咬牙切齿。

底层社会的成长经历，使朱元璋终生对官僚阶层保持着不信任的态度。他一方面对官僚体系有着根深蒂固的反感与怀疑，另一方面又不得不依靠这个体系，这一矛盾反映在朱元璋给官员们的待遇上时，便尤为明显。

可以说，在中国历朝历代的皇帝中，朱元璋对官员们是最小气的。他制定的俸禄水平比元代还要低，对普通官员以施行"薄俸"为主，史家因有"明官俸最薄"之说。

从唐朝开始，官员俸禄中最稳定的一项收入都是职田。所谓"职田"，就是国家分配给在任官员的官田，以田地的产出作为俸禄的一部分。因为这部分收入不受通货膨胀的影响，所以可以保证官员最起码的生活水准。但是朱元璋却毅然废除了实行数百年的职田制度，这是因为他要把天下官田留着赏赐给自己的子孙。

裁掉职田一项，明代官员俸禄中只剩下"俸米"，也就是粮食这一项，其标准照前代也大大降低。明代正一品年俸是1044石；正二品732石；正三品420石；正四品288石；正五品192石；正六品120石；正七品90石；正八品78石；正九品66石。

与汉代相比，西汉时丞相岁食万石，俸钱月六万。如果不考虑汉代与明代度量衡变化，仅从字面上看，至明时正一品官岁俸千石，仅及汉制万石的十分之一左右。当然实际情况比这要复杂得多，但是汉代官员俸禄远高于明代则殆无疑义。

不仅如此，朱元璋甚至舍不得给退休官员开工资，"国初的致仕者居然没有俸禄，赐半俸终身就算是优礼了"①。

朱元璋还取消了官员的许多其他特权。唐宋两代，官员的子弟会得到"荫封"，可以直接做官。而朱元璋则取消了这一做法，大官之子虽有"荫叙"，但所叙的只是"禄"而非"官"，想做官仍要参加考试。明代以前，官场上一直实行"以官抵罪"，即官员犯罪，以降职或夺官作为一种抵罪措施。然而，这一特权也被朱元璋毫不留情地勾销了。官员犯罪，

---

① 阎步克：《品位与职位：秦汉魏晋南北朝官阶制度研究》，中华书局，2002，第62页。

与百姓同样,该坐牢的坐牢,该流放的流放,一点也不予宽容。薛允升因云:"唐律于官员有犯除名、官当、免官、免所居官,委曲详备,其优待群僚之意,溢于言外。明律一概删去,古谊亡矣。"①

很明显,在分配帝国利益蛋糕时,朱元璋把官僚体系的那一块切到了尽量小。朱元璋的做法显然是既要马儿跑,又要马儿不吃草。他希望这些孔孟之徒能"见义忘利",吃着孔孟的精神食粮忘我地为他工作。其实,从一个农民的角度思考,朱元璋认为他给官员的并不算太少,因为比起农民来,他们的生活还是相当优越的。更何况,精细的朱元璋认为,做官对中国人来说,除了直接的物质收获,还会有成就感等心理上的报偿。朱元璋这样教育广大官员:如果你们清廉为官,虽然收入不是特别丰富,但"守俸如井泉,井虽不满,日汲不竭,渊泉焉"②,毕竟可以无忧无虑地生存下去。另外,还能"显尔祖宗,荣尔妻子,贵尔本身,……立名于天地间,千万年不朽"③。所以,他觉得他对官员们还算是够意思的。

但实际上,在明代低薪制下,一些官员依靠俸禄是无法过上正常生活的。比如明初官员陈观,在陕以廉谨著称,"其卒也,妻子几无以自存"④;吏部尚书刘崧,"崧幼博学,天性廉慎。兄弟三人共居一茅屋,有田五十亩。及贵,无所增益。十年一布被,鼠伤,始易之,仍葺以衣

---

① 薛允升:《唐明律合编》卷三《除名当差》,怀效锋、李鸣校点,法律出版社,1999,第36页。
② 《御制大诰·谕官之任第五》。
③ 《御制大诰·谕官无作非为第四十三》。
④ 张廷玉等:《明史(三)》卷一三七,列传第二五,《钱宰传》,中华书局,2000,第2629页。

其子。居官未尝以家累自随"①；永乐时的户部尚书兼右副都御史秦纮当官四十余年，"纮廉介绝俗，妻孥菜羹麦饭常不饱。……籍其家，无所得"。②

洪武朝弘文馆学士罗复仁性格质直，经常在朱元璋面前率直发言，因此朱元璋称他为"老实罗"。不过，朱元璋对这个人到底是真老实还是假老实还有所怀疑，因此有一天便服到罗复仁家去私访，恰逢罗复仁正站在一张折了一条腿的木梯上填补一块剥落的粉壁。朱元璋不觉感慨，说："老实罗确实老实，不用再修房子了，朕赏你一套新住宅。"于是赐给他城中府第。史载：

> 在帝前率意陈得失，尝操南音。帝顾喜其质直，呼为"老实罗"而不名。间幸其舍，负郭穷巷，复仁方垩壁，急呼其妻抱杌以坐帝。帝曰："贤士岂宜居此。"遂赐第城中。③

---

① 张廷玉等：《明史（三）》卷一三七，列传第二五，《刘崧传》，中华书局，2000，第2630页。

② 张廷玉等：《明史（四）》卷一七八，列传第六六，《秦纮传》，中华书局，2000，第3157页。

③ 张廷玉等：《明史（三）》卷一三七，列传第二五，《罗复仁传》，中华书局，2000，第2630页。

## 第二节

# 严密的监管体系

既要马儿跑,又要马儿不吃草,那就要加强对马匹的监管和鞭策。朱元璋虽然文化水平不高,但是思维却非常缜密,这在他的反腐、防腐措施中也能体现出来。

朱元璋特别重视监察系统的建设,他设计了一套非常复杂的监察系统。

洪武十五年(1382年),朱元璋确定都察院为最高监察机关,负责对中央包括六部的监察。

六部之内,朱元璋设置了六科给事中,负责六部内部的廉政工作,相当于六部的"纪委"。朱元璋规定,六科给事中级别虽低,但有事可直接上奏皇帝,只对皇帝负责,只由都察院监督。

在地方上,朱元璋设十三道监察御史,监察所辖各道,并且可以监督中央的都察院的官员。他还定期从中央派出御史巡察各道,称为"巡按御史"。另外,各省行政长官对本地方、本部门的官员同样具有监察责任。

这样,大明王朝在中央就形成了都察院、六科给事中、十三道监察御史相互监督制约的三重监察网络;在地方则形成了监察御史、巡按御史和地方长官构成的三重立体反贪网络。古代监察系统在明代达到了前所未有的严密程度。

除此之外，朱元璋还规定了"风闻奏事"制度。明代监察官员职权很大，特别是拥有"风闻奏事"的特权。就是说，他们可以根据传闻进行举报而不用负任何责任，被举报者则必须拿出证据证明自己清白。朱元璋时代还是著名的特务政治时代，这些特务的任务之一就是专门监视在京大小衙门官吏的不公、不法及风闻之事，并一一向上奏闻。朱元璋特别爱听官员们的花边新闻，所以大小官员的生活琐事，无不在皇帝的掌握之中。

除了严密的监察体系，朱元璋还制定了历史上最为严厉、繁密的规章制度来约束官员们的行为，令他们只能在严格规定的范围内活动。他生怕地方官们办事不细心或者不尽心，亲自撰写了《授职到任须知》，对每一级地方官吏的职责都做出详细的规定。他把地方公务分为"发布公告""征收田粮""管理仓库""会计核算""受理诉讼""管理囚犯""管理官署房产""管理辖内读书人""管理地方渔业""管理地方窑冶"等三十一项，并且逐项列出地方官工作职责中应当注意的事项，对这些注意事项往往还列出许多具体的要求。比如对"管理囚犯"一项，不但要了解已经结案的案件有多少、在押犯人有多少，还要"知入禁年月久近，事体重轻，何者事证明白，何者取法涉疑，明白者，即须归结，涉疑者，更宜详审，期在事理狱平，不致冤抑"①。如此谆谆嘱咐，像个碎嘴婆婆，只恨不得手把手教他们干，一身化为千万，在官员身旁严密监视着他们。对于京官，他则制定了《六部职掌》，把各部、司、科所有大小官员的岗位职责都制定得明明白白，连每个月用多少墨水钱都算得清清楚

---

① 申时行等重修：《明会典》卷九《吏部八·关给须知》。

楚，这种管理可以说是非常精细化了。

与现在鼓励官员深入基层体察民情相反，朱元璋不许官员们下乡。曾经的农民经历，使朱元璋产生了一个牢不可破的印象：那些下乡的官员，都是去大吃大喝、搜刮扰民的。当上皇帝后，他说："朕昔在民间时，见州县官吏多不恤民，往往贪财好色，饮酒废事，凡民疾苦，视之漠然，心实怒之。"[①]所以他规定，官员只能老老实实待在官衙里，不许去体察什么民情。如果官员胆敢下乡，百姓见了可以捉了送到京师，由他亲自处死。

这些极为严密的反腐规章和对官员们的限制性规定，有些甚至到了让人无法忍受的地步。比如官员出差时，不能用公车运送私人财物："凡因公差，应乘官马、牛、驼、骡、驴者，除随身衣仗外，私驮物不得过十斤。违者，五斤笞一十，每十斤加一等，罪止杖六十。（不在乘驿马之条）其乘船车者，私载物不得过三十斤。违者，十斤笞一十，每二十斤加一等。罪止杖七十。家人随从者，皆不坐。若受寄私载他人物者，寄物之人同罪。其物并入官。"[②]他希望设置这些规章制度，可以使百官"犹行荆棘中，寸步不可移，纵得出，体无完肤矣"[③]。对于官员犯的一般性错误，朱元璋处罚并不算太严厉，很少刑戮，但是事涉贪污，则决不放过。他说："故朕于廉能之官，虽或有过，常加宥免；若贪官之徒，虽小罪，不赦也。"[④]

---

① 余继登：《典故纪闻》卷二，顾思校点，中华书局，1981，第29页。
② 《大明律》卷一七《兵律五·乘官畜产车船附私物》，怀效锋校点，辽沈书社，1990，第130页。
③ 同①。
④ 同上书，卷三，第47页。

## 第三节

# 严酷的反腐运动

按理说，制度如此严密，手段如此严厉，洪武朝的官员应该个个都老老实实，卖命工作。但是事实不然，官场腐败居然在朱元璋眼皮子底下滋生开来。

在专制制度下，官僚系统的腐败并不是一种病态，而是一种常态。它的威力如此惊人，登上大宝的朱元璋龙椅还没有坐热，四顾一看，腐败已经像瘟疫一样在他眼皮子底下迅速蔓延开来：诸多王公贵族的亲戚、家人、家奴，狗仗人势，横暴乡里，欺压百姓，人命案不断发生；刑部尚书收受罪犯贿赂，指示属下把罪犯放走，用死囚来代替罪犯坐牢；印钞局大使和户部官员勾结，印了七百万锭纸币，自己私藏了一百四十三万锭；兵部侍郎借抓捕逃亡军人的机会，收受军人家属贿赂二十二万锭……那些远离他视线的地方官员，胡作非为的程度更加惊人：苏州知府陈宁为了完成征收农业税任务，把那些抗税户抓起来，用烙铁残害他们，得了个外号叫"陈烙铁"；浙江省的农民，交纳的农业税比国家规定的数额多出45%，全部落入地方官的腰包，农民交不起税，他们就上房揭瓦，四处驱赶牲口作乱……

官员如此，地主们同样也不老实。两浙的中小地主，勾结官府，多年来用包荒、洒派、移丘换段等手法，把农业税转移到普通农民身上。甚至他们还把自己的田产转寄到长工名下，叫"铁脚诡寄"。这种欺骗一层层上报，乡骗县，县骗府，州府骗中央，一直骗到朱元璋，名叫"通天诡寄"。

各种贪污腐败最终损害的是社会最底层人民的利益。因此，虽然刚刚立国不久，就有不少地方的百姓发动起义。从洪武元年到十八年（1368—1385年），各地上报的农民起义居然达一百多次，平均每年六次。这在历代王朝中都是不多见的。

面对这种形势，一向强调以"严"治国的朱元璋怎么能不勃然大怒。在生活中，我们经常听大妈们愤怒地说，如果把天下小偷的手都剁了，小偷就绝迹了。如果贪污一块钱也给他抓起来，贪官就不敢再贪了。谁都知道这是激愤之语，就算大妈们当政也不会这样做。然而，朱元璋却这样做了。一开始，他规定凡贪污六十两的，就"剥皮实草"，后来干脆"我欲除贪赃官吏，奈何朝杀而暮犯！今后犯赃的，不分轻重都杀了"①。

朱元璋对贪污之官，毫不姑息，务期净尽。《大诰》规定，所有贪污案件，都要层层追查，顺藤摸瓜，直到全部弄清案情，将贪污分子一网打尽为止。《御制大诰·问赃缘由第二十七》规定："如六部有犯赃罪，必究赃自何而至。若布政司贿于部，则拘布政司至，问斯赃尔自何得，必指于府。府亦拘至，问赃何来，必指于州。州亦拘至，必指于县。县

---

① 刘辰：《国初事迹》，转引自朱诚如、王天有主编《明清论丛》（第九辑），紫禁城出版社，2009，第114页。

亦拘至，必指于民。至此之际，害民之奸，岂可隐乎？"这样做固可使贪吏无所遁形，但在法制不健全的情况下，却也易生流弊，审理者务为严酷以当上旨，株连蔓引，往往累及无辜。从洪武四年到洪武十八年（1371—1385年），他在全国范围内掀起了数次轰轰烈烈的反腐败运动：洪武四年（1371年）甄别天下官吏，洪武十五年（1382年）的"空印案"，洪武十八年（1385年）的"郭桓案"。其中，尤以"空印案"与"郭桓案"的规模最大，两案连坐被冤杀的人数达七八万之多。

"空印案"发生在洪武十五年。按朱元璋的规定，地方政府每年都要向户部报告地方财政账目，其数目必须与户部掌握的数字完全吻合才能通过。如有分毫差错，整个账目就要全部重新编写。各省离京师远的六七千里，近的几百里，为了减少麻烦，各地官员都带上已经盖好大印的空白表册，以备账册被驳回时，在京城就地重新编写。

这种情况当然算是违规，不过其实也没有什么危害性。因为账册上盖的地方政府大印，都是"骑缝印"，就是每页纸上只有半个印章，这种空白纸张，并不能用来伪造其他公文。各地官员年年都这么办，已经成了习惯。

谁料，这一约定俗成的做法居然给天下官员带来了塌天大祸。洪武十五年的某一天，朱元璋偶然发现了这一情况。他认为这是天下官员在蔑视他的规定，勃然大怒，因此小小一事兴起大狱，自户部尚书周肃以下，各省与此事有关的官员，全部掉了脑袋。吴晗在《朱元璋传》中说"空印案"杀掉了数万人。

另一个惊天大案是"郭桓案"。洪武十八年，有人告发户部右侍郎郭桓等勾结地方官"侵盗官粮"，也就是把国家的税粮偷偷占为己有。朱元璋派人调查，发现情况属实，郭桓以及其他官员共侵吞了官粮七百万石。这一案导致礼部尚书赵瑁和六部的左右侍郎以下，都掉了脑袋，各省因牵连被杀的官员和富户，又有几万人。（自六部左右侍郎下皆死，赃七百万，词连直省诸官吏，系死者数万人。核赃所寄借遍天下，民中人之家大抵皆破。①）

除此之外，他还对文臣进行过大规模的集中清洗，洪武十九年（1386年）"逮官吏积年为民害者"，洪武二十三年（1390年）"罪妄言者"，声势都极浩大。

除了这些大案，中案、小案也每年都有。在日常生活中，朱元璋杀起文官来，真是随心所欲，逸兴遄飞，挥洒尽性。他一时不高兴，可能几百上千人就掉了脑袋。因此洪武一朝成了文官们的地狱。

不光是针对文官，朱元璋的反腐确实做到了"无禁区"，不管多近的皇亲国戚，只要事涉贪腐，他都不会放过。

淮安侯华云龙在北平私据元丞相脱脱的大宅第，犹嫌不足，还役使士卒修大长公主府并"僭用故元宫中物"②。朱元璋于是撤了他的职务，将他调回京师，后来他死于回京的途中。永嘉侯朱亮祖出镇广东，收受贿赂，强行释放被番禺知县道同关押的犯罪土豪和亲戚。朱元璋于洪武十三年（1380年）九月下令将朱亮祖和他的儿子府军卫指挥使朱暹一起鞭死。驸马都尉欧阳伦是马皇后亲生女儿安庆公主的夫婿，他不顾朝廷禁令，多次派家奴去陕西偷运私茶出边境贩卖。家奴个个倚仗权势，骄横暴虐，最终被一个小吏告发。朱元璋闻讯怒不可遏，"以布政司官不言，并伦赐

---

① 张廷玉等：《明史（二）》卷九四，志第七〇，《刑法二》，中华书局，2000，第1550页。

② 张廷玉等：《明史（三）》卷一三〇，列传第一八，《华云龙传》，中华书局，2000，第2537页。

死，保等皆伏诛"①，并写了一通敕书，慰问那个不避权贵的小吏。

朱元璋反腐，标准极高，连官员贪污一张信纸也绝不放过。翻开《御制大诰三编》，你会看见皇帝亲自惩办的贪污案里，有这些赃物：圆领衣服一件、纱巾一条、靴子两双、袜子一双、书四本……用这样的标准来惩贪，当然天下官员，几乎无人不是贪官。虽然从即位不久就开始如此严厉地惩贪，但直到洪武十八年，在朱元璋看来，贪污势头还是不减。大的腐败案消失了，小的腐败却仍然层出不穷。监察官员和锦衣卫报上来的贪污案件，每天都堆了满满一桌子。

---

① 何孟春：《馀冬录》卷十《政治》，刘晓林、彭昊、赵勖、蔡莹校点，岳麓书社，2012，第103页。

## 第四节

# 思维混乱的反腐条规：《大诰》

面对屡禁不绝的贪腐行为，朱元璋对形势做出了过于严重的估计。他认为，他的官僚体系，基本上全烂掉了。在他的诏书里，他指控的对象往往是官员全体："朕自开国以来，凡官多用老成。既用之后，不期皆系老奸巨猾，造罪无厌。"[①]他的"秘书"刘三吾代他作的《御制大诰·后序》中说："日者中外臣庶罔体圣心，大肆贪墨。"洪武十九年（1386年），朱元璋自己则亲口说："曩者所任之官，皆是不才无籍之徒。一到任后，即与吏员、皂隶、不才耆宿及一切顽恶泼皮夤缘作弊，害吾良民多矣。"[②]

对于官员如此争先恐后奔赴法网，朱元璋在震惊之余，也曾苦苦思索原因。他反复思考，也没发现自己的措施有丝毫不对的地方。他屡屡说，"朕所设一应事务，未尝不稳，一一尽皆的当……其法已定，其法已良"[③]。因此，他把原因归结于奸顽之人之难于教化："于戏世有奸顽，

---

① 《御制大诰续编·婚娶第八十六》。
② 《御制大诰三编·民拿害民该吏第三十四》。
③ 《御制大诰三编·臣民倚法为奸第一》。

终化不省有若是。且如朕臣民有等奸顽者，朕日思月虑，筹计万千，务要全其身命，使扬祖宗，显父母，荣妻子，贵本身，共安天下之民。……其不才臣民百般毁坏。不行依正所行，故意乱政坏法，自取灭亡，往往如此。数百数千矣。……呜呼！其贪心勃然而起，迷其真性，造恶如此，虽欲自求生路，亦也不能。"①那意思就是说：哎呀！这些奸顽之人，怎么也教育不好，真想不到！我绞尽脑汁，要这些官员能顺顺当当地当官，给他们创造条件，让他们光宗耀祖，荫及子孙。我所制定的法规政策，没有不稳当的，一一都十分得当。可恨这些不才臣民百姓，百般破坏！不走正道，偏做坏事，自取灭亡，难以计数。……唉，可恨那贪心勃然而起，迷乱了本性，做出这些恶事，虽然自求生路，又怎么可得！

算来算去，他还是把账算到了别人头上，他认为"胡元之治，天下风移俗变"②，人心不古，导致"天下臣民，不从教者多"③，他们长期被奸顽之人所引诱，一切善恶立场都开始动摇，为非之心不改，表面顺从，内心则异。其中官员们尤其如此："昔者元处华夏，实非华夏之仪。所以九十三年之治，华风沦没，彝道倾颓。学者以经书专记熟为奇。其持心操节，必格神人之道，略不究衷。所以临事之际，私胜公微，以致愆深旷海，罪重巍山。"④这些人受"前代"恶劣风气的污染，"贪心勃然而起，迷其真性"，所以"明知故犯"，官员大面积贪污腐化，"终化不省"。

为此，他亲自制定了《大诰》这一与雍正的《大义觉迷录》并列的千

---

① 《御制大诰三编·臣民倚法为奸第一》。
② 《御制大诰·胡元制治第三》。
③ 《御制大诰续编·颁行续诰第八十七》。
④ 《御制大诰·序》。

古奇书，作为这次运动的学习材料。

这本皇帝亲自撰写的《大诰》，简单说，就是一本血淋淋的案例汇编。朱元璋把他惩办的大案、要案，编成一册，夹杂着大量的说教。由于是朱亲自写作，所以文辞鄙俗、体例杂乱，多语句不通之处，唯以说教和吓唬为能事。让我们来看看其中的两篇。

《御制大诰·伪钞第四十八》讲了他如何惩办一起伪钞案：

宝钞通行天下，便民交易。其两浙、江东西，民有伪造者甚。惟句容县杨馒头本人起意，县民合谋者数多。银匠密修锡板，文理分明，印纸马之户，同谋刷印。捕获到官，自京至于句容，其途九十里，所枭之尸相望。其刑甚矣哉，朕想决无复犯者，岂期不逾年，本县村民，亦伪造宝钞者甚焉。邻里互知而密行，死而后已。呜呼，若此顽愚，将何治耶。

《御制大诰三编·递送潘富第十八》得意扬扬地讲了他如何因一个逃囚杀了一百七十户人家：

追者回奏，将豪民赵真、胜奴，并二百余家，尽行抄没，持杖者尽皆诛戮。沿途节次递送者一百七十户，尽行枭令，抄没其家。呜呼，见恶不拿，意在同恶相济，以致事发，身亡家破，又何恨欤。所在良民，推此以戒狂心，听朕言以擒奸恶，不但去除民害，身家无患矣。

他在《御制大诰·论官无作非为第四十三》里绘声绘色地描绘贪官

们临死的惨境:"临刑赴法,才方神魂苍惶,仰天俯地,张目四视,甚矣哉,悔之晚矣。"希望官员们因此抽身退步,不敢再胡作非为。

同时,《大诰》里面还夹杂着大量陈腐的教条。比如《御制大诰续编·申明五常第一》里说:

> 今再《诰》一出,臣民之家,务要父子有亲;率土之民,要知君臣之义,务要夫妇有别;邻里亲戚,必然长幼有序,朋友有信。……倘有不如朕言者,父子不亲,罔知君臣之义,夫妇无别,卑凌尊,朋友失信,乡里高年并年壮豪杰者,会议而戒训之。凡此三而至五,加至七次,不循教者,高年英豪壮者,拿赴有司,如律治之。有司不受状者,具在律条。慎之哉,而民从之。

朱元璋村主任式的思维方式实在过于混乱,他的大脑里,道德和法律从来分不清楚。请问,这《申明五常》如何操作,如何界定,如何量化,如何不会导致大量深文周纳出来的冤假错案?

朱元璋告诉百姓,他们可以直接向他举报官员们的违法行为。他大手一挥,慷慨地赋予了草根阶层监督、评议各级官僚的权力,并且许诺,皇帝会根据普通民众的意见来奖励和惩罚官员。

洪武十八年(1385年),他在《御制大诰·民陈有司贤否第三十六》中就这样号召百姓:

> 自布政司至于府、州、县官吏,若非朝廷号令,私下巧立名色,害民取财,许境内诸耆宿人等,遍处乡村市井连名赴京状奏。备陈有司不才,明指实迹,以凭议罪,更贤育民;及所在布政司府、州、县

官吏，有能清廉直干，抚吾民有方，使各得遂其生者，许境内耆宿老人，遍处乡村市井士君子人等，连名赴京状奏，使朕知贤。

因为对监察官员们不信任，在《御制大诰·耆民奏有司善恶第四十五》中，他说如果好官被诬陷，百姓有权直接向皇帝申辩：

今后所在布政司府、州县，若有廉能官吏，切切为民造福者，所在人民，必深知其详。若被不才官吏、同僚人等捏词排陷，一时不能明其公心，远在数千里，情不能上达。许本处城中乡村耆宿赴京面奏，以凭保全。

洪武十九年，他的政策又大幅度地前进了一步，在《御制大诰三编·民拿害民该吏第三十四》中，他令人吃惊地宣称，在他的帝国之内，任何一个人都可以冲进官府，捉拿他所不满意的吏员：

若靠有司辩民曲直，十九年来，未见其人。今后所在有司官吏，若将刑名，以是为非，以非为是，被冤枉者，告及四邻，旁入公门，将刑房该吏拿赴京来；若私下和买诸物，不还价钱，将礼房该吏拿来；若赋役不均，差贫卖富，将户房该吏拿来；若举保人材，扰害于民，将吏房该吏拿来；若勾捕逃军力士，卖放正身，拿解同姓名者，邻里众证明白，助被害之家，将兵房该吏拿来；告造作科敛，若起解轮班人匠卖放，将工房该吏拿来。

朱元璋身上一直有着某种"民粹主义"味道，在对官僚阶级表现出极度痛恨的同时，他一直对自己从中生长出来的社会底层人民充满亲近感。他对他们的面孔从来都是温和的、亲切的。乡村生活中人与人之间那种淳朴、真诚的关系一直记忆在他的心中。他相信，在乡村中生活的人，良心还没有被贪婪和物欲所污染。

因为对官僚体系的不信任，皇帝想起了他的乡村生活经验。他收回了官员们的部分权力，把这个权力下放给了乡村百姓，希望一定程度的村民自治能有利于治理吏治的败坏。

## 第五节

# 激进反腐的高潮与落幕

在整个帝国范围内掀起这样疾风骤雨式的群众运动,朱元璋自然有他的想法,一个村主任式的设想:"若民从朕命,着实为之,不一年之间,贪官污吏,尽化为贤矣。为何?以其良民自辩是非,奸邪难以横作,由是逼成有司以为美官。"①"呜呼,所在城市乡村耆民智人等,肯依朕言,必举此行,即岁天下太平矣。"②

这当然是典型的"如果……就……"的逻辑。依靠社会底层来监督官员,这样的思路无疑是正确的,但问题是,朱元璋没有认真考虑把这种监督机制化、常态化,而希望仅仅用一次群众运动来解决所有问题。

"激进主义"在中国这个"中庸"大国里有着十分深厚的土壤。"激进主义"是一种"幼稚病"。就像热恋中的青年男女相信只要有爱情,两个人身上其他的一切不协调都会不成问题一样,政治上的"激进主义"

---

① 《御制大诰三编·民拿害民该吏第三十四》。
② 《御制大诰·耆民奏有司善恶第四十五》。

者也相信，道德激情可以击败一切不义。只要在政治操作中倾力贯注、绝对恪守道德原则，实际政治中的任何困难都不难克服。看事过易、意气用事、态度偏激、思想狂热、喜爱暴力是它的特点。它拖累着中国政治一直不能脱离中古式"伦理政治"范畴而进化成"世俗理性政治"。越到晚年，朱元璋政治思维中"激进主义"的狂想就越来越成为主旋律。性格中天生的"狂暴"、乡村视野中天然形成的"泛道德主义"倾向，与"权力万能"的幻象合流，造成了中国历史上首次出现的现象：皇帝坐在九重之上，伸出手来在最底层的草根阶层里放了一把火，异想天开地希望用局部的"无政府主义"这把烈火，来彻底烧毁官僚主义的土壤。

诏书发布下去了，天下却没有出现朱元璋想象中的"群起响应"的局面。毕竟，自有国家以来，中国老百姓就一直匍匐在官员脚下。面对皇帝的"造反"号召，他们一时不知所措。虽然皇帝一再发布"呜呼，君子目朕之言，勿坐视纵容奸恶患民"①的殷切呼唤，他们还是将信将疑，愣在当地不敢动。

于是朱元璋火了。洪武十九年（1386年），他严厉惩罚了镇江的一些市民，原因是他们没有按他的要求，积极捉拿坏官韦栋，而听任他在镇江胡作非为，直到这个坏官被皇帝亲自发现。皇帝发布诏书说，因为这些市民不听他的话，所以"将坊甲邻里尽行责罚搬石砌城"②。他们有的因为被罚款而导致家中被罚了个精光，有的家破人亡，有的不去搬石块就被处死。

这就是朱元璋的动员方式。

---

① 《御制大诰·耆民奏有司善恶第四十五》。
② 《御制大诰三编·违诰纵恶第六》。

他知道，这种方式在这片土地上当然最有效。同时，对那些壮着胆子捉拿官员的"吃螃蟹者"，他立刻大加奖励。常熟县百姓陈寿六联合自己的弟弟和外甥，把县里的恶劣吏员顾英捉住，送到南京，朱元璋大为高兴。在《御制大诰续编·如诰擒恶受赏第十》中他说：

前者《大诰》一出，民有从吾命者。惟常熟县陈寿六为县吏顾英所害，非止害己，害民甚众。其陈寿六率弟与甥三人擒其吏，执《大诰》赴京面奏。朕嘉其能，赏钞二十锭，三人衣各二件。更敕都察院榜谕市村，其陈寿六与免杂泛差役三年，敢有罗织生事扰害者，族诛。若陈寿六因而倚恃凌辱乡里者，罪亦不赦。设有捏词诬陷陈寿六者，亦族诛。陈寿六倘有过失，不许擅勾，以状来闻，然后京师差人宣至，朕亲问其由。其陈寿六岂不伟欤？

在这动员加恐吓之下，朱元璋倡导的捉贪运动终于在各地兴起。懦弱的老百姓居然敢对官员下手，老百姓从不敢想象的、翻天覆地的这一天终于出现了。在通往南京的路上，经常出现一群衣衫褴褛的百姓押解着贪官污吏行走的情景。也有贪官逃回家里，被亲戚捉住，送到京师。朱元璋得意地说："为《大诰》一出，邻里亲戚有所畏惧。其苏、松、嘉、湖、浙东、江东、江西，有父母亲送子至官者。有妻舅、母舅、伯、叔、兄、弟，送至京者多矣。"①

从洪武元年到洪武十九年（1368—1386年），皇帝与百姓密切配合，严厉打击贪污腐化。那个时候，几乎无日不杀人。由于诛戮过甚，两浙、

---

① 《御制大诰三编·逃囚第十六》。

江西、两广和福建的行政官吏，竟没有一个做到任期满的，往往未及终考便遭到贬黜或杀头。有些衙门，因为官吏被杀太多，没有人办公，朱元璋不得不实行"戴死罪、徒流办事""戴斩、绞、徒、流刑在职"的办法，叫判刑后的犯罪官吏戴着镣铐回到公堂办公。

他不仅动用刑狱，严加惩处，而且还法外加刑。罪行严重的，处以墨面文身、挑筋、挑膝盖、剁指、断手、刖足、刷洗、称竿、抽肠、黥刺、劓、剭、阉割为奴、锡蛇游、斩趾枷令、常枷号令、枷项游历、迫令自杀、枭首、凌迟、免发广西拿象、全家抄没发配远方为奴、族诛等各种非刑。

在洪武时代做官，真的是一种极为危险的行当。据说，皇帝每天上朝，如果把玉带高高地贴在胸前，这一天杀的人就少一些；如果把玉带低低地按在肚皮下面，这一天准得大杀一批，官员就吓得面如土色。在这种恐怖气氛中，不论大官小官，个个胆战心惊，不知什么时候就有大祸临头。传说当时的京官，每天清早入朝，必与妻子诀别，到晚上平安回家便举家庆贺，庆幸又活过了一天。

原本天底下最热爱做官的读书人们此时也视仕途为畏途。他们"以溷迹无闻为福，以受玷不录为幸"[1]，"多不乐仕进"[2]。有的家里有好学之子，怕被郡县所知，弄去当官，反而叫他们休学种地；有的为了避免被强征出仕，甚至自残肢体。

不少人在时过境迁之后，回想起洪武朝的情景，还心有余悸。如当时

---

[1] 张廷玉等：《明史（三）》卷一三九，列传第二七，《叶伯巨传》，中华书局，2000，第2652页。

[2] 赵翼：《廿二史札记》卷三二《明史·明初文人多不仕》，曹光甫校点，凤凰出版社，2008，第497页。

"监察部副部长"左佥都御史严德珉，在洪武朝因病要求辞职，朱元璋怀疑他是装病，将他黥面发配到广西南丹。后来严德珉遇赦放还，活到宣德朝，回忆起当年的经历，说："先时国法甚严，做官的常保不住脑袋，这顶破帽不好戴啊！"说完还朝北面拱手，连称"圣恩！圣恩！"。

能得到"圣恩"的人太少了。连不少受过朱元璋多次表彰的清官，也因为牵连到"空印案"之类毫无必要的大冤案中送了命。济宁知府方克勤是有名的清官，一件布袍穿了十年也没有换新的，一天只有一餐吃带肉的菜，抚民有方，担任济宁知府三年，官吏不奸，户口增数倍，还大兴教化，老百姓歌颂他是"我民父母"。这样一个人，因为牵连到了"空印案"里，被朱元璋毫不留情地杀死。湖广按察使佥事郑士元刚直有才学，任职期间，荆、襄卫所军队掳掠妇女，官吏都不敢过问，他找到卫所军官，叫他们把掳掠的妇女全部释放；安陆有冤狱，他冒着触怒御史台的风险，上书为之平反。这样一位刚直的好官，也因"空印案"的牵连而死。户部尚书滕德懋被人举报为贪污，朱元璋迅即把他处死，之后剖开滕的肚子，想看看这个贪官肚子里都有些什么。孰料剖开之后，发现里面全都是粗粮草菜，朱元璋只好悻悻地长叹一声：原来是个大清官啊！朱元璋清楚地知道自己杀的人里有许多无辜之人，然而他的原则是"宁可错杀一千，不可放过一个"。他要的是一个纯而又纯的、与贪污绝缘的官僚队伍，要的是不惜任何代价实现这样一个在别的皇朝没能实现的人间奇迹，而不是什么公平正义。如果能达到这个目标，多少人冤死，在朱元璋看来是无所谓的。

虽然力度如此之大，然而朱元璋期望的纯而又纯的愿景终于没有出现。在朱元璋的政策下，想在官场全身而退几乎就不可能，所以有些人认为反正随便做什么都会遭受责罚，不如趁早捞一把算了，反而加紧贪污搜刮的活动。他们"当未仕之时，则修身畏慎，动遵律法。一入于官，则以禁网严密，朝不谋夕，遂弃廉耻，或事掊克，以修屯田工役之资"①，享受一天是一天，于是贪污事件仍然层出不穷，"弃市之尸未移，新犯大辟者即至"②。"朕朝治而暮犯，暮治而晨亦如之，尸未移而人为继踵，治愈重而犯愈多！"③弄得朱元璋连声哀叹："似这等愚下之徒，我这般年纪大了，说得口干了，气不相接，也说他不醒。"

连朱元璋寄以最大希望的"群众运动"也很快破产了。因为有了权力，可以处理一般的案件，乡里"老人"也很快腐败起来。他们毫不自重，"以权谋私，甚至贪图酒食贿赂，公道不昭，贞邪莫辨，妄张威福，颠倒是非，亭宇与职掌败瘳"。④

至于擒拿犯法吏员一举，负面作用也很快反映出来。群众运动的火候是最难掌握的。不久，就有许多地方的地方官为了政治利益，威胁利诱百姓保举自己，打击他人，更有许多地方群众为了抗税不交而把正常工作的税收官员捉拿到京。这类事情远比真正捉到的贪官要多，弄得朱元璋一个劲地呜呼不已。

皇帝晚年，对自己的暴力惩贪曾经有过困惑和动摇。洪武二十三年（1390年），他对刑部官员说："愚民犯法，如啖饮食。设法防之，犯者

---

① 叶伯巨：《万言书》，转引自陈梧桐《洪武皇帝大传》，河南人民出版社，1994，第444页。
② 《御制大诰·序》。
③ 《御制大诰续编·罪除滥设第七十四》。
④ 王毓铨：《申明亭》，载中国大百科全书总编辑委员会《中国大百科全书·中国历史》（1997年修订本，Ⅱ），中国大百科全书出版社，2002，第913页。

益众。推恕行仁，或能感化。"①

虽然朱元璋屡次申明"已成之法，一字不可改易"，"后世敢有言改更祖法者，即以奸臣论，无赦"，但还是改变不了他曾经希望世世代代指导人民的《大诰》很快被弃如敝屣的现实。虽然没有哪个后世皇帝敢明确宣布废除《大诰》，但在朱死后，《大诰》再也没有发挥过实际作用。到明代中叶，《大诰》已经鲜为人知，明末时在民间几乎一本也没有了，这也许是朱元璋从来没有想到的。

更让朱元璋没有想到的是，虽然他在世时贪污腐化现象得到了一时的抑制，然而却积蓄了巨大的反弹能量。在他死后，腐败又迅速发展起来，大明最终以中国历史上"最腐败王朝之一"的身份被列入史册。

朱元璋的错不在于反腐，而在于运动式、单一化反腐。近代法律家沈家本先生对《大诰》所载案例逐条进行考证，其结论是几乎所有大诰刑案都存在或法外用刑，或处刑不当，或枉施刑罚的问题。面对贪腐，朱元璋过于迷信暴力。他在反腐问题上几乎穷尽了各种手段。在惩贪问题上，"强盗"出身的他显得相当"一根筋"，他相信暴力恫吓可以取代一切其他努力，认为用刀剑可以创造出一个绝无贪污的世界，可事实远非这么简单。

---

① 张廷玉等：《明史（三）》卷一三八，列传第二六，《杨靖传》，中华书局，2000，第2637页。

# 第二章 海瑞：一个清官的孤独抗争

## 第一节

# "笔架先生"的另类精神

四十五岁上，鬓角发白的县学教谕海瑞晋升为浙江淳安县令。年近半百才熬成七品，对许多官场中人来说，得算仕途困顿，然而对海瑞来说，却是破格提拔。海瑞出身仅为小小举人，三十七岁中举，四十一岁才分配到福建做教谕，相当于县教委主任。能在四年之内就升为县令，实在让许多人羡慕。

破格晋升的原因是"狷介"的名声。和现在一样，破格的举动往往意味着能吸引人们的眼球，而眼球的集中则能带来意想不到的效益。自从"笔架先生"的名声传开之后，全省官员都知道了这个脾气有点古怪的正八品小官。

那是海瑞任教谕的第二年，他的直接领导，延平府视学到南平视察工作，在南平县（今福建省南平市）学官署接见学官。两名副手在海瑞带领下进入大厅，一见到视学，一左一右急趋上前，抢步跪倒，叩头拜见。海瑞夹在二人中间，却站而不跪，只拱了拱手。视学先是惊讶，继而羞怒，冷笑一声，对两旁随从说："哟，你们看这三个人，倒是个山字笔架！"

两跪夹一站，可不是活脱脱一副山字笔架的模样。视学觉得海瑞是有意轻慢自己，拂袖而去，连准备好的饭也没吃。海瑞认为视学缺乏正气，不严格遵守国家规定。开国之时，国家就规定学官在学校见上官，拜而不跪，以此体现师道尊严。百年之后，士风日坏，学官们为了讨好上级，无所不为，跪迎上官早已相习成风，所以海瑞的这一站就站得惊世骇俗。一下子，"海笔架"的名声在官场上传开了。

"笔架先生"的名声越传越大。道员、学宪、按院先后前来视察，海瑞皆揖而不跪。人们想起了国家规定，倒也无话可说。这些高级官员的涵养当然非视学可比。他们不但不和海瑞置气，反倒称赞海瑞恪守礼法，堪为士范。如今的社会，有法不依、有章不循成了寻常，一旦遵守国家规定，倒反了常，这怎么得了！一番叹息过后，不少人倒对海瑞有了好感。"另类"行为为他赢得了通省官员的注意，而他任学官以来，实心任事，把一个最清苦、没滋味的教官做得有声有色，种种实绩也就进入了大员们的视野。县学教育在许多地方都成了摆设，学官们大都敷衍了事，学生们冒名顶替、逃学旷课是常事。而海瑞到任之后，天天盯在学校里，订出教约十六条，甄别学生年龄、身份，狠抓学校纪律，提高教学质量。学生们都称海瑞为"海阎王"，学校纪律确实大有好转。属下出现了这样的"模范官员"，对每个封疆大吏来说都是件脸上有光的事，于是"巡按监司交章荐之"，特立独行带来的声誉资本化成了现实的收获，海瑞获得了这意外的升迁。

事实证明，虽然明朝中叶以后，官僚体系已经整体腐化，但是，官僚集团还是希望并且需要"清官"的。虽然大家都在腐化中捞到了好处，然而如果这个社会最终因腐化而崩溃，大家岂不连身家性命都不保，再多好处又有什么用？而且，刻苦自砺，赢得"直声"，积累一定的声誉资本，也是仕途起步时的一种做法。随着"历练"增加,人们相信这样的人最终都会融入官场大秩序中去,而且可能比别人混得更"明白"。海瑞的上司无疑也希望海瑞早日历练成熟,在仕途上取得更大成绩,早日回报自己的提拔。

可谁也没想到,"笔架先生"却要把这种"另类"贯彻仕途生涯的始终。

琼山海氏是海南望族大户,据说明洪武十六年(1383年)祖上由广东从军迁海南,居琼山,祖上多科甲之人。海瑞的祖父曾做过福建松溪县知县。不过史载海瑞父"警敏不羁,不事家人生业"[1],应该是个性很强的家庭叛逆者,不务正业,致使家道中落。海瑞四岁,父亲即去世了,全部家庭重任都落到了海瑞母亲,年仅二十八岁的谢氏头上。

孤儿的性格往往是相似的,特别是那些早年丧父的人,母亲们会把全部希望都寄托在他们身上,对他们严加管教,因此,有这样经历的人都比较早熟,富于毅力,遵守规矩。由于母亲的日夜灌输,他们的道德感比常人要强烈,异常孝顺。王莽、王安石、蒋介石、胡适,这样的例子不胜枚举。以胡适为例,他四岁丧父,自述母亲"虽则不知书识字,却把她的全副希望放在我的教育上"[2]。"每天天还未亮时,我母亲便把我喊醒,叫我在床上坐起。她然后把对我父亲所知的一切告诉我。……她对我说我惟有行为好,学业科考成功,才能使他们两老增光;又说她所受的种种苦楚,得以由我勤敏读书来酬偿。"[3]胡适一旦稍稍贪玩,母亲立刻是一顿

---

[1] 明谊修、张岳崧:《道光琼州府志》(第四册),卷四〇《与乡诸先生书》,李琳校点,海南出版社,2006,第1783页。

[2] 胡适:《胡适自传》,华文出版社,2013,第6页。

[3] 同上。

痛打，打了之后，又是一顿痛哭，哭自己命运的悲惨，守寡的艰难，让屁股疼痛的胡适脸上发烧。在母亲的教诲期望下，胡适小小年纪就成了"老夫子"，终日苦学，五岁就得了"糜先生"的绰号。长大以后，他终生克己，并且极为孝顺，以致为母爱而牺牲了自己的爱情。

海瑞的经历也如出一辙，只是他的性格较之一般孤儿尤为刚强固执，甚至不无刚愎色彩，这就要进一步从他母亲身上找原因了。海太夫人的严守妇道、刻苦度日，是非常有名的。她"先后苦针裁，营衣食，节费资，督瑞学"①，直到海瑞入仕多年之后，还是每天从早忙到晚，不稍歇息。她本是个严厉无生趣的人，加以青年守寡，心态难免有些失常，视独生儿子如生命，"母念父嗣如线，爱臣尤笃"②。海瑞都三四十岁了，还是和母亲同住一个房间，"母之待臣，虽年当强壮，日夕相依，不殊襁褓"③。

可以想见谢氏对海瑞要求之严厉。海瑞刚刚懂事，粗识文字的母亲就教他读《孝经》《尚书》《中庸》，"日夜与公偕寝处，口授《孝经》、《学》、《庸》诸书"④。在母亲的严厉管教下，海瑞的童年被剥夺了。谢氏不许他和别的小孩子一起玩游戏，"有戏谑，必严词正色诲之"⑤。

---

① 明谊修、张岳崧：《道光琼州府志》（第四册），卷四〇《与乡诸先生书》，李琳校点，海南出版社，2006，第1783页。

② 海瑞：《海瑞集》（上册），卷一《奏疏·乞终养疏》，李锦全、陈宪猷校点，海南出版社，2003，第133页。

③ 同上。

④ 梁云龙：《梁中丞集·海忠介公行状》，收入《北泉草堂遗稿等七种》，朱巧云校点，海南出版社，2004，第34—35页。

⑤ 朱国祯：《涌幢小品》（下册），卷二〇《海忠介实际》，王根林校点，上海古籍出版社，2012，第400页。

谢氏把死去的丈夫当成反面教材，反复教育海瑞长大了不能像他父亲那样不务正业、叛逆流荡，而务要刻苦勤学，做一个正人君子。

海瑞的耿介、顽强乃至偏执，早已深深植入了血液之中，而从小所受的儒学教育，又强化了这些倾向。

在学校里，海瑞是个遵守规矩的模范学生。在《规士文》中，他追忆自己当学生时的情景：我做小秀才时，见年纪比我大的同学要十分恭敬，不敢在旁高声言笑，不敢在班乱序先行。路逢长者，让道一旁；同席年高，叨陪末座。从来没有越礼的时候。

如此谦恭有礼，并非仅仅是他家教良好，更主要的是一种道德自觉。青年海瑞真诚地折服于儒学揭示的皇皇盛美的天理人道，并且在一举一动中尽力遵循。

儒学为那个时代的人们提供了极富诱惑力的远景理想。对社会来说，只要人人都遵守圣人的教化，这个社会就会井井有条，臻于大同。对个人来说，如果你刻苦自砺，就会达到"圣人"的境界。

传统社会里，几乎所有的读书人都发誓"必为圣贤"，然而大部分人都半途而废。他们阳奉阴违，在冠冕堂皇的借口下进行欲望走私，成了说一套做一套的"乡愿"。只有少数有特殊禀赋的人，才能以超常的心力来做这条约的牺牲品。

还是一个天真少年的时候，海瑞就在这份条约上郑重签了自己的名字，发誓坚守终生。在倔强单纯的他看来，"内圣外王"应该不是一件很难的事，因为道路已经为圣人所指明，你所要做的只是实践。当然，在自我砥砺的路上，你会遇到许多诱惑和挑战，然而应对这些，只需要一样品质：毅力。所以，最关键的问题是磨炼自己的毅力。在作文《严师教戒》中，他这样拷问自己：将来入仕之后，你有信心抵制住金钱的诱惑吗？能坚持住自己的操守吗？会不会言行不一？会不会做有愧于心的事？见了高官大人，能保持自尊吗？见了别人鲜衣骏马，能不起羡慕之心吗？"小有得则矜，能在人而忌，前有利达，不能无竞心乎？"[①]生下来时，是清清白白的，死的那一天，能保证自己一尘不染吗？如果不能保持自己的清白，怎么对得起祖宗天地？

他从自己的一举一动一个念头抓起，要求自己时时刻刻不能偏离圣人的教导。他言必信，行必果，在学校里，常与同辈辩明学术，严课功修，受到同学们的尊敬，大家都称他为"道学先生"。

他给自己起了个号——刚峰。他希望自己能像海边的岩石一样，在日夜不息的世俗大潮前坚定不移。

天下士人读的都是圣贤之书，为什么读出了那么多乡愿小人？每位帝王都尊崇圣人之道，为什么却少有政治清明的时候？海瑞真的很奇怪，难道全世界的人都不明白一个再简单不过的道理：只要不折不扣地践行圣人之道，世界上的一切问题都会迎刃而解。圣人已经把解决一切问题的钥匙交到了读书人手中，人们却弃如敝屣！满世界都是昏昏终日的、不幸的愚人！一想到这一点，海瑞就心绪难平。学生海瑞发下宏誓大愿：以自己的生命来接续圣人的火把，再次照亮这个世界！

这个誓愿其实应该很容易达到，秘诀只在于坚持。

---

① 海瑞：《海瑞集》（下册），卷五《议论·严师教戒》，李锦全、陈宪猷校点，海南出版社，2003，第704页。

## 第二节

# 理想与现实的夹攻

嘉靖二十八年（1549年），海瑞中举。嘉靖三十二年（1553年），他被授予福建南平县儒学教谕，一个没有多少油水的清水衙门。嘉靖三十七年（1558年）五月，他升任浙江淳安知县，这样他就有了地方实权，成了一地的父母官。

明代的县官其实是很难做的。因为这一职位处于上层社会与基层社会的夹缝地带，事务繁杂，应酬众多，想做到左右逢源，必须有超乎寻常的技巧。万历二十三年（1595年），二十七岁的袁宏道出任吴县知县。他在给友人的信中这样描述做县令的痛苦："弟作令备极丑态，不可名状。大约遇上官则奴，候过客则妓，治钱谷则仓老人，谕百姓则保山婆。一日之间，百暖百寒，乍阴乍阳，人间恶趣，令一身尝尽矣。苦哉！毒哉！"[1]在上司面前像奴仆，接待路过的官员时如同妓女，管理钱粮像个账房先生，对待百姓则像保人媒婆。这种痛苦在其他信件中同样有所记载："吴

---

[1] 袁宏道：《袁宏道集笺校》（上），卷五《丘长孺》，钱伯城笺校，上海古籍出版社，2008，第208页。

令甚苦我：苦瘦，苦忙，苦膝欲穿，腰欲断，项欲落。嗟乎，中郎一行作令，文雅都尽。"①"上官如云，过客如雨，簿书如山，钱谷如海，朝夕趋承检点，尚恐不及，苦哉，苦哉！然上官直消一副贱皮骨，过客直消一副笑嘴脸，簿书直消一副强精神，钱谷直消一副狠心肠，苦则苦矣，而不难。唯有一段没证见的是非，无形影的风波，青岑可浪，碧海可尘，往往令人趋避不及，逃遁无地，难矣，难矣。"②以海瑞那宁折不弯的性格，知县其实是一个非常不适合他的职务。

如此辛苦，还有那么多人争先恐后去做，是因为这里面有巨大的好处。地方官是最容易致富的职位，因为他们有直接税收权。明代有一个政治术语，叫"守令之害"，也就是说，知府县令这类的地方官，通常都是地方一害。明代政治家赵南星对皇帝描述守令之害时说："臣伏处闾阎三十年，习见有司贪酷者甚多，……以致豺狼满地，小民愁苦无聊，起而为盗。"③高攀龙则说，几乎每一任地方官都是携满民脂民膏与百姓的咒骂而离去："矻矻然朝夕之所望，与其父母妻子所以望之者，不过多得金钱。至去其官也，不以墨即以老疾。即去，其橐中装已可耀妻儿，了无悔憾。而民之视其去也，如豺狼蛇蝎之驱出其里，亟须臾以为快。"④因为好处巨大，所以明代早期进士们以分到各县当县令为耻辱，晚明时大家却

---

① 袁宏道：《袁宏道集笺校》（上），卷五《杨安福》，钱伯城笺校，上海古籍出版社，2008，第213页。
② 同上书，《沈广乘》，第242页。
③ 赵南星：《申明宪职疏》，转引自丁守和主编《中国历代治国策选粹》，高等教育出版社，1994，第674页。
④ 高攀龙：《高子遗书》卷九《送陈二尹序》，转引自王天有《明代国家机构研究》，故宫出版社，2014，第255页。

趋之若鹜,"而三甲进士绾墨绶出京者,同年翻有登仙之羡"①。

在奔赴淳安的路上,海瑞又一次背诵了自己做学生时写的《严师教戒》,现在,那篇文章中所说的诱惑分明地摆在了自己面前:

入府县而得钱易易焉,宫室妻妾,无宁一动其心于此乎?……财帛世界,无能砥中流之砥柱乎?将言者而不能行,抑行则愧影,寝则愧衾,徒对人口语以自雄乎?②

联想到那么多同学、先生入仕前慷慨激昂,入仕后却无一不变成贪污纳贿的贪官,他不觉悚然而惊。淳安县衙的官椅,将成为拷问他灵魂的刑具。他能不能经受这严峻的考验呢?

虽然初次做父母官,但是和大明朝的每一个普通百姓一样,海瑞知道地方官不是靠国家俸禄吃饭的,他们的主要收入是种种"常例"。

所谓"常例",就是土政策、乱收费。

史称明代"官俸最薄",洪武朝之后,官员俸给实行"折色",也就是因为仓米不足,折成其他东西发给。折来折去,越发越少。最高正一品年俸折为221.5两白银,一个知县年俸仅折为27.49两白银。即便加上所有补贴,合成银两,一个县令月收入不过5两,折换成现在币值,1000元左右。用1000余元养活一个大家庭甚至家族,这个县令的生活只能是城市贫民水平。

---

① 沈德符:《万历野获编》(中),卷二二《邑令轻重》,杨万里校点,上海古籍出版社,2012,第485页。

② 海瑞:《海瑞集》(下册),卷五《议论·严师教戒》,李锦全、陈宪猷校点,海南出版社,2003,第703—704页。

然而，再看看各种"陋规"，你就知道为什么人们热衷于奔走仕途了。海瑞一上任，就命师爷把淳安县政府成员的"常例"收入列出来看，不看不知道，一看吓一跳。

其中在县令一项下是这样写的：

> 夏绢银一百六十两。夏样绢八匹（样品绢，收绢时额外收取用来评定品级的样品，评定后就作为福利分掉了）。秋粮长银二十两。农桑样绢四匹。折色粮银四两。清军匠每里银一两。农桑绢银十两。审里甲丁田每里银一两。盐粮长银十两。直日里长初换天字下程一副外，白米一石或五斗，八十里皆然。审均徭每里银一两。造黄册每里银二两。经过盐每一百引银一钱，每年约有五万引。住卖盐每百引银一两，每年约有七千余引。催甲每里银一两。样漆一百斤。俸米每石折银一两。柴薪每一两收银二两。出外直日里长供应并店钱人情纱缎。起送农民罚纸二刀，纳银五钱。收各项钱粮每一百两取五两。①

不算不知道，一算吓一跳。这份"常例"清单中的"出外直日里长供应并店钱人情纱缎。起送农民罚纸二刀，纳银五钱"，因为无法知道基数，所以无法计算结果。综算其余小项，可得白银2665~2723两。这样合计起来，一个知县即使不贪污、不受贿，每年的"常例"收入也有3000两，如果按1两值200元人民币，折合人民币现值60万元。国家俸禄真可以"基本不用"了。

---

① 海瑞：《海瑞集》（上册），卷二《条例·兴革条例》，李锦全、陈宪猷校点，海南出版社，2003，第278—279页。

这笔收入还是一位奉公守法的知县的"合法"收入,尚未考虑其他人情往来。通常知县刚上任之际,会有一笔"迎接银",知县离任之时会有一笔"送别银"。这两笔收入每笔也大约2000两。

当然,这些收入县令不能全装入自己的口袋。准确地说,这些额外收入应该算"小金库",每年的"招待费""公关费",以及送给上级的"礼金"都要从这里出,海瑞就说:"今人谓朝觐年为京官收租之年,故外官至期盛辇金帛以奉京官。"①明代规定外官三年一小考,九年一大考,考核结果不好,即有遭降黜的可能,所以下级官员向上主动献纳"常例钱"就渐渐成了官场惯例,每到考成之年,地方官员都公然贿赂请托。地方官场也要送礼。海瑞说:"旧例,就三年里甲中科派一里一两,三八共二百四十两。中取七十二两馈本府,十二两馈府首领,六两馈府吏府上。"②就是说地方官员在京察之年必须"盛辇金帛以奉京官",而知县在参谒知府时又必须送钱。这些支出加到一起,要占全部收入的一半以上。

私设小金库,制定土政策,是开国初明令禁止的。然而,明太祖去世以来两百年,这些"常例"已经成了公开的政策,全国一千多个县,以及建立在县制之上的整个官僚系统都是在这些"常例"的支持下运转的。没有这些收入,官员们就没法维持日常生活,没法编织自己的社会关系网,没法养活手下的人。可以说,这些"常例"一日不可无。

---

① 海瑞:《海瑞集》(上册),卷二《条例·兴革条例》,李锦全、陈宪猷校点,海南出版社,2003,第270页。
② 同上。

## 第三节

## 逆势而行，革除"常例"

除了知县，县里的其他官吏也都有自己的"常例"。比如县丞主簿是"夏绢银八十两。夏样绢四匹。农桑样绢二匹。农桑绢银五两。秋粮长银一十两。……"①收入大体是县令的五分之二左右。典史也有"出外里长供给并店钱人情纱绢书帕"②等项。

除了官员，县政府里还有一种角色，叫"书吏"。传统时代，中央政府设有六部，地方各级政府也对应设有"六房"。大体而言，县里的六房相当于今天各地县政府下属的"局"或者"科"。"书吏"也就是县政府的普通办公人员。除此之外，还有一类人就是大家熟悉的"衙役"。就连他们也都各有各的"常例"收入，而且收入还不低。这是因为科举时代，进士和举人们并无任何专业知识，很多公事都交给书吏和衙役去处理。这些人是县级政府的具体办事人员，也是专制权力的终端，他们每天都

---

① 海瑞：《海瑞集》（上册），卷二《条例·兴革条例》，李锦全、陈宪猷校点，海南出版社，2003，第279—280页。
② 同上书，第280页。

与百姓打交道。知县没干几年就要调走，但是他们却长期在本地工作，更加了解地方民情。刚到任的官员不得不高度依靠这些人，于是他们在处理具体事务时就可以"轻重高下，悉出其手"①，得以营私的手段很多。

大明王朝后期的腐败已经到了触目惊心的地步。腐败侵蚀到社会机体的每一个细胞之上。上至皇帝为了自己的私库加收矿捐，下到小小的衙役通过把持官府家资上万。居官如同贸易，读书只为敲门。办一件事需要多少贿赂，有公开的明码标价，"权门之利害如响，富室之贿赂通神，钝口夺于佞词，人命轻于酷吏"（《明世宗实录》卷一五三）。

社会的精神支柱已经垮塌，礼崩乐坏，物欲横流，人们在末世气息中肆无忌惮地放纵自己的欲望。

在早年读书的时候，海瑞就多次在作文中叹息："纷纷世态，其不当予心有日矣！"②他感叹这个世界，实在是太不称他的心意了！

更让海瑞气愤的是，在沧海横流之时，饱读圣贤之书的士大夫们没有几个人以圣贤自任，挽此颓风，反而和光同尘，竞相逐利。即使那些口碑尚好的公卿大臣，也不过是手伸得不太远，钱捞得有节制而已。在他看来，举国上下，已经没有一个人称得上"正人君子"。"世俗群然称僻性、称所行大过者，多是中行之士。谓如此然后得中道、善处世，则必乡原之为而已。所称贤士大夫，不免正道、乡原调停行之。乡原去大奸恶不甚远，今人不为大恶，必为乡原。"③那些特立独行的孤介之士，在他看来做得还远远不够，而贤士大夫则都是些污秽之人。他恨这些模棱两可

---

① 李心传：《建炎以来系年要录》卷一六五，绍兴二十三年八月丙子。
② 海瑞：《海瑞集》（下册），卷五《议论·客位告辞》，李锦全、陈宪猷校点，海南出版社，2003，第705页。
③ 同上书，卷六《论·乡原乱德》，第732页。

的"乡愿"甚于大奸大恶，因为他们盗用了圣人的名义，对圣人之道危害更大。

用一句流行的话说就是，你不能要求这个世界适应你，而是你应该去适应这个世界。海瑞恰恰反其道而行之。整个世界昏天暗日，几乎不见一丝光亮，海瑞却感觉到一种莫名的激动，他要成为这滔滔世界的中流砥柱，致君尧舜上，再使风俗淳！即使是与整个世界为敌，他也毫不退缩，这情景恰好是为英雄搭建好的舞台，他喜欢这种悲壮慷慨的感觉。

其实，海瑞所向往的世界，也并非遥不可及。明朝开国之时，太祖朱元璋已经为这个世界制定了蓝图，他制定了一系列祖训家规，对国家生活的方方面面都做了详尽到无以复加的规定，定下了万年之基。在海瑞看来，这些规定尽善尽美。他认为，所有的错误、所有的丑恶，都是因为人们不能严格遵守圣人和祖宗的教训，一任私欲发展造成的。

上任十天后，海瑞公布了一个决定：革除所有"常例"。

在别人看来，这是不可能的事，而在海瑞看来，却是天经地义。如果全世界都默认"常例"的存在，那只能说明全世界都错了。错了就要改过来，道理就是这么简单！

虽然没上任之前，那些消息灵通人士已经把"笔架先生"的名声传播到了全县，大家已经对这位新县令的怪脾气有了心理准备，可是没有人想到，海瑞上任后的第一把火是革除"常例"。这简直是疯狂，是政治自杀，是天方夜谭！人们估计，不出三天，海瑞就得改口。

然而海瑞说到做到。他把所有的"不合理收费"一刀切，不光是自己的"常例"，还包括县丞主簿、典史、教谕训导、阴阳官、医官、六房吏等大小官吏的各类"常例钱"。"他如户房钱粮册，工清军匠册，刑审录、礼寺观兵、乡兵、民壮等册，皆有上房旧例。今尽革去。"①

这一举动不亚于一场"政治地震"。不但全县官吏如遭晴天霹雳，通省官员都目瞪口呆！震惊过后，大家都屏息静气，准备看这个初入官场的愣头青的笑话：看他吃什么，穿什么，拿什么养活家口，拿什么招待过往官吏，拿什么孝敬上司……看他能坚持几天，坚持不住了又该如何收场。

"海笔架"还真坚持下来了。靠一个月五两银子，他真就养活了一大家子。当然，生活水平和别人无法同日而语，而且还要想一点别的办法来维持生计。海瑞在官署后院的空地上开了一片荒，约有二分（133.3平方米）大小，种上了黄瓜、豆角，每天下班，就换上粗布衣服，扛上锄头干上一阵。全家人每天都吃粗粮，一年到头吃不上几回肉。入仕之后，海家的生活水平反倒不如以前了。海瑞本人一身官服穿了六年，穿得四处补丁，看不出颜色，用手一扯就是一根线头。每天烧饭用柴，都是老仆到山上打来的。有一天，海瑞发现老仆打来的山柴枝叶枯干，不像是新砍的，遂把老仆叫来讯问。老仆不敢隐瞒，只好交代说是街上有人巴结他，替他打好了背回来的。海瑞立刻叫他把送柴人找来，当场给了送柴人五十枚铜钱作为柴价，之后关上院门就把老仆打了一顿。

淳安县的县丞主簿要求调离，衙役门子也都回家不干了。海瑞不为所动。你走你的，你不干自有别人干。县丞主簿走了，他把业务接过来自己做；衙役不干了，他从贫困地区再招。别人做得很清闲的县令，他做得东奔西跑，灰头土脸，一年都没有几天休息的时候。

上司生日、红白喜事，正是下级们"表示"的最佳时机，别人都是成

---

① 海瑞：《海瑞集》（上册），卷二《条例·兴革条例》，李锦全、陈宪猷校点，海南出版社，2003，第277—278页。

百上千两银子拿去送，他只写一封贺信；上级来检查工作或者路过，他招待住宿都按国初太祖时定下的标准。渐渐地，淳安成了官员们的危途，不到万不得已，谁也不愿出差到那里。

"海笔架"的桩桩件件，逐渐成了浙江省官场上日不可少的新闻，成了人们茶余饭后的谈资，连浙江总督胡宗宪都成了热衷的传播者。一天，在全省的高级官员会议开会之前，胡宗宪神神秘秘地告诉大家："听说'海笔架'给他母亲做寿，居然上街买了二斤肉！连淳安县的肉贩子都这么说，没想到这辈子还能做上海县令的生意！"①

全会场哄堂大笑。

海瑞就这样成了全省官场上的"海怪物"。

一方面是官俸不足以维持正常开支，另一方面却是官本位，官万能，各级官员权力不受约束，制定各种土政策，进行各种乱收费几乎没有任何障碍。通过加收摊派来获取行政费用，以支撑政府运转，是古代政治中的一个正常现象。问题是加收多少、摊派多宽，并没有明文规定，完全是暗箱操作。并且，对于政府机构的财政收支，从来没有建立过有效的会计审计制度。官员们往自己口袋里放钱，就像吃饭夹菜一样容易。

在这种制度下，官员只有两种选择。一种是做清官，一丝不取，结果就是甘于正常人无法忍受的贫穷。明代的著名清官轩輗"寒暑一青布袍，补缀殆遍，居常蔬食，妻子亲操井臼"②；秦纮"廉介绝俗，妻孥菜羹麦饭常不饱"。这种窘状，清官传上比比皆是。另一种就是遵照官场惯例，通过土政策来维持开支，支撑关系网的建立。而一旦越限，人们的欲望往

---

① 贾葆蕤：《嘉靖王朝》（下册），华夏出版社，2009，第502页。
② 张廷玉等：《明史（四）》卷一五八，列传第四六，《轩輗传》，中华书局，2000，第2876页。

往就一发不可收拾。

对于制度性腐败，历代以来，应对的办法只有两个，一个是"杀"，从肉体上消灭贪官；另一个就是教化，通过树立典型，大力表彰，提倡正确的导向，来感化人、转化人。

可这两种办法都运用不当，效果不佳。历代以来，以明太祖朱元璋惩贪最为坚定，对官员要求最为严苛，然而，偏偏是他定下一系列惩贪祖制的明王朝，腐败得无以复加，最终因腐败而亡国。

几千年来，历代王朝总是被腐败击倒。虽然有无数的明君贤相、大儒哲人，可从来没有人尝试过用其他办法来治理腐败。纵使付出了惨重代价，人们依然执迷不悟。

在这样一个封闭完足的文化体系包围下，一切答案都有现成的正统解释，人们已经丧失了建设性解决问题的能力，丧失了用自然的方式去思考的能力，只能在恶性循环中越陷越深。

### 第四节

# 一边受挤,一边升迁

从某个角度来说,海瑞的心和朱元璋是相通的。海瑞对朱元璋的残酷惩贪措施完全赞成:"我太祖视民如伤,执《周书》'如保赤子'之义,毫发侵渔者加惨刑。数十年民得安生乐业,千载一时之盛也。"①

吃着粗粮青菜,穿着打了补丁的衣服,过着城市贫民的生活,海瑞从来没有觉得有什么不合理。他对清贫甘之如饴,清贫有助于他保持气节,而富贵温柔则是道德的陷阱。海瑞从来没有反思过,开国之初的经济萧条与现在的经济繁荣不可同日而语,以那时的标准来发放现在的俸禄是否现实,要求所有人都像他一样摒绝物欲是否可能?

朱元璋的严苛和海瑞的不苟正是来源于一个文化母体。清官们的一丝不取与贪官们的毫无禁忌其实也是相同文化基因上生长而成的两极。

几千年来,一方面贪官们的奢侈腐化肆无忌惮让人义愤填膺,另一方面清官也总是清得让人心疼。他们清到家徒四壁,清到生计无着,清到触

---

① 海瑞:《海瑞集》(下册),卷三《序·赠赵三山德政序》,李锦全、陈宪猷校点,海南出版社,2003,第500页。

目惊心。

"清官"在官场中恰恰成了官员们的反面教材。做清官不仅物质上吃苦,精神上也要承担巨大的压力。每办一件事,海瑞都要严格遵守国家规定,因而窒碍重重,举步维艰。同僚的讥笑、排挤、不合作,乡绅们的抵制、咒骂、上访,甚至死亡威胁,这些都不算。就是在家里,母亲、妻子、亲戚也整日抱怨不已,虽然不敢明着指责他,但起码不会给他好脸色看。因此,做"清官",其实是在日日承受着一种常人无法忍受的煎熬。

海瑞把这种煎熬当成一种考验、一种磨炼,当作"超凡入圣"的必经之途。

不做清官都难如此,县令中的"清官"更是不可避免地成为官场中的"异类",如果不能被"同化",那么,只能被"挤走"。

嘉靖三十九年(1560年),即海瑞任淳安县令的第三年,都御史鄢懋卿巡行浙江。都御史是御史台长官,是最高反腐机构的领导人,所到之处,接待的规格很高。况且鄢氏平时即好排场,讲究享受,因此,各地官员在接待上都下了不少功夫。连吃喝带"土特产",一个县没有千把银子下不来。鄢氏所到之处,"监司郡邑吏膝行蒲伏"①,"常与妻偕行,制五彩舆,令十二女子昇之,道路倾骇"②。

鄢氏将过境淳安的消息传来,师爷愁眉紧锁。府员、道员到来,你公事公办还则罢了,这一次来的可是"部级干部",并且是都御史,如果把他得罪了,一个小小县令,官位立刻不保。

海瑞却不信那个邪,面对师爷的劝告,他不耐烦地说:"充军死罪宁

---

① 张廷玉等:《明史(六)》卷三〇八,列传第一九六,《奸臣·鄢懋卿传》,中华书局,2000,第5306页。
② 同上。

甘受，安可为此穿窬举动耶！"①即使充军杀头，我也不做这样见不得人的事！

他告诉师爷不必发愁，且看本县如何处置！

他的"处置"就是给鄢氏写了封信。信的大意是：接到您发来的公文，通知说您将巡视我县。您在公文里说您素性简朴，不喜承迎，各地接待上要简朴，不可铺张浪费，以节省国家钱财。可是我听您所到过的县报告说，您所到之地，"各处皆有酒席，每席费银三四百两。金花、金段，一道汤一进"②，与您在通知中所说的大相径庭。是不是各县官员误解了您的意思，把您的要求当成虚文了呢？

接到了这封信，鄢氏连淳安所属的严州都没有进，绕道而去。严州知府大发雷霆，把海瑞叫到州上拍案大骂了一顿："你多大一个破官，还反了你了！"知府骂不停口，海瑞"惟敛容长跽，无一语辩"③。

严州知府终于受不了了，浙江官员的忍耐也达到了极限。他们联起手来，要把海瑞弄走。然而海瑞居官行政，处处以太祖祖制为依据，不逾规矩一步，挑他毛病还真不容易。这难不倒官场中人。罢不了你的官，我还升不了你的官吗？府道官员联合建议，像海瑞这样道德高尚的清官，应该晋升到中央去任职。

"清官"容易受同僚排挤打击，另一方面也容易受到上层的注目，进而得到重用。

---

① 梁云龙：《梁中丞集·海忠介公行状》，收入《北泉草堂遗稿等七种》，朱巧云校点，海南出版社，2004，第40页。
② 海瑞：《海瑞集》（上册），卷二《禀帖·禀鄢都院揭帖》，李锦全、陈宪猷校点，海南出版社，2003，第235页。
③ 同①。

海瑞的清廉,中央高层时有耳闻。既然浙江官员也认为海瑞应该升官,那么就提拔他一下吧,也能反映出干部选拔中的公正清廉。然而,到中央任职不大合适,既然地方官做得好,还是留在地方做贡献吧。于是三年知县任满,吏部预备提升海瑞任浙江嘉兴府通判。

这一下,弄巧成拙的浙江官员紧急动员,找到了受到海瑞羞辱的鄢懋卿,买通了御史袁淳,网罗罪名弹劾海瑞。经过一番紧张的官场运作,海瑞还不知道怎么回事,就被一纸调令调出了浙江,转任江西兴国知县。

兴国是个"苦县",土地贫瘠,人口稀少,交通不便,历来是没有人愿意去的地方。然而,海瑞毫无怨言。到了兴国,他下车伊始,就雷厉风行地针对当地大户隐瞒土地严重的状况,开始重新丈量土地,核实国家税赋。清丈土地是一项极为艰难的工作,豪强大户千方百计阻挠,暗地里又用尽手段,买通工作人员,弄虚作假,以致工作进行得很不顺利。

就在海瑞到兴国一年零八个月,土地清丈还没有完成之际,吏部又下来一纸调令,海瑞因"工作出色",升为户部云南司主事,级别为正六品。很显然,是地方上的乡绅通过地方势力,买通了省里、京里,终于把海瑞清除出去了。

其实和历史上大部分清官比起来,海瑞的命运还是比较好的。因为被排挤、被打击、被冷落,是明代清官共同的命运。明代初年潍州知州吴履是一个著名的清官,维护地方百姓利益不遗余力,当时"山东兵常以牛羊代秋税"[1],造成百姓负担极重。只有他顶住压力,不以牛羊代税,结果"上官令民送牛羊之陕西,他县民多破家,潍民独完"[2]。善政

---

[1] 张廷玉等:《明史(六)》卷二八一,列传第一六九,《循吏·吴履传》,中华书局,2000,第4805页。
[2] 同上。

如此，百姓视之如父母，但是知州因此也就成了他仕途的顶点，最终在知州任上"乞骸骨归"[1]。永乐时的浙江钱塘知县叶宗人，号称"钱塘一叶清"[2]，他的生活是"厨中惟银鱼腊一裹"[3]，在官场上算是一个异类，结果是"以知县卒于任"[4]。东平知州李湘，"常禄外一无所取，训诫吏民若家人然"[5]，结果也是一直升不上去，"卒于知府任上"[6]。正德年间，山东武定知州唐侃，遇到太监到各地勒索钱财，"诸内奄迫胁所过州县吏，索金钱"[7]，他让人抬了一具空棺材，放到大堂上，告诉太监"吾办一死，金钱不可得也"[8]，结果真把太监给吓跑了。就是这样一个有风骨的官员，最后也不过做到刑部主事而已。

所以海瑞被排挤的结果居然是屡屡升官，也是历代清官中的异数了。

---

[1] 张廷玉等：《明史（六）》卷二八一，列传第一六九，《循吏·吴履传》，中华书局，2000，第4805页。

[2] 同上书，《循吏·叶宗人传》，第4810页。

[3] 同上。

[4] 朱诚如、王天有主编《明清论丛》（第十辑），紫禁城出版社，2010，第147页。

[5] 张廷玉等：《明史（六）》卷二八一，列传第一六九，《循吏·李湘传》，中华书局，2000，第4815页。

[6] 同[4]。

[7] 张廷玉等：《明史（六）》卷二八一，列传第一六九，《循吏·唐侃传》，中华书局，2000，第4820页。

[8] 同上。

## 第五节

## 千载留名"骂皇帝疏"

吏部把海瑞安排到中央,也是认为海瑞这样的人虽然方正,却少变通,更适合在条条上工作,而不适于块块。户部云南司主事主要职掌的是各地的财政税收监管工作,实际上不过是签签公文,专业性较强,和其他部门发生关系较少,相对安静。这一回,海瑞应该能够安分工作了吧。

没想到,在这个"相对安静"的岗位上,海瑞却闯了个塌天大祸。

嘉靖四十五年(1566年)二月,任户部主事一年后,海瑞上了那道使他留名千载的"骂皇帝疏",即《直言天下第一事疏》。

嘉靖皇帝可以算作一个典型的"昏君"。他个性很强,行事荒唐且固执己见,从不与大臣妥协。他酷爱方术,为了炼出长生不老药,竟然摧残宫女,以获原料。宫女们走投无路,联合起来趁他睡着之时,企图用丝带勒死他,然而慌张中丝带被打成死结,嘉靖大难不死,是为明史上有名的"宫婢之变"。然而,他并没有从此事中吸取教训,反而变本加厉,从此干脆搬出皇宫,不再上朝,专心修炼。大臣们起初也曾拼死相争,然而争不过这位"性刚"的皇帝。要知道,这位皇帝即位之初曾一怒之下廷杖一百八十人,其中十七人被当场活活打死。在多人被罢官免职,甚至被处以重刑之后,非议皇帝的声音消失了,"无敢言时政者"①。更多的大臣投皇帝所好,向皇帝献祥瑞,给皇帝写作法用的青词。朝廷上弥漫着一股请仙设坛的香烟味道。

然而,海瑞进京了,死气沉沉的政治局面注定要被打破。他做地方官时,天高皇帝远,无缘关心朝廷之事。而现在,来到了国家的政治中心,关于皇帝无道、朝政日非的桩桩件件呈现在他面前。他的道德观、责任感使他无法保持沉默。海瑞只承认天理,不承认形势。皇帝"性刚",他的"性"更刚。皇帝无道,臣子直言,这对海瑞来说,就像一加一等于二那样简单。

当然,海瑞并非不懂世事之人。他完全知道这封奏疏的后果,那可不仅仅是丢官罢职,而很有可能是杀身之祸。纵然自己甘于舍生取义,堂上还有八十岁的老母,膝下尚且空虚。作为海家的单传之子,无后之罪尤大。

这应该说是海瑞入京一年后才递上这道奏疏的原因。关于海瑞的这一段彷徨和犹豫,从来没有史学家提及。可以想见,这一次定然是海瑞一生中,天理人欲"交战胸中"最激烈、最残酷、最旷日持久的一次。通观海瑞一生,性格火暴易冲动的他,还没有哪一次抉择进行得这样艰难。

海瑞的京官做得实在是不容易。首先每天的工作大都是虚应故事,没有什么实质内容。坐在办事堂上,大部分时间白白浪费。回想起来,他

---

① 张廷玉等:《明史(五)》卷二二六,列传第一一四,《海瑞传》,中华书局,2000,第3955页。

还是留恋在县里忙得脚打后脑勺的日子。再一个,他和同僚们也处不来。这些人都是些混日子的高手,一杯清茶泡上,他们就开始扯闲话,东西南北,天上地下,聊个昏天黑地。海瑞从来插不上话,总是在一边落落寡合。其实他打心眼里讨厌这些人。办事的时候,他们是油滑惯了的,顺水推舟送人情,该办不办吃拿要,而海瑞则坚持必须按国家规定来。所以,许多环节到海瑞这里就卡住了。渐渐地,海瑞就变得非常孤立。

正是在做京官的日子里,海瑞对国家的政治状况有了整体性的了解。这个国家已经整体腐烂掉了,官场没有一角清静之地。在他看来,问题的根子出在皇帝,解决的办法自然也在皇帝。皇帝为天下之本,是天下之表率,"一人正,天下无不正"。

历来人们谈到海瑞上疏,总是津津乐道于海瑞直言皇帝无道这一段,"嘉靖者,言家家皆净而无财用也""天下之人不直陛下久矣"屡屡被人引用,而很少有人注意奏折最后一段里面的话:

> 陛下诚知斋醮无益,一旦翻然悔悟,日御正朝,与宰相、侍从、言官讲求天下利害,洗数十年之积误,置身于尧、舜、禹、汤、文、武之间,使诸臣亦得自洗数十年阿君之耻,置其身于皋、夔、伊、傅之列,天下何忧不治,万事何忧不理。此在陛下一振作间而已。[①]

如果不读这一段,就不能读懂海瑞,也不能读懂嘉靖皇帝对海瑞的优柔态度。在这一段里,海瑞向嘉靖帝讲述了一个古老的神话:天下的治与

---

[①] 张廷玉等:《明史(五)》卷二二六,列传第一一四,《海瑞传》,中华书局,2000,第3957页。

不治，只在圣人之道有没有得到贯彻。人的精神决定一切，天下治乱，只在皇帝一念之间。只要皇帝一振作起来，按圣人之言去处理每一件事，那么天下很快就会变成传说中的大同盛世，百姓很快就会安居乐业，皇帝也自然成为尧舜那样的伟大帝王。

这个神话，支撑着海瑞一生，也支撑着中华民族度过了几千年的艰难岁月。这个神话告诉人们，一个社会或者一个人达到幸福彼岸的道路已经为圣人所指出。因此，幸福就在眼前，唾手可得。问题是，圣人之言恍兮惚兮，如何百分之百贯彻并没有一个客观标准。如果你还没有找到幸福，那原因必然是你没有贯彻正确。

至明清几千年来，中国人都是在试图通过贯彻圣人之言而达到幸福彼岸的努力中度过的，然而，圣人们许诺的"大同世界"始终没有降临人间，"太平盛世"或许只是战乱和灾荒中的短暂喘息，人们举目所见，只有混乱、僵滞和穷困。从来没有人怀疑圣人之言是否正确，没有人跳出这个神话的陷阱。人们只是前赴后继，一代又一代坚持不懈。

彼时整个中国文化都陷入了巨大的偏执之中，毅力被当成解决一切问题的法宝。明朝就是中国所有朝代中，理学被张扬得最盛大的朝代。这一朝的士人，对圣人之学最为专注，钻研最为认真，大臣的儒学素养最高，不怕死的忠臣一个接一个出现。仅骂过皇帝的，就可以列出长长的一串。然而，明朝又是历代王朝中，最为腐朽"溃烂"的一个。

海瑞就是所有偏执者中最偏执的一个。这个天生的理想主义者，天真得烂漫，天真得透明，天真得让人无法不感动。嘉靖皇帝之所以不杀海瑞，就是因为他从这些文字中看到了海瑞的真诚，看到了海瑞高举着的一颗拳拳之心。海瑞写此疏，并不是为了泄愤，也不是为了沽名，他是实实在在地为了皇帝，为了天下。他骂得激烈，是因为他爱得深沉。海瑞所言，其实在皇帝看来，也完全符合圣人之道，气势滔滔，不容辩驳。所以，皇帝的反应才这样矛盾：

> 帝得疏，大怒，抵之地，顾左右曰："趣执之，无使得遁。"宦官黄锦在侧曰："此人素有痴名。闻其上疏时，自知触忤当死，市一棺，诀妻子，待罪于朝，僮仆亦奔散无留者，是不遁也。"帝默然。少顷复取读之，日再三，为感动太息，留中者数月。尝曰："此人可方比干，第朕非纣耳。"①

嘉靖皇帝把海瑞关进监狱里，却一直下不了决心杀掉他。

---

① 张廷玉等：《明史（五）》，卷二二六，列传第一一四，《海瑞传》，中华书局，2000，第3957页。

## 第六节

## 全面施展政治理想

《海瑞传》中,最富戏剧性的描写无过于下一段了:

海瑞在狱中等死。一日,牢子给他送来了一席丰盛的酒席。他以为明日要行刑了,遂开怀大嚼,神态自若。吃完了,牢子问他:"知道为什么送先生酒席吗?"海瑞说:"想让我当饱死鬼吧。"牢子说:"错了,皇帝今天驾崩了,先生您要出狱了,而且早晚得受大用!"海瑞闻听,"即大恸,尽呕出所饮食,陨绝于地,终夜哭不绝声"。①

第一次读《海瑞传》,至此处深觉不可理解。以海瑞六品之微,可能连皇帝天颜都没见过,哪里来的这样深厚的感情,以至于哭昏在地?

当时只觉得海瑞矫情做作。

然而,随着对中国古代士人心理了解的加深,我"理解"了海瑞。君为政本,从伦理上讲,君臣重于父子。旧时代的士人对皇帝,真有一种如夫如父的感觉。忠君观念的进一步演化,变成了中国士人特有的恋君情

---

① 张廷玉等:《明史(五)》卷二二六,列传第一一四,《海瑞传》,中华书局,2000,第3957页。

结。"孔子三月无君,则皇皇如也。"(《孟子·滕文公下》)其心理真像失恋的状态。而孟子则认为,恋君是人的一种本能,"人少则慕父母,知好色则慕少艾,有妻子则慕妻子,仕则慕君,不得于君则热中"(《孟子·万章上》)。人小的时候,爱自己的父母;长大了则爱女人;而入仕之后,就会爱君主;如果君主没有注意到自己,就会因单相思而受煎熬,是所谓"热中"。海瑞怒皇帝的无道是真实的,哀皇帝的崩逝也是真实的。在海瑞眼里,皇帝就是他的"天"、他的主人、他生活的目标、他无条件尽忠的对象、他的希望所在。不管皇帝如何对待臣子,从伦理上讲,都是恩典,臣子唯有欢喜承受,不应有丝毫怨言。皇帝去世,于他,就是儿子失去了父亲,犬马失去了主人,怎么能不恸于心?忠君观念的不断内化,在海瑞心里达到了高度情愫化的境界,以至超越了理智的范围,喷发为感情的激流。这种感情,和文天祥见童君赵㬎,和儿童见父母泪流不止,出自同一源头。

以海瑞的天真单纯,他爱君之深,应该不亚于孔孟。他也许从来没有爱过女人,但他深爱着皇帝,对皇帝的单相思不能自已。这是举世绝无仅有的"恋爱"。自己"热恋"的对象死了,怎能不痛哭达旦,伤心欲绝?正是这一哭,哭出了海瑞的忠臣本色,哭出了海瑞的真诚和单纯。

嘉靖四十五年(1566年)十二月二十六日,隆庆皇帝朱载垕登基。每一任新皇帝上台,王朝总会有一段短暂的振作期。皇帝早就听说了海瑞的大名,对这个骨鲠之臣倾慕已久。在即位的当天,他就释放了海瑞。不久,在内阁首辅徐阶的推荐下,海瑞一年三迁,被升为大理寺左丞。海瑞遇到了政治生涯上最温暖的一个春天。

度过了狱中十月,复出的海瑞已经今非昔比。他在全国政治生活中的角色发生了根本性的变化。这时的海瑞,已经不是当年那个让人嘲笑的

"海笔架"。他一骂成名,举国皆知,从一个部门里默默无闻的古怪小官僚,变成了代表社会正义的楷模。在狱中的时候,就有官员不顾生命危险为他鸣冤,嘉靖皇帝一去世,重用海瑞的呼声就不绝于耳。人们已经把海瑞当成这个黑暗乱世中唯一的光亮,不管是拥护还是反对,谁都无法不正视这个政治现实:海瑞已经成了一面旗帜、一种象征,成了全国政治中清流力量的总代表。

隆庆三年(1569年),在徐阶的推荐下,他被任命为位高权重的应天巡抚,登上了他政治生涯最辉煌的顶点。这一年,他已经五十六岁了。

应天是当时中国经济最发达的地区之一,辖地包括苏州、常州、镇江、松江等十余府,"仕官之渊薮也……赋甲天下"①,朝廷里的许多高级官员家乡都是这里,包括首辅徐阶。由于吏治不清,贪污的风气最盛,积累的问题也最多。徐阶希望海瑞能够凭其一身正气,杀杀此地的歪风,收拾一下混乱的局面,为新一任朝廷班子创造出一些令人瞩目的、实实在在的政绩。

虽然五十六岁须发斑白,虽然受过多次挫折,"海青天"的铮铮风骨没有丝毫改变,"刚峰"一如其刚。接到任命,他立刻轻车简从,迅速赴任。

海瑞的单车尚未出京,应天地区已经人心骚然。官员、乡绅、士子、平民,有兴奋者,有盼望者,有失望者,有恐惧者。不论如何,人们都意识到,这个人的到来,一定会引起应天地区社会生活的巨大变化。那些对海瑞行政作风早有耳闻的人纷纷提前行动,"属吏惮其威,墨者多自免

---

① 黄秉石:《海忠介公传·抚吴》,收入海瑞:《海瑞集》(上册),李锦全、陈宪猷校点,海南出版社,2003,第49页。

去。有势家朱丹其门,闻瑞至,黝之。中人监织造者,为减舆从"。①那些贪名在外的人干脆辞官而去,免得受到新任巡抚的惩处;豪门大户,把自己的红漆大门刷上了黑漆;应天监管皇室织造事务的太监,原来坐八抬大轿,现在也改坐了四人抬的小轿。

贪污者闻风而逃可以理解,不过,海瑞的到来关大门和轿子什么事呢?

在专制社会,百姓如何穿衣戴帽都必须由专制者来做主。在海瑞眼里,在明朝读书人眼里,大门、轿子,包括衣服、宅第并非小事,而是关乎"贵贱"的大节。明朝开国之初,就用相当大的精力制定了全国人民的房舍衣冠制度,规定十分详尽。具体到几品官可用红漆大门、几品官可坐八抬大轿,在明太祖的诏令里规定得明明白白、清清楚楚。只是时间过去两百年,社会富庶,纪纲废弛,人们把这些烦琐的规定几乎忘了。然而,海瑞的到来,却让大家悚然惊醒,自己原来是生活在错误和悖逆之中。

每个人都知道,海瑞的行政方针非常简单,那就是按太祖的规矩办。当初见长官揖而不跪是为此,取消一切"常例"是为此,拒不接待鄢懋卿也是为此。还没有到应天,他就已经宣布了自己的执政方针为"除积弊于相安,复祖宗之成法。不循常,不变旧"②。就是说,要全面恢复旧法,坚决不向人的惰性妥协。只要严格按祖宗的规定去办,则"天下无不定,万事无不理"。

---

① 张廷玉等:《明史(五)》卷二二六,列传第一一四,《海瑞传》,中华书局,2000,第3958页。
② 海瑞:《海瑞集》(上册),卷二《条例·督抚条约》,李锦全、陈宪猷校点,海南出版社,2003,第396页。

坐在南下的小车上，海瑞心潮起伏，思绪万千。没想到在有生之年，他终于遇到了明主，遇到了贤相，终于成了执掌一方的封疆大吏，而且所辖是全国最重要的一个地区。他在乎的倒不是官位的升迁，而是终于有了全面施展自己政治理想的空间。他平生所学所思，终于可以充分体现在政治当中，他变天下风俗，致黄帝尧舜的梦想真的有可能实现。他怎么能不激动！

他决心竭尽全力，排除任何艰难险阻，把应天治理得海晏河清，给全天下官员做个榜样。如果应天治理好了，那么，必然会影响全国其他地方，各地都会借鉴他的经验，那样，整个天下大治，岂不指日可待了吗？在他看来，做到这些，其实只需要一个字，就是"刚"。虽然还没有踏上应天地面，但凭多年的遭遇和经验，他知道，他遇到的将是一生中最大的挑战。

然而，他对自己的"刚"有充分的信心。

在他看来，现在天下之所以这样千疮百孔，正是少了一个"刚"字。"我朝诸公稍陟高位，便是全然模棱养望，因因循循，度日保官。"[①]"今天下事靡靡不立，病坐当事人因循苟且，日挨一日。"[②]只有守住"刚"字诀，"虽千万人，吾往矣"（《孟子·公孙丑上》），则一定能挽狂澜于既倒，扶大厦之将倾。毅力能解决一切问题，因为真理已经昭示。

海瑞的政治倾向，应该是极端保守主义，然而从另一个角度看，也可

---

① 海瑞：《海瑞集》（上册），卷一《奏疏·乞治党邪言官疏》，李锦全、陈宪猷校点，海南出版社，2003，第145页。

② 海瑞：《海瑞集》（下册），卷五《书简·复李石麓阁老》，李锦全、陈宪猷校点，海南出版社，2003，第662—663页。

以称为"极端激进主义"。时间过去两百年,人口增长了数倍,社会政治经济的结构和规模都发生了许多变化,明初的许多规定其实已经无声无息地废止了,代之以在社会运转中自然生长起来的规则。而海瑞的原则就是对新规则一律"更张",全部扫荡,片瓦不留。在海瑞的身体里,在历代中国知识分子的身体里,总是汹涌着激进主义的热血。他们总是认为,有那么一种终极真理,可以解释整个宇宙,可以解决一切问题。如果你找到了这种真理,坚定不移,大刀阔斧,就可以粉碎一个旧世界,换来一个光辉灿烂的新世界。所以,他们做起事来,总是那么唯我正确,总是那么激烈绝对,总是那么一步不退,总是那么缺乏建设性空间。而他们的失败,也总是脆败。

隆庆三年七月二十二日,海瑞单车入巡抚官署,当天就颁布了《督抚条约》三十五款,详细规定了应天府政治生活的方方面面,其详细琐碎、严格刻板与朱元璋的《皇明祖训》如出一辙。这三十五款条约的要点为:

巡抚出巡,禁止各地迎送,禁止装修招待房舍;

明确规定各级官员见巡抚应该穿什么样的衣服;

禁止大吃大喝,制定饮食标准。巡抚在各府县逗留,地方官供给的伙食标准为每天银二钱,鸡鱼肉均可供应,但不可供应鹅及酒;

禁止百姓穿奇装异服;

禁非礼之费、禁请托、禁给过往官员送礼、禁过往官员拢取更夫、禁苛派银粮包揽侵欺、禁假公济私、禁苛派差役;

…………

林林总总,三十五禁。其他大员上任之后,也会定一些冠冕堂皇的规章制度,但多数是用来做样子的。独海瑞的规定,写到纸上,就等于已经实行了。一纸下达,整个应天地区的政治风气为之一变。各级官员的用车、住房都按规定重新安排,接待费用大大降低,大吃大喝风顿时刹住。行政经费大幅压缩,农民负担有所减轻。一时间,百姓称颂"海青天"之声不绝于耳。

海瑞就任后的第二个举动,是兴修水利工程,解决吴淞江、白茆塘多年的水患问题。和现在一样,进行工程建设的最大难题在于资金来源。申请上去了,朝廷迟迟不批复;批复了,拨款又极为有限。这也是这项工程每年都有人倡议,却从来没有开工的原因。海瑞一趟趟跑中央,跑各部,跑邻近地区,要立项、要政策、要支援,东挪西借,终于弥补了资金缺口。海瑞带领下属,整天泡在工地上,有问题现场解决。

海瑞终不愧是海瑞。一个开始时人人持怀疑态度的大工程,在他的"钉子精神"下竟然迅速成功,效益非常明显,清浚出来的土地安置了十三万灾民。消息上达,朝廷特予以表彰。原来那些准备看海瑞热闹的人也不得不服气了。

前两把火烧得漂漂亮亮,接下来海瑞就要动手处理第三件,也是最重要的一件事:解决土地兼并问题。

王朝末叶,土地兼并问题必然成为社会的毒瘤,并最终置王朝于死地。可以说,这一问题关系着大明朝的生死存亡。具体到应天地区,由于官员可以免除赋税,一人中举入仕,就会有许多人"投献土地",加之巧取豪夺,土地兼并现象更为严重。富者田地动辄数万亩,而约有一半的农民没有土地,流徙各地,生活极为困苦。

土地,可以说是一切问题的终点,是个死结。然而,任何问题在海瑞那里都是一清二楚、明明白白的。在明朝开国初年,就已经存在土地投献现象。太祖规定"诸人不得于诸王、驸马、功勋、大臣及各衙门妄献田土"①，"事发到官，全家抄没"②。海瑞虽然没有生杀权，但是他可以按规定要求富户退田。

海瑞发布公告，勒令富户退回贫民投献的田地，以使流民有生息之所。公告说："本院法之所行，不知其为阁老尚书家也。"③并且要"令民各自实田，凡侵夺及受献者还原主"。④

公告中涉及"阁老尚书"四字，是海瑞政治生涯的一大关键，不可不解释几句。明朝，由于废除丞相制，人们一般尊称内阁成员及各部尚书为"相"，又称内阁首辅为"阁老"。海瑞公告中的"阁老"，指的就是他政治上的恩人徐阶。

原来，就在把海瑞派出任巡抚不久，徐阶就在中央高级政治斗争中失利，被迫退休，回到了江南老家，成为海瑞管辖下的一名乡绅。斗争的胜利者高拱，继任为内阁首辅，掌握了朝廷大权。

仕途中人最重提拔之恩，最重编织关系网。按官场逻辑判断，徐阶对海瑞恩重如山，海瑞对徐阶应该唯命是从才是。可是海瑞是个从来不按官场规则出牌的另类选手，他从来不承认什么"人之常情""理之必然"，什么潜规则、不成文法。他只认圣人的教条。他觉得徐阶当初提拔他，是为国选材，并不是对他个人有什么私恩。所以，既然在他的治下，他就必然一视同仁。别人退田，你徐阶也得退，而且要带头退。所以海瑞在公告里特意加了一句"不知其为阁老尚书家也"，就是为了打消那些指望徐阶

---

① 《大明律》附录《大明令》第三六，怀效锋校点，辽沈书社，1990，第241页。
② 《御制大诰·诡寄田粮第三十九》。
③ 海瑞：《海瑞集》（上册），卷二《条例·督抚条约》，李锦全、陈宪猷校点，海南出版社，2003，第400页。
④ 同上书，黄秉石：《海忠介公传·抚吴》，第54页。

为他们出头的观望派的希望。

海瑞觉得徐阶出身词林，为国家重臣，应该有着高度的政治修养，应该能理解他的做法。

然而徐阶不能理解。

公告发到之日，徐阶大吃一惊。自认为对海瑞有相当了解的徐阶没想到这个结果。海瑞竟然是"白眼狼"，不但不念旧恩，反而先拿他开刀。虽然性格耿介吧，虽然清廉脱俗吧，有恩当报这个道理还不懂吗？到现在，徐阶才知道自己看错了人。

生气归生气，然而徐阶是何等人物？他知道海瑞背后有人，这个人就是高拱。勒令富户退田，这样大的举动，海瑞是不可能做主的，必须得高拱批准。以高拱的世事洞明，他不可能不知道这个举动必然失败。因为你禁止大吃大喝，禁止楼堂馆所，这些都行得通，有阻力也好排除。但土地是人的命根子，想在这上面动刀，简直是痴人说梦！涉及人们的根本利益，被逼到绝路上的人们迸发出的力量是惊人的，应天大户在朝中都有根子，举朝反对，这种力量迟早会使退田令失败。既然事实如此清楚，高拱为什么还要批准推行呢？原来应天一地，他徐阶田地最广，这是尽人皆知的事实。高拱此举，就是要借海瑞之手，收拾他徐阶，让他在退休之后也逃不过这个巨大的难堪。高拱这个算盘打得实在是太精了。如果海瑞念旧情，放徐阶一马，人们攀附徐阶，退田令必然失败，徐阶必然成为众矢之的，成为众议的目标；如果海瑞对徐阶动了真格的，那么昔日徐阁老现在就得忍受切肤之痛，损失大半田产。而且，退田令最终会在应天激起巨大的反对力量，足以把海瑞掀翻。这样，也就顺带收拾了这个难以对付的政治麻烦——海瑞。因为毕竟海瑞当初是徐阶提起来的，不是他高拱的人。

好阴毒的一箭双雕之计！不过他徐阶是不会上当的。识时务者为俊杰，当今之计，只有咬牙割肉，退掉一部分田地，使风头不要集中到自己这里，让别人去出头反对海瑞。

于是，与众豪强大户的期望相反，徐阶并没有抵制海瑞，而是主动退出了全部地产的十分之一，一万二千二百亩。

消息一出，全区震动。谁也没想到海瑞有这样大的威力，也没想到徐阁老这样软弱。一万多亩地呀，徐家多少年的世代积累，一朝被海瑞砍下。这下，许多原本指望徐阁老为他们出头的人没了指望，而贫民受此消息鼓舞，纷纷到衙门要求退田。海瑞的巡抚衙门一开，状纸动盈千纸，一时之间，整个应天地面天翻地覆，各地都有大户开始退田。看来，海瑞拿徐阶开刀开对了，第三把火开了个好头。

然而，让所有人没想到的是，启动了退田程序后，海瑞仍然不买徐阁老的账。他公然下文，要徐阁老至少退掉"过半"的地，就是说最少得退掉六万亩土地。

本以为只为了敲山震虎，谁也没想到海瑞会走出这一步，包括徐阶。谁也没想到海瑞会这样得寸进尺，这样说到做到，这样不留后路。所有人都惊呆了，看事态怎么样发展。

## 第七节

# 痛苦的赋闲

清醒了之后,徐阶托人告诉海瑞:让他再退地,没有可能了。他这才知道海瑞的难缠,所有的政治智慧、政治规则到海瑞这儿都不管用了,看来只有一个办法:硬着头皮顶住,看海瑞还真能拿了他去坐大牢吗?

海瑞也自有海瑞的做法。他给徐阶写了一封信,用他一贯的做法,做徐阶的思想政治工作。他觉得别人觉悟低可以理解,你一个做过高级干部并且位居首辅的人怎么会没有觉悟呢?圣人的书都读到哪里去了?我就不相信我开导不了你,唤醒不了你的良知:"昔人改父之政,七屋之金须臾而散。公以父改子,无所不可。"①并且多次去徐阶家,当面做他的工作。按海瑞的逻辑,他觉得这是在救徐阶,从根本上说,是为徐阶好。在给朋友的信中,他提到了这件事:

存翁(徐阶)近为群小所苦太甚,产业之多,令人骇异,亦自取

---

① 海瑞:《海瑞集》(下册),卷五《书简·复徐存斋阁老》,李锦全、陈宪猷校点,海南出版社,2003,第664页。

也。若不退之过半,民风刁险可得而止之耶!为富不仁,有损无益,可为后车之戒。……区区欲存翁退产过半,为此公百年后得安静计也,幸勿以为讶。①

海瑞说,他的做法是为徐阶做长远打算。为富不仁,有损无益,如果这样积累田产,败坏道德,徐阶迟早会吃更大的苦头。

然而,徐阶这回是"花岗岩脑袋",不为所动了。他知道再退下去,一生的积累就会付之东流。徐阶此时,也实在是很狼狈了。在海瑞的支持下,那些要求退田的贫民成天围着徐阶的宅第游行示威,大声呼号,弄得徐阶简直痛不欲生:"时刁民皆囚服破帽,率以五六十为群,沿街攘臂,叫喊号呼。而元辅(徐阶)之第,前后左右,日不下千余人。徐人计无所出,第取自泥粪贮积于厅,见拥入者,辄泼污之。"②贫民千人要拥入徐家算账,徐阶无法,只好担了几担粪放在大厅里,见人进来,就往他们身上泼。谁能想到,昔日的首辅今天居然只好出此下策!

没有办法,徐阶只好放下架子请和了。

不过,他并不是向海瑞请和。他知道海瑞不过是被人利用的工具。他向当朝首辅高拱发出了降表,表示了自己的悔意,表示在政治斗争中彻底认输,表示以后不再纠集势力谋求东山再起。

高拱笑了。他的目的圆满达到了,而且达到得这样漂亮。既然对手败得这样惨,他也就大度起来。他幡然一变脸,对徐阶笑脸相迎,给徐氏

---

① 海瑞:《海瑞集》(下册),卷五《书简·复李石麓阁老》,李锦全、陈宪猷校点,海南出版社,2003,第663页。
② 范濂:《云间据目抄》卷二《纪风俗》,转引自章宪法《明朝大博弈》,江苏凤凰文艺出版社,2018,第120页。

回了一封信，表示前嫌尽释，希望徐氏今后多捧他的场。然后，他又轻轻暗示，他也觉得海瑞做得太过分了，不过他作为当朝首辅，没法直接出手。在海瑞修吴淞河后，他的政治声望达到了顶点。朝廷上一片称颂之声。然而，在退田令开始后，官场静下来了，赞扬海瑞的声音消失了，不少人已经蠢蠢欲动，想要扳倒海瑞，只是摸不准高拱的心思，不敢贸然动手。

徐氏对这些政治暗语当然一读就懂。得了高拱指示，他立刻利用自己的故旧，找御史奏了海瑞一本。高拱在奏本上拟了"同意"二字。海瑞被取消巡抚衔，调任南京总督粮储。于是，海瑞最风光的一段政治生涯就这么干脆利索地结束了！

海瑞被这当头一棒打昏了。他正兴致勃勃地推行他的宏大计划，"正欲为江南立千百年基业"[1]，正调动全部精力，和应天府的豪绅大户们作战时，没想到，后面射来一支冷箭，轻轻地取走了他的政治生命，粉碎了他的全部政治梦想。

海瑞不知道，像他这样不明白游戏规则的人，只会被高明的玩家当作一枚冲锋陷阵的特殊棋子，发挥完作用之后，被抛弃是必然的命运。

海瑞永远不会明白这一点。他开始是震惊，然后是迷惘，最后是愤怒。至刚者不屈，海瑞不会容忍任何对他名誉性的安排，于是他提笔给皇帝写了一封辞职信："臣曾说过当今天下诸臣全犯了因循苟且之病。皇上虽然有锐然求治之心，群臣却绝无毅然任事之念。互相掣肘，互相排挤，

---

[1] 海瑞：《海瑞集》（下册），卷五《书简·再启阁部高中玄诸公》，李锦全、陈宪猷校点，海南出版社，2003，第630页。

还动不动就说'识时务者为俊杰',所以国家才败坏如此。"①

一旦提起笔,海瑞胸中的愤怒、委屈、埋怨就忍不住喷发出来,辞职信变成了政论书。

在这封海瑞平生第二有名的信中,海瑞第一次向皇帝陈述了他的政治理想:

> 臣尚欲以身为障,回既倒之狂澜;以身为标,开复古之门路。②

这样的话,只有海瑞才说得出来。欲以一人之力,挡住天下滔滔既倒之狂澜;把自己作为标准,使全社会人向自己看齐,以挽回社会道德的败坏。这是何等"狂妄"!然而,这两句话却是解读海瑞一生为人行事的关键。没有这样"狂妄"的理想做支撑,无法想象海瑞能忍受住常人无法忍受的压力,特立独行到现在。

然而,这个理想是扑火的飞蛾的理想,只有单纯的海瑞终生不悟。

虽然辞职而去,海瑞还是坚持认为自己的政治措施没有一点错误,不可更改。他说:"臣再有一言,臣在任上的所作所为,都是倾听百姓的呼声,恪守祖宗成法,万不可改。"③

他再一次把愤怒指向了群臣,举朝官员都是他不共戴天的敌人。这是

---

① "臣尝谓今诸臣全犯一因循苟且之病,皇上虽有锐然望治之心,群臣绝无毅然当事之念,互为掣肘,互为排挤,而又动自诿曰:'时势则然,哲人通变。'人无奋志,治功不兴,国俗民风,日就颓敝。"海瑞:《海瑞集》(上册),卷一《奏疏·告养病疏》,李锦全、陈宪猷校点,海南出版社,2003,第141页。
② 同上。
③ "臣再有一言焉:臣叨任巡抚,凡所施为,竭尽心力,一皆采访民言,考求成法,民利与兴,民害与除,不可易也。"同上书,第142页。

他潜意识中一直存在的意念,今天他直抒胸臆:"请皇帝鞭策全体大臣,不得像以前那样应付差事,必须仰体皇上求治之心,认真办事。凡事就怕认真,只有认真才能救今日之弊。九分之真,一分放过,就不是认真!更何况半真半假!"①

奏折的最后一段,再一次典型地体现了海瑞的风格:"如果大臣们认为我说的是错的,那这个大臣必然是庸臣!诗经说:'勿听妇人之言。'如今,全朝廷的大小臣工都是妇人,他们的话,皇上不听可也!如果这样,国家大幸,愚臣我大幸!"②

痛快淋漓地骂完了全朝大臣,海瑞挂冠而去。他对朋友说:"这等世界,做得成甚事业,从此入山之深,入林之密,又别是一种人物矣。"③

事实证明,海瑞是古今所有清官中颇有个性的一个。他敢公然辱骂所有朝臣,而朝廷虽然震怒,一时之间却无法处置海瑞,只是在批文中淡淡地说:"该臣今乃词称请归,意甚怏愤。且固执偏见,是己非人,殊失大臣之体。但本官已奉钦依,照旧候用,无容别议。"④

被称为"妇人"的朝臣们都是聪明人,他们知道,此时与海瑞辩论已无益。

---

① "仍敕阁部大小臣工,不得如前虚应故事,不得如前挨日待迁,必求仰副皇上求治之心,毋负平生学古之志。不求合俗,事必认真,九分之真,一分放假,不谓之真,况半真半假者乎?"海瑞:《海瑞集》(上册),卷一《奏疏·告养病疏》,李锦全、陈宪猷校点,海南出版社,2003,第142页。

② "阁部臣如不以臣言为然,自以徇人为是,是庸臣也,……诗云:'勿听妇人之言。'今举朝之士皆妇人也,皇上勿听之可也。宗社幸甚,愚臣幸甚。"同上。

③ 海瑞:《海瑞集》(下册),卷五《书简·复吴悟斋操江都院其二》,李锦全、陈宪猷校点,海南出版社,2003,第661页。

④ 高拱:《高文襄公集》卷八《掌诠题稿》,转引自缪振鹏《明朝三帝秘录》(上册),作家出版社,2007,第62页。

做了九个月巡抚的海瑞买舟南下，飘然回到了老家海南。因挂冠时的潇洒决绝，人们以为他从此可能要从道学家变成林下人物，归隐于老庄门下了。

然而海瑞却没有进入海南的椰林。儒家教育早已经把他定型，注定他跳不出这个藩篱。他在老家买了一所小小院落，在院里开荒，堂前种树，图书满室，堂上却挂上"忠孝"二字大匾，遇人则讲道学，讲如何破荣辱关，破生死关。遇到地方官来访，则喋喋不休，讲民间疾苦，问解决办法。从海瑞家出来，人们不得不说，此老风骨，一毫未变。

对海瑞来说，读书修身就是为了入世济民。闲居在家，看上去潇洒自在，其实海瑞的内心是十分痛苦的。仕途是士人实现人生价值的途径。如果不能为世所用，那么他的生命还有什么意义呢？虽然归隐田里，他其实还是日日期待着有复出的那一天。况且，朝廷批准他辞职的圣旨中有云"已奉钦依，照旧候用"，如果一遇挫折，就愤然辞世独立，独善其身，那不是圣人之徒的做法。

隆庆六年（1572年），明穆宗突然中风去世，十岁的神宗继位，朝中政局风云突变，高拱在政治斗争中被张居正掀翻。明朝最有能力的大臣之一张居正继任为首辅。

闲居两年的海瑞以为自己的另一个政治春天要来到了。因为这个张居正是翰林出身，饱学之士，学问相当精醇，与自己有着推行圣人之学的共同志向。况且，海瑞辞职后，时任阁臣的张居正还写来一封信，对海瑞表示同情：

> 三尺法不行于吴久矣。公骤而矫以绳墨，宜其不能堪也。讹言沸腾，听者惶惑。仆谬忝钧轴，得与参庙堂之末议，而不能为朝廷奖奉

法之臣，摧浮淫之议，有深愧焉。①

信写得很真诚，也很聪明。身为内阁成员，他却不能为海瑞说上什么话，真是惭愧呀！为什么身为内阁成员却没有发言权呢？那自然是因为高拱的跋扈。所以，矛盾在于高拱，与他张居正无干。

那么，这次张居正上台了，应该起用他海瑞了吧。海瑞日日等待着北京的消息。

迟迟没有动静。

向来趋左的言官们坐不住了，他们上疏，要求起用海瑞。张居正在疏上批道：

海瑞秉忠亮之心，抱骨鲠之节，天下信之。然覈考其政，多未通方，只宜坐镇雅俗，不当重烦民事。（《明神宗实录》卷九）

海瑞的品质无可怀疑，然而办事不能通达。这样的人只能享受名誉上的尊重，不能任为实职。

虽然同为圣人之徒，张居正为人行事却与海瑞大有不同。张居正既能侃侃而谈圣人之言，又精通中国社会表面秩序下的真正规则，并且运用精熟。他没有徐阶的天真，认为海瑞能够为他的班子建立政绩；也没有高拱的阴险，想用海瑞达到什么不可告人的目的。所以，他不能用海瑞。

直到这时，海瑞才知道自己在官僚政治中的地位和作用。原来，他虽然忠诚骨鲠，时时刻刻遵守圣人之道，可是却只能"坐镇雅俗"，做个政

---

① 张居正：《答应天巡抚海刚峰》。

治摆设。原因就在于他不肯"通方",不肯做"乡愿",不肯向这个世界妥协。

有生以来,海瑞第一次产生了怀疑:错了的到底是世界还是他?

海瑞的陋舍来人越来越少,他经常终日闭门,靠一卷书打发整日的时光。除此之外,他找不到任何快乐。他没有儿子,不能享受课子的天伦之乐。他没有业余爱好,对琴棋书画都没有兴趣。"山水诸癖一无所好"①,海南的美景对他像不存在一样。日复一日,海瑞真的老了,皱纹爬满了他的瘦脸,胡须根根白得透明。

失望、愤懑渐渐积满了胸膛。看来自己的一生,只能这样过去了。曾经有过的梦想,现在看起来似乎有一点可笑。为什么一生奋斗、刻苦,不惜生命来践履圣人之学,竟然落得这样一个下场呢?海瑞有时也会想起这个问题,但是他永远想不明白。

应该是自己努力得还不够吧!那么,唯一的办法是继续深研性理。然而,年老体衰,智力日减,看来,今生得正果的希望越来越小。进入晚年的海瑞,日渐沉入浓重的灰色之中。

---

① 《丘海合集·海忠介公传》,收入海瑞:《海瑞集》(上册),李锦全、陈宪猷校点,海南出版社,2003,第13页。

## 第八节

## 异端,还是"神"?

不知不觉,一转眼,时间已经过去十六年了。万历十二年(1584年),张居正已去世。人亡政息,在台上永远正确的张居正现在处处犯错误了。万历十三年(1585年)正月十日,亲政的万历皇帝下旨:"起佥都御史海瑞为南京都察院佥都御史。"三月,又"升南京都察院佥都御史海瑞为南京吏部右侍郎"。

这一年,海瑞已经七十二岁了。孔子七十而无逾矩,他的忠实学生海瑞是否也因为一生的挫折和十几年的反思而变得聪明了呢?是否像朝廷所期望的那样"平气虚心,正直而济以中和刚方,而文以礼乐,务广包荒之度,毋狃意见之偏"[1],而"将来建立必有胜于今日"[2]呢?

人们期待着海瑞的再次亮相。

诏书一下,海瑞即刻打点衣物,准备启程。有人劝他要拿拿架子,

---

[1] 高拱:《高文襄公集》卷一六《题都给事中光懋论巡抚海瑞疏》,转引自赵世明《高拱与隆庆政治》,西南交通大学出版社,2014,第200页。

[2] 同上。

朝廷让他委屈了这么多年，怎么能一召即起呢？起码得推辞一两次。海瑞不以为然："主上有特达之知，臣子不可无特达之报，区区虚袭奚取焉。"①遂起行。

老骥伏枥，志在千里。等了十八年，海瑞终于等来了又一个政治春天。

还是海瑞一贯的风格，"自琼台至蚬冈，家仆皆徒步。有一小僮，亦只携附前舆，不与马。又自五羊至上新，惟坐小船寂寂过，多无知者"②。

然而，毕竟久经风霜摧折，七十二岁的海瑞，确实少了一份十八年前的自信。海瑞的心里，既有"漫卷诗书喜欲狂"的欣喜，又有"即从巴峡穿巫峡"的急切，也有政治风云留下的重重阴影。他在写给朋友的信中说："人情世态，见知于一时，焉保有终于后日？汉魏桓谓宫女千数，其可损乎？厩马万匹，其可减乎？"③

似乎少了一份明朗，多了一些沧桑。

说是这么说，事实证明，这只是他一时的激愤之语。一旦做起事来，海瑞的风格仍是控制不住的火爆。

海瑞上任后，立刻收到百姓反映五城兵马司到处敲诈勒索、强行摊派的控告。所谓"五城兵马司"，乃是南京城内的治安队，是腐败的高发地带。海瑞决心拿这里开刀。他发布告示说："五城兵马司官吏，如狼之

---

① 梁云龙：《梁中丞集·海忠介公行状》，收入《北泉草堂遗稿等七种》，朱巧云校点，海南出版社，2004，第45页。

② 同上。

③ 海瑞：《海瑞集》（下册），卷五《书简·复汪渠瀛广东巡按》，李锦全、陈宪猷校点，海南出版社，2003，第689—690页。

贪，如虎之猛，敲诈百姓的膏血，用来迎合上官，自己贪污。各街巷的人，如果被五城兵马司侵扰，可以放胆到我这里来告，本官定为你们做主！做老百姓不可做刁顽不听法度的百姓；亦不做软弱听人打、听人杀而不言的百姓。有冤不告，冤何时止？"

一纸告示下达，朝廷明白了，海瑞还是那个海瑞，丝毫未变。"海青天"依然像以前那样强硬如钢，岁月不但没有使他的性格里增加一点弹性，反而老而弥坚，老而弥辣。

海瑞还是没有弄明白官场里的利益规则，他不知道他动了五城兵马司，就等于动了南京兵部，就等于动了整个南京的官僚网。虽然五城兵马司仅为六品衙门，却是可以通天的重要部门。他以为自己以"副部级"侍郎之威，一个号令就可以解决问题，实在是太天真了。

不仅如此，不久之后，海瑞又上疏皇帝，对朝廷吏治表示极大不满，建议恢复明太祖对贪官"剥皮实草"的酷刑，以为非如此，官场风气无法好转。

理所当然，海瑞南京吏部右侍郎的椅子还没有坐热，一纸调令下达，"升右侍郎海瑞为南京都察院右都御史"。

又一次明升实降。原来，"南京为养望地，官号吏隐。右都虽长御史，称独坐，然于诸御史无所短长，取相引为尊重，他吏治民事无相关者。稍积望岁月，且迁北矣。即京中人从来未知右都御史为谁氏，况其行事乎！"①

成祖迁都北京后，为了表示对太祖的尊重，在南京设了一系列官职，

---

① 黄秉石：《海忠介公传·留宪》，收入海瑞：《海瑞集》（上册），李锦全、陈宪猷校点，海南出版社，2003，第64页。

然而大多有官却无职无权。右都御史更是一个可有可无的闲职。名位虽高，实际上什么事也管不了。年轻的万历皇帝在召来海瑞不久就后悔自己年轻没经验，犯了个错误。他现在终于明白张居正为什么不起用海瑞了。

也许是人老了，海瑞终于感觉到了灰心的滋味。失望和绝望是不同的，在人生末路上，绝望就意味着对自己一生努力的否定。他终于发现他无法改变这个世界。他给梁云龙的信中说："七十有四，非做官时节。况天下事，只如此而已，不去何为？"①

一生的雄心壮志终于消泯，他现在可以基本判定自己的一生是失败的一生。这一生，他吃了常人所不能吃的苦，承受了他人难以想象的压力，放弃了人生的诸多乐趣。他把自己活生生的生命压榨成了一块顽石，却没有做成力挽狂澜于既倒的中流砥柱，反而被洪水轻易地从一个角落冲到了另一个角落。

他一道又一道上辞呈，希望尽快摆脱污浊的官场。皇帝却一次又一次拒绝。皇帝欣赏海瑞的品格，佩服海瑞的勇气，赞美海瑞的清廉。他可不想承担放逐清官的骂名。有这样一个将来可以留名千古的清官在自己的时代，是朝廷的光荣，也是他这个皇帝的光荣。

既然不能求去，海瑞只好做起他的右都御史。只要做了，他就不会做一天和尚撞一天钟。不论什么时候，他都学不会敷衍了事，学不会做表面文章。本来，"右都御史"只是名义上的尊称，习惯上，在南京御史台并不管实事，与众御史其实"无所短长"。整个南京御史台甚至都不怎么上班，右都御史更是经常经月不见一面。

---

① 梁云龙：《梁中丞集·海忠介公行状》，收入《北泉草堂遗稿等七种》，朱巧云校点，海南出版社，2004，第47页。

然而，海瑞却不这样看。他认为，御史的职责就是纪律监督，自然应该做百官的表率。在这一点上，南京御史和北京御史不应该有什么区别。上任后，他做的第一件事就是整顿纪律，要求所有御史都得上班。

海瑞每天早早就到御史衙门，谁上班迟到了，立刻罚俸。御史们其实没有公事可办，也得一天天在堂上坐着。

南京御史纪律松弛惯了，违法乱纪是寻常之事。海瑞一旦发现，定然严惩不贷。御史陈海楼的家人到市场上用官员红票买米，只付给一半价钱，这其实是南京官场的惯例。海瑞得知后，将其家人责打三十大板，并且戴上大枷，放在衙门口示众。有一位御史生日之时，在家大摆宴席，请了歌伎戏班子唱了一天。海瑞找出太祖定下的规矩，"御史为百官之表，宴燕不得延伎"，毫不留情地把这位御史按到地上，杖责了一顿。

其实海瑞也知道没有必要做得这样严厉，这样苛刻。他或许也知道这样会招来人们的反感、厌恶、痛恨。

南京的御史们不堪其苦。虽然弹劾海瑞是一件风险很大的举动，他们也不得不为之了。万历十四年（1586年）四月，御史房寰弹劾海瑞："莅官无一善状，惟务诈诞，矜己夸人，一言一论无不为士论所笑。"皇帝批复："虽当局任事，恐非所长，而用之以镇雅俗、励颓风，未为无补，合令本官照旧供职。"（《明神宗实录》卷一七三）

皇帝终于说出了他的心里话。原来，"清官"们是不适于"当局任事"，参与实际权力运作的。但是他们适于"镇雅俗、励颓风"，也就是说，做一块官场的门面，用来装点朝廷，用来让大家学习其精神。

精神可用来写到书上，记入史册，激励人心，却不可施用于实际。

这其实是千古"清官"共同的命运。"清官"只是官场的遮羞布，是厕所窗台上的一盆塑料花。

在官场上被视为异端、视为魔鬼的同时,在民间,海瑞却已经渐渐成了"神",成为老百姓希望的寄托。在老百姓的心中,"海青天"就是善恶的最终裁判者,是传奇式的大英雄。

张萱《疑耀》卷二《司马文正海忠介》载:海瑞从海南起复,入南京为官,进入南京那天,老百姓都拥到街上,"黄童白叟,填溢街巷以观公"。每天到海瑞宅第求见海瑞的老百姓络绎不绝。有的百姓进来后,并无事相求,海瑞问:"见我何为,欲言事乎?"百姓叩头说没什么事,"愿一见海爷颜貌耳"。

南京市流传着许多关于海瑞的传说。有一天大家都传说北京押解来一个"木妖神"。原来,有一天皇帝在御花园,此妖神作祟,皇帝举诸大臣名来压这个妖神,妖神皆不惧。唯云送南京海某处,则无声。今解来矣。

林林总总的传说不一而足,在海瑞上下班的路上,每天都会有人专门等候,希望能在海瑞掀起轿帘的时候看一眼他的真容。"海瑞"这两个字,已经成了一种符咒,被用来诅咒一世的贪官。在南京市井,甚至有一种专门以"海瑞惩贪"为题材的评书,听者如堵。

海瑞已经成了一个偶像,正义的化身,一个超现实的存在。而现实生活中的海瑞,却已经心如死灰。他憎恨这个荒谬的世界。

海瑞终于死了。万历十五年(1587年)十月十四日,海瑞病故于南京。

"卒之前三日,兵部送柴薪,多耗七钱犹扣回"[1],兵部送的柴火多

---

[1] 梁云龙:《梁中丞集·海忠介公行状》,收入《北泉草堂遗稿等七种》,朱巧云校点,海南出版社,2004,第47页。

了一些，他如数退回。

"病不药"，拒医而死，"无一语及身后事"①，不但没有大臣们例有的遗疏，甚至连一句遗言也不留。他对这个世界，已经彻底无话可说。

像每个清官的身后一样，史书照例要花些笔墨描写一下他身后的清贫，"佥都御史王用汲入视，葛帏敝籝，有寒士所不堪者"②。

有更详细的记载说："检箧内仅禄金一十余两，绫、绸、葛各一。"③

消息传出，整个大明官场都松了一口气。这个"麻烦制造者"终于消失了，人们不必再绷紧神经。海瑞终于去了他应该去的地方：神龛。各种典礼隆重举行，海瑞的尸体被涂上一层又一层金粉，制成金光灿灿的木乃伊。在忙忙碌碌中，大家有一种欢庆的意味。

皇帝听闻，也为他辍朝悼伤，遣吏部左侍郎沈鲤谕祭。

祭词之溢美，无以复加：

> 惟尔高标绝俗，直道裋身。视斯民由己饥寒，耻厥辟不为尧舜。矢孤忠而叩阙，抗言增日月之光；出百死以登朝，揽辔励澄清之志。迨起家于再废，乃浃岁而三迁。岩石具瞻，卓尔旧京之望；素丝无染，褎然先进之风。……若金在冶，虽百炼之愈坚；俟河之清，奈九泉之莫及。④

---

① 梁云龙：《梁中丞集·海忠介公行状》，收入《北泉草堂遗稿等七种》，朱巧云校点，海南出版社，2004，第47页。
② 张廷玉等：《明史（五）》卷二二六，列传第一一四，《海瑞传》，中华书局，2000，第3958页。
③ 同①。
④ 黄秉石：《海忠介公传·留宪》，收入海瑞：《海瑞集》（上册），李锦全、陈宪猷校点，海南出版社，2003，第69页。

礼部议谥,请赐"忠介",赠"太子少保"。

谕江浙地方为海瑞建专祠,春秋享祀。在海瑞的家乡,琼州府城小北阁外建专祠,与宋苏文忠公、明丘文庄公,称"三公祠"。

无数官员在海瑞祠写下了一篇篇纪念文章,把所有能想到的最美好的词汇都给了海瑞:

公之秉节,素丝羔羊。岁寒松柏,烈日秋霜。公之丰仪,野鹤昂藏。明珠南海,翡翠越裳。……位禄名寿,公俱克全。千秋不朽,含笑九泉……(《南京同官公祭海公碑》)

慷慨片言,世争传其谏草,崎岖百死,天亦监其精忠。……既升华于九列,旋建节于三吴。矢志霜清,每为民而任怨,几先介石,亦因毁而得名……(《赠官赐谥制碑》)

# 第三章 康熙：千古明君亲手定下畸形制度

## 第一节

# 天性善良的皇帝

康熙是中国历史上最有个人魅力的君主之一。晚清名臣曾国藩和郭嵩焘的日记当中，都有梦到圣祖的记载。曾国藩还说"我朝六祖一宗，集大成于康熙"[1]，并把康熙的《庭训格言》列为弟弟和子侄的必读书目。这一方面说明在国势陵夷之际，晚清朝臣潜意识当中是何等盼望再出现一位雄才大略的君主，挽救国家危局；另一方面也可见康熙皇帝在汉族士大夫心目中有着不同于其他清代帝王的独特地位。

为什么康熙皇帝如此受到后世臣民的景仰呢？因为他除了有治国雄才，还有很突出的人格魅力。

康熙也许是中国古代情商最高的一位皇帝，至少可以和李世民并列。他天性善良，很善于设身处地为他人着想，所以康熙朝的君臣关系处理得非常有人情味。

康熙二十年（1681年），皇帝按惯例宴请大臣。"大宴群臣"，这个

---

[1] 曾国藩：《曾国藩全集·诗文》（14），岳麓书社，2011，第215页。

场面从字面上看起来很欢乐，实际上气氛往往是一片肃杀，因为大臣们在皇帝面前当然都战战兢兢，生怕失仪，饭吃得没滋没味。临到开席，康熙考虑到这一点，决定自己不参加此次宴会，并发下指示，要求大臣们不必拘束，都要多喝一点："今日宴集诸臣，本当在朕前赐宴，因人众，恐恩泽未能周遍，故不亲莅。诸臣可畅饮极欢，毋拘谈笑，以副朕意。"[1]结果当天大臣们果然都喝醉了，"酒酣无不沾醉"[2]。

也许是因为高高在上感觉孤独，康熙很喜欢主动打破尊卑界限，拉近君臣距离。康熙二十一年（1682年），他曾邀请大臣们到中南海垂钓，而且宣布大家可以把钓到的鱼带回家，让孩子老婆尝尝鲜，"今于桥畔悬设罾网，以待卿等游钓，可于奏事之暇，各就水次举网得鱼，随其大小多寡，携归邸舍，以见朕一体燕适之意"[3]；康熙四十七年（1708年），他在外巡行的时候，专门请随行的大臣们到他的行宫里面参观游览，嘱咐他们随意遍观，勿拘形迹，甚至还做起了导游，遇名胜处，亲自指示，诸臣得一一见所未见。

后人提起康熙，最先想到的两个字也许是"宽仁"。是的，康熙胸怀仁厚，他常说："天下当以仁感，不可徒以威服。"他期望能与臣下建立起一种类似朋友家人的亲密感情，"君臣上下如家人父子"。能得到臣子发自内心的感激与拥戴，使天下臣民"遐迩上下，倾心归慕"[4]，对他来

---

[1] 章开沅主编《清通鉴：顺治朝·康熙朝》（1），康熙二十年七月二十一日，岳麓书社，2000，第801页。

[2] 同上。

[3] 蒋良骐：《东华录》卷一二，康熙二十一年六月初三日，林树惠、傅贵九校点，中华书局，1980，第199页。

[4] 张英：《张英全书》（下册），附录《南书房记注》，康熙十七年五月十七日，江小角、杨怀志校点，安徽大学出版社，2013，第371页。

讲是一种不可代替的精神享受。

康熙的宽仁与他的孙子乾隆不同。乾隆初政之时，虽然也标榜"为政宽仁"，但是他的"宽仁"，很多时候是模仿出来的，强矫出来的。在骨子里，乾隆是一个高己卑人、挑剔刻薄的人。而康熙的"宽仁"，除了策略考虑，更基于他的天性。康熙是一个非常容易动感情的人，晚年他见到大臣请求退休的疏章，经常非常不舍，"未尝不为流涕"。我们今天读康熙史料，也经常能从字里行间感受到他内心深处散发的浓浓善意。大臣李光第生病，康熙批示他去泡温泉疗养，还再三叮嘱他要注意的种种细节："坐汤之后，饮食自然加些。还得肉食培养，羊牛鸡鹅鱼虾之外，无可忌。饮食愈多愈好，断不可减吃食。"①在其他的朱批中，康熙也不断告诫他各种忌讳："尔汉人最喜吃人参，人参害人处，就死难觉。"②"但饮食中留心，生冷之物不可食。"③其言之谆谆，诚如"家人父子"。康熙的仁慈，不仅限于对待大臣，也表现在他对待民众的态度当中。比如有一年北京天气炎热，康熙特意发布指示，要求改善狱中犯人的待遇：

> ……惟有罪之人拘系囹圄，常被枷锁。当兹盛暑，恐致疾疫，轸念及此，不胜恻然。应将在京监禁罪囚，少加宽恤，狱中多置冰水，以解郁暑。其九门锁禁人犯，毋论奉旨带锁，亦皆酌减锁条。至一应

---

① 中国第一历史档案馆编《清代档案史料丛编》（第九辑），中华书局，1983，第18页。
② 同上。
③ 同上书，第19—20页。

枷号人犯，限期未满者，暂行释放，俟暑退后，仍照限补枷。①

这些材料读来，都很让人感动。

然而，很少有人知道，雄才大略、心地善良的康熙，在反腐上却不怎么成功。

---

① 《康熙起居注》（第八册），康熙五十三年六月十三日，徐尚定标点，东方出版社，2014，第127—128页。

## 第二节

# 康熙反腐的两个错误

康熙一朝在反腐惩贪方面的第一个错误是力度不够。

和所有明君一样,康熙皇帝当然痛恨贪污腐败,也进行过多次吏治整顿。但是康熙整顿吏治有两个局限,一是只搞集中的运动式反腐,未能持之以恒;二是惩治贪腐的力度太弱。

康熙统治的六十一年期间,曾经进行过两次规模较大的反腐运动。第一次是从康熙十八年到康熙二十六年(1679—1687年)。

清代的腐败,并非起自中期以后。事实上,腐败是传统王朝终生携带的、无法治愈的病毒,往往在王朝初生之时,就已经有非常明显的症状。早在顺治年间,很多地方官员就已经"贪污成习",以致"百姓失所"。所以当时有大臣上疏说:"方今百姓大害,莫甚于贪官蠹吏。"康熙登基后,地方腐败较顺治时又有所加重,有的地方官员盘剥百姓过甚,导致民众大批逃亡,"朘削卑官,卑官虐害军民,滥行科派,脂膏竭尽,甚至逃亡"①。亲政之后不久，康熙曾经批评当时的吏治情形说："贪官污吏刻剥小民，百端科派，多加火耗，贿赂公行，道府庇而不举，督抚知而不奏，吏治益坏，盗贼益多，民生益促，皆由督抚纳贿徇情所致。"②

但是亲政之后的十多年里，康熙一直忙于熟悉政务，以及处理平定三藩等紧急事务，没能腾出手来整顿吏治。

康熙十八年（1679年）七月，北京发生了一场破坏力极强的大地震，"城垣坍毁无数，自宫殿以及官廨、民居，十倒七八"③。紫禁城中的养心殿、乾清宫等核心建筑都有不同程度的损坏。传统时代，地震一般都被视为上天震怒的表示，康熙皇帝也非常惶恐，他认真反省自己即位以来的为政得失，认为现在最大的缺失是吏治不清。他立刻下了一道罪己诏："乃于本月二十八日巳时，地忽大震，变出非常。皆因朕躬不德，政治未协，大小臣工弗能恪共职业，以致阴阳不和，灾异示警……"④

到了这一年，康熙已经亲政十二年了，虽然一直没能腾出手来惩贪，但是对吏治他已经关注很久，各地林林总总的腐败现象早已令他触目惊心。到了这一年，平定三藩已经取得了决定性胜利，战争不再是头号政治任务，所以他借着这次"上天示警"，搞了任内第一次大规模的"惩贪倡廉"运动。

他首先出重手惩处贪官。山西官场官风不正，巡抚穆尔赛"名声不

---

① 戴逸、李文海主编《清通鉴（4）》卷二五，康熙七年五月十六日，山西人民出版社，1999，第1422页。
② 彭孙贻、杨士聪：《客舍偶闻·玉堂荟记》，于德源校注，北京燕山出版社，2013，第41页。
③ 叶梦珠：《阅世编》卷一《灾祥》，来新夏校点，上海古籍出版社，1981，第19页。
④ 转引自于善浦著，张玉洁编：《清东陵拾遗》，天津古籍出版社，2012，第252页。

佳"，康熙早有耳闻。派人前往调查，访得此人贪污入己的实据，处以"斩监候"。湖广巡抚张汧"莅任未久，黩货多端"[①]，想尽办法捞钱，"甚至汉口市肆招牌亦按数派钱"[②]，被康熙处以"绞监候"。广东巡抚金俊侵吞尚之信罚没入官的家产，此外还侵吞兵饷，被康熙直接处以极刑。

在厉行惩贪的同时，康熙皇帝还大力"奖廉"。康熙认为，在整顿吏治这件事上，奖励和惩罚一样重要，"治天下以惩贪奖廉为要，廉者奖一以劝众，贪婪者惩一以儆百"[③]。所以他提拔于成龙为直隶巡抚、两江总督，表扬其为"清官第一"，其后又擢用"居官清廉"的小于成龙为直隶巡抚，重用汤斌为江苏巡抚，希望通过"树立典型"的方式来带动官场风气的好转。

这个阶段是康熙一生中整顿吏治力度最大的时期。不过和后来的雍正、乾隆比起来，康熙一生所杀的贪官寥寥无几，震慑力度远远不够。而且他还没有把这种反腐的高压态势一直保持下去，到了康熙二十六年（1687年），康熙感觉官场贪风已经得到了一定程度的压制，就不动声色地停止了这项运动。

为什么康熙皇帝没有将反腐进行到底呢？这与他的政治哲学有关。

康熙皇帝一生的政治哲学，可以概括为"中正和平"四个字。对这四个字，康熙曾经做过这样的阐释："于人于事贵能中正和平，能合乎中，

---

[①] 章开沅主编《清通鉴：顺治朝·康熙朝》（1），康熙二十六年十二月二十一日，岳麓书社，2000，第903页。

[②] 同上。

[③] 戴逸、李文海主编《清通鉴（5）》卷四二，康熙二十四年九月十九日，山西人民出版社，1999，第1828页。

即是合理。得中，则诸德悉备矣。"①

所谓"中正和平"，换句话说，就是凡事都讲个度。体现在对官员上，就是惩罚整顿适可而止，"不为已甚"。

康熙讲求"中正和平"之道，既是他研习理学的心得，也是他研究中国历史得出的结论。战乱初息，他效仿汉初，奉行"中正和平""与民休息以爱养百姓"，以此培养国家元气自然是正确的，大清王朝因此也出现了"天下粗安，四海承平"的局面。但是他在吏治问题上也采取"和平"之道，显然是错误的。康熙熟读中国历史，他相信腐败是这片土地上一种不可能彻底治愈的病症，任何朝代都只能"带病生存"，所以他对腐败没有采取"零容忍"的态度。换句话说，"腐败在任何国家都无法'根治'，关键要控制到民众允许的程度"②的理念，导致了他反腐的不彻底。

同时，康熙反腐提前收手，也与他的性格特点有关。康熙是一个非常"好名"的皇帝，他一心要做一个唐太宗那样的千古明君，在历史上留下一个完美的形象，所以他讲究"君使臣当以礼"，非常注意维护官员体面。他曾经说："朕于大臣官员务留颜面，若不然，则诸臣其何能堪耶？"③康熙三十年（1691年），他曾经专门下诏，阐述自己以"宽仁"治国的理念，表示要"期与中外臣民共适于宽大和平之治"④，说他对大

---

① 章开沅主编《清通鉴：顺治朝·康熙朝》（1），康熙五十年六月初五日，岳麓书社，2000，第1179页。
② 《反腐败是中国社会发展的攻坚战》。
③ 《康熙起居注》（第八册），康熙五十三年十二月二十日，徐尚定标点，东方出版社，2014，第162页。
④ 戴逸、李文海主编《清通鉴（5）》卷四八，康熙三十年十一月初九日，山西人民出版社，1999，第1971页。

小诸臣"咸思恩礼下逮，曲全始终，即或因事放归，或罹咎罢斥，仍令各安田里，乐业遂生"①。有这个原则做基调，他的反腐只能是"适可而止"。

不彻底的吏治整顿，注定收效短暂。康熙皇帝不知道，清代文臣的群体性格已经与唐太宗的时代大大不同。在这次惩贪运动结束仅仅十年之后，康熙皇帝亲征噶尔丹，一路经过山西、陕西、宁夏等地，发现这些地方的百姓生活非常艰难，也听到了地方上关于官府横征暴敛、贪污受贿的大量传闻，这让他深为触动。他完全没想到，腐败现象在基层政府已经发展得如此普遍。康熙三十六年（1697年）五月十六日，即征讨噶尔丹凯旋的第二天，他就发下谕旨说："顷由大同历山西、陕西边境以至宁夏，观山陕民生甚是艰难，交纳钱粮，其火耗有每两加至二三钱不等者。……至于山西，特一小省，闻科派竟至百万，民何以堪！"②他说，究其原因，一是"大小官吏不能子爱小民，更恣横索遂"③；二是各地官员以办理军需为名，"借端私征，重收火耗"④；三是督抚、布政使等官"不仰体朝廷恤民至意，纠察贪污、禁革加派，反多瞻徇曲庇。……因而笔帖式及衙门人役无所忌惮，擅作奸弊"⑤。

看来贪腐确实已经到了不治不行的程度了。康熙下定决心，要以打噶尔丹战役的勇气来彻底整顿一次吏治。他说："今噶尔丹已平，天下无

---

① 戴逸、李文海主编《清通鉴（5）》卷四八，康熙三十年十一月初九日，山西人民出版社，1999，第1971页。
② 同上书，康熙三十六年五月十六日，第2054—2055页。
③ 《康熙起居注》（第五册），康熙三十六年五月十九日，徐尚定标点，东方出版社，2014，第485页。
④ 同上。
⑤ 同上。

事,惟以察吏安民为要务。……朕恨贪污之吏更过于噶尔丹。此后澄清吏治,如图平噶尔丹,则善矣。"①

说到做到,康熙确实立刻开始了一场治吏"战争"。当月他就下令逮捕"服官污浊朘削小民"②以致激起蒲州民变的山西巡抚温保及布政使甘度,并下谕宣称"此等贪官不加诛戮,众不知警"③。康熙三十七年（1698年）,康熙又派刑部尚书傅腊塔、左都御史张鹏翮亲往陕西,审理因当地官员"侵蚀贫民"导致的财政亏空案。

但是,康熙掀起的第二次反腐风暴,雷声大雨点小,这两个大案的最终处理结果,都远较民众的期望为轻。虽然当初宣称要对贪官加以诛戮,但是最后康熙还是宣布山西官员温保、甘度已经革职,从宽免死；陕西的"侵蚀亏空案",最后涉案总督吴赫、巡抚党爱等大员也仅被处以革职、降级处分。

运动之所以进行得虎头蛇尾,是因为掀起这次反腐运动的时候,康熙皇帝已经年过四十,已经过了创业期,进入守成期。人到中年,性格和观念往往更趋保守和宽容。康熙的统治思路由早年的积极进取,变成了"不生事""不更革",所以这次运动到康熙四十二年（1703年）时就基本停止了。在此之后,他再也没有大张旗鼓地整顿过吏治。

在康、雍、乾三帝当中,康熙皇帝的惩贪力度是最弱的。康熙晚年官场风气大坏与此直接相关。

康熙皇帝在反腐方面的第二个错误是默许"陋规"的存在。

---

① 戴逸、李文海主编《清通鉴（5）》卷四八,康熙三十六年五月十六日,山西人民出版社,1999,第2056页。
② 同上书,康熙三十六年五月初三日,第2054页。
③ 同上。

清代的"陋规"体系，是在康熙一朝发展成熟的。

因为清代沿袭明代，采取低薪制，所以官员们的正式收入根本不足生活之用。当时的御使赵璟曾经上疏指出，朝廷发放的工资，仅够基本生活费用的六分之一：

> 查顺治四年所定官员经费银内，各官俸薪心红等项，比今俸银数倍之多，犹为不足，一旦裁减，至总督每年支俸一百五十五两，巡抚一百三十两，知州八十两，知县四十五两。若以知县论之，计每月支俸三两，一家一日，粗食安饱，兼喂马匹，亦得费银五六钱，一月俸不足五六日之费，尚有二十余日将忍饥不食乎？①

所以地方官就拼命搜括百姓，方式主要是私下多收"火耗"。

什么叫"火耗"呢？"耗"的本义是损耗。地方政府向朝廷运送税粮的路上，会有一些损耗，比如可能会被老鼠或者鸟类吃掉一部分，因此要和老百姓多收点粮作为弥补，叫作"鼠鸟耗"。从老百姓手中收来的散碎银子，要熔铸成整锭大银送交国库，熔铸过程中也会有损耗，就叫"火耗"。听起来地方官向老百姓征收"鼠鸟耗"和"火耗"，有其客观合理性，但是其合理比例大约应该是百分之一二。也就是说，收一百斤粮食，多收一两斤，以备补充自然损耗。然而，康熙年间，官员收的"火耗"，可不是区区这个数字。清代开国之后，"火耗"等就有不断加重的趋势，"其火耗有每两加至二三钱不等者"。也就是说，有的地方火耗率竟然达

---

① 戴逸、李文海主编《清通鉴（4）》卷二六，康熙八年六月二十七日，山西人民出版社，1999，第1444页。

到百分之二三十。征了一百斤粮食，竟然有二三十斤被鸟和老鼠吃掉了，或者说，收了一百两银子，有二三十两银子在熔铸时消失了，这未免也太不合理。实际原因却是官员们的大量开支无处寻找来源，就只好以"火耗""鼠鸟耗"等为借口，不断加收。

所以"火耗"实际上就是附加税。

清代规定，只有州县基层政府才有直接征收"钱粮"，也就是"农业税"的权力。不过清代同样规定"永不加赋"，就是永远不可以提高国家公布的正式税率。朝廷之所以出台这个规定，就是为了防止地方官盘剥百姓。不过上有政策下有对策，再严格的规定，对实际执行者来说都不是难题。国家不让多收税，他们可多收"费"，就是附加税。

收了"火耗"，不但可以满足自己的生活支出，甚至可以让自己过上相当奢侈的生活。所谓"三年清知府，十万雪花银"，就是这么来的。当然，对于这笔巨大的好处，他们不能独吞，有一部分还要分润上级，需要层层送礼，这就形成了"陋规"。

康熙皇帝深知大清财政体制的弊端，也知道"陋规"因何而起。他清楚地知道，如果没有"陋规"，官员根本无法生活。"为官之人，凡所用之物，若皆取诸其家，其何以济？"[①]"身为大臣，寻常日用岂能一无所费？若必分毫取给于家中，势亦有所不能。但要操守廉洁，念念从爱百姓起见，便为良吏。"[②]

但是康熙没有勇气彻底改革财政制度，提高官员工资，所以他做了一

---

[①]《康熙起居注》（第八册），康熙五十三年十二月二十日，徐尚定标点，东方出版社，2014，第161页。

[②]《康熙起居注》（第四册），康熙二十七年正月二十三日，徐尚定标点，东方出版社，2014，第13页。

个在历代皇帝中都常见的选择：睁一只眼，闭一只眼，让官员们偷偷去搞灰色收入。所以康熙皇帝私下里对大臣们"交底"，认为"规礼"是官员们的"应得之物"，他对官员"一意从宽不察察于细故也"①。比如他在直隶总督赵弘燮关于"陋规"的密折里曾这样批道："外边汉官有一定规礼，朕管不得。"②

康熙晚年，浙江巡抚朱轼在密折中说工资根本满足不了生活需要，因此要求"浙税二道正项之外，余银八千余两。皇上如将此项赐臣以养家口，臣必尽职料理地方"③，这实际上是自辟"养廉"。康熙皇帝不但一口同意，而且还加以鼓励。他批道："似此等事，奏得最是。"④

---

① 《康熙起居注》（第八册），康熙五十三年十二月二十日，徐尚定标点，东方出版社，2014，第161—162页。
② 中国第一历史档案馆编《康熙朝汉文朱批奏折汇编》（第七册），《直隶总督赵弘燮奏为病已稍愈拟送章文镶回京供职折》（康熙五十六年二月二十五日），档案出版社，1985，第739页。
③ 《康熙起居注》（第八册），康熙五十六年十一月二十四日，徐尚定标点，东方出版社，2014，第446页。
④ 同上。

## 第三节

# 黄宗羲定律

康熙默许官员们的灰色收入，还有一个原因，这就是他阅读中国历史的一个心得。中国历史上的一个重要规律，就是官员们私下征收的杂费，一旦经由朝廷拿到台面上来明确化，那么，另一些灰色杂费又会偷偷滋生，因为"揩国家的油"是官员群体改不掉的本性。这就是所谓的"黄宗羲定律"。黄宗羲说："斯民之苦暴税久矣，有积累莫返之害。"（《明夷待访录·田制三》）确实，中国历史上每次国家税费改革，农民负担在下降一段时间后，都会因为出现新的税费而上升到一个比改革前更高的水平。所以康熙说，"自古以来，惟禁止火耗而已，不可开"[1]，"若将火耗明定额数，人无忌惮，愈至滥取"[2]。也就是说，如果明定"火耗"标准，官员不但收起"火耗"来会更肆无忌惮，而且在标准之外还要多收。

---

[1] 戴逸、李文海主编《清通鉴（6）》卷七九，康熙六十一年八月初五日，山西人民出版社，1999，第2611页。

[2] 《康熙起居注》（第八册），康熙五十七年二月二十三日，徐尚定标点，东方出版社，2014，第473页。

康熙认为，既然"揩油"是官员群体的本性，那么皇帝能做的，就只能是退而求其次，让他们少"揩"一点而已。但是完全不给他们"揩油"的空间，是不可能的。其实仔细探讨起来，这种"陋规"思维并不止存在于官场，甚至遍及全社会。民国时人记载，在北平，仆人们来买东西时，商店照规矩会自动把价格提高一成，作为仆人们的佣金，这在北平通俗叫"底子钱"。小康之家给仆佣的工资很低，因为他们明知厨子买菜时要"揩油"，仆人购买家用杂物时也要捞上一笔。明清皇帝的政治思维，与市井细民的持家打算，真是完全同构，如出一辙。

所以晚年面对官场贪风，康熙的应对策略是一方面默许官员们在一定程度上索取"火耗"，另一方面是提倡理学。他希望官员们以"存理遏欲"为思想武器，保持廉洁，或者至少在"揩油"时保持一定的"度"。这种解决方式，实际上还是把问题轻轻推到"良心"二字之上。应取与不应取，只有一线之隔，如何保持这一线之防，全在人心之"正"与"不正"了。

康熙晚年，实际奉行的是"难得糊涂"政策。越到晚年，康熙对大臣们越宽容。对于贪污腐败，康熙经常是睁一只眼闭一只眼。比如康熙四十九年（1710年），户部发生"内仓亏空草豆案"，经查审，户部尚书希福纳等六十四名堂司官受贿银数达二十万两之多，可谓集体受贿大案，按律俱应革职拿问。但康熙最终决定只将希福纳一人革职，其余官员勒限赔补，免予议处。

但是一个人可以糊涂于一时，一个朝代却不可以糊涂于永久。到康熙末年，因为皇帝有意放纵，吏治废弛，贪贿公行，整个王朝的行政秩序已经无法回到有序运行的轨道。地方治理严重混乱，遇到灾荒，朝廷所发的赈济，皆被地方官吏苟且侵渔，老百姓根本得不到实惠。各地司法腐败极为普遍,为了索诈钱财,各州县衙役们甚至竟以案件为生。康熙皇帝十分重视并投入大量资金的水利工程,到了晚年也基本废弛失效,因为水利资金及工程材料被官员们层层截扣,所修水利工程完全是敷衍了事,致使"闸河之宽深尺丈,不能仍照旧制,而蓄水湖之围坝,俱成平地"[1]。甚至有的官员故意毁坏河堤,制造水患,"绝不顾一方百姓之田墓庐舍尽付漂没而有冤莫告"[2],目的仅仅是为了侵吞修补款项。

官场腐败的代价必然是民生的凋敝。康熙晚年,百姓生计日益困乏,破产流亡现象日益严重。每逢荒年,"老弱幼稚者,半为尪瘵;少壮强勇者,乞食他乡"[3]。连北京这个"首善之都",遇到荒年也是"辇毂之下聚数十万游手游食之徒,昼则接踵摩肩,夜不知投归何所"[4]。社会不安定因素开始增加,康熙后期接连爆发了福建的陈五显起义、河北的亢珽起义及台湾的朱一贵起义,都是社会矛盾不断激化的表现。

面对这样的乱局,年老的康熙帝除了发出"承平日久,人心懈怠""朕心深为失望"的叹息,别无所能。如果没有一个能力非凡的继任者大力整顿,大清很可能在不久之后走上覆亡之路。

幸运的是,大清王朝遇到了雍正这样的"另类皇帝"。

---

[1] 见《朱批谕旨》(40),第13页。
[2] 同上。
[3] 李发甲:《赈济齐饥疏》,转引自《澄江文史资料》(第十四辑),2003,第21页。
[4] 《皇清奏议》卷二四,周祚显:《驱游惰以归本业疏》。

# 第四章

# 雍正：古代反腐的成功案例

## 第一节

## 站在父亲的对立面

康熙六十一年十一月十三日（1722年12月20日），康熙皇帝突然驾崩于畅春园。皇四子胤禛出人意料地夺得了皇位。

满朝上下，对这匹皇位竞争赛中的黑马都缺乏了解。各地官员，都不知道这位新皇帝会烧什么样的"三把火"。

在动荡中即位的雍正，面临着重重危机。除了皇族的怀疑、兄弟们的不服、天下人的窃窃私语，他还面临着严重的财政危机和社会危机。在老皇帝康熙晚年的宽纵之下，大清王朝已经乱象重重，再不治理整顿，早晚要出大事。

雍正对官场上的贪污腐败看得很清楚。康熙晚年，买官卖官已成常态，甚至连皇子们都纷纷身陷贪腐之中。比如皇九子允禟曾经收受觉罗满丕三十万两白银，为他谋得了湖广总督一职。觉罗满丕上任之后，大肆贪污，导致他的辖地"督、抚、布、按七人，贪庸一辙"[1]，也就是说

---

[1] 见《朱批谕旨》（2），第25页。

七位地方高官全部贪腐，湖广吏治一塌糊涂。朝中大臣也大肆结党营私，大学士明珠把持内阁，随心指挥，各地总督、巡抚、布政使、按察使如有缺额，无不辗转贩卖，"当时士夫趋者如市，四方货赂辐辏私邸，珍异之积拟于天府"①。另一权臣索额图也是广树党羽，大肆贪赃，其家之富，"通国莫及"。

雍正帝即位之初，他对各省总督、巡抚、布政使、按察使一级封疆大吏的总体判断是，懈弛者十之八九，"其中一尘不染者仅一二人而已"②。在这些地方大员的带领下，地方官员结成利益同盟，共同对付中央的监督和检查，导致中央政策在各地都得不到执行，"火耗"加派呈恶性发展势头。"每岁民间正项钱粮一两，有派至三两、四两、五六两以至十两……而于朝廷正供之外，辄加至三倍、四倍、五六倍以至十倍不止。"③

雍正皇帝的个性与其父康熙截然相反。一提起雍正，人们马上想到的是"严苛""险刻""抄家皇帝"等词语。确实，康熙皇帝崇尚"宽仁"，对臣下不法经常睁一只眼闭一只眼，雍正却是出了名的"精明严刻"，眼里揉不得一粒沙子。他不能容忍他所看到的任何贪渎行为，必将犯官严惩而后快。雍正皇帝也并不回避自己的"苛刻"之名，甚至以此为荣。他曾经说"实心任事，整饬官民，不避嫌怨，因而遂不满众人之意，或谤其苛刻，或议其偏执"（《清世宗实录》卷四六），"精明严刻，此四字即自相矛盾。既云精明，则所惩治者必当其罪，安得又有严刻之

---

① 印鸾章编著：《清鉴纲目》卷五，邓球柏、钟楚楚标点，岳麓书社，1987，第211页。
② 见《朱批谕旨》（13），第44页。
③ 《皇清奏议》卷二三，李发甲：《澄清吏治疏》。

诮乎？"①

康熙皇帝好名，喜欢在百官面前"买好"。雍正却不屑于此。他公开表示绝不会谨让退缩，"以取庸主之名"。他深刻认识到，正是父亲喜欢"宽大之名"，才导致"人心玩愒已久，百弊丛生"，因此即位后，他不惮以严酷手段，诛除异己，厉行整顿。他公开说，他不怕死后身负骂名："至于众口之褒贬、后世之是非，朕不问也。"②

康熙中年以后，追求稳定，在地方上好用"安静不生事"的庸官、巧宦。雍正却最为反感这种"好好先生"，他说："柔善沽誉以为平和安静，此风乃国家之大害，实奸诈小人之存心，非忠良大器之行事。"③"夫为大臣者，……谓化有事为无事，化大事为小事，以博宽厚之名，其为害于人心风俗者不浅，且摘发奸弊，惩一儆百，乃整饬官方之要道，岂得谓之多事？岂得谓之苛刻？岂得谓之琐碎？"④如果官员一味当"好好先生"，宽纵玩法之人以沽名钓誉，难免诸务废弛，贻害国家。所以雍正爱起用那些积极有为，甚至是刚猛严苛的官员。

可见这对父子，在性格作风上，几乎处处针锋相对，完全不同。

---

① 中国第一历史档案馆编《雍正朝汉文谕旨汇编》（第七册，上谕内阁），雍正五年四月，广西师范大学出版社，1999，第76页。

② 见雍正：《大义觉迷录》。

③ 《雍正朝汉文朱批奏折汇编》，雍正五年闰三月初十日。

④ 中国第一历史档案馆编《雍正朝汉文谕旨汇编》（第七册，上谕内阁），雍正六年二月，广西师范大学出版社，1999，第206页。

## 第二节

# 洞悉下情的天子

雍正登基之后，曾经把自己和康熙做了一个比较，说自己事事不及其父，唯有洞悉下情之处比其父高明。确实，康熙八岁即位，深居九重。虽然天禀聪明，然自古天子所居的都是极易受人蒙蔽的地位，没几个人敢对皇帝说真话。正如戴逸先生所说："新皇帝……置身于变幻莫测的官僚政治的漩涡中。周围充满着欢呼和赞美，欺骗和谣言，摇尾作态的献媚乞恩，诚惶诚恐的畏惧战栗……"①为什么会这样呢？雍正皇帝曾经现身说法，说这是因为大家在皇帝面前说话，首先考虑的是自己的利益，"大小臣工方欲自行其私，又孰肯敷陈其弊"②，就连他自己都没对老皇帝说过几句真话，"在朕居子臣之位，定省承欢，又有不便陈言之处。以朕为皇考之爱子尚不能言，则皇考果何从而知之乎？"③

中国历史上，除了开国之君，那些能大有作为的君主往往有一个特

---

① 戴逸：《乾隆帝及其时代》，中国人民大学出版社，1997，第130页。
② 转引自冯尔康：《雍正传》，上海三联书店，1999，第578页。
③ 同上。

点，就是都曾经深入民间社会，对社会实情有着深入透彻的了解。比如创造了汉代"汉宣中兴"的汉宣帝，小时候曾经进过监狱，十七岁才被霍光从民间迎入宫中，深知当时民间疾苦和吏治得失；明孝宗的童年也非常不幸，生下后差点被皇后溺死，幸被好心人藏起，吃百家饭长大，所以他即位后才能励精图治，有针对性地施政，创造了明代的"弘治中兴"。

雍正皇帝也是这样。他曾经居于藩邸四十余年，在康熙朝的储位斗争中饱经风波之险，对天下利病、世事人心有着深入的认识。他说："朕事事不及皇考。惟有洞悉下情之处，则朕得之于亲身阅历。朕在藩邸四十余年，凡臣下之结党怀奸，夤缘请托，欺罔蒙蔽，阳奉阴违，假公济私之习，皆深知灼见，可以屈指而数者。"（《清世宗实录》卷四九）

因为洞悉下情，所以雍正施政比康熙更现实、更理性。清代帝王原本一贯强调务实，比如皇太极就认为，凡事莫贵于务实。在征服中原的过程中，满族统治者就表现出强烈的现实主义精神，一切判断从现实出发，因势利导，灵活实用。雍正皇帝对列祖列宗的这方面经验总结得最深刻到位，他说："本朝龙兴，混一区宇，惟恃实行与武略耳，并未尝恃虚文以粉饰。而凡厥政务，悉吻合于古来圣帝明王之徽猷，并无稍有不及之处，观此可知实行之胜于虚文矣。"（《清世宗实录》卷二二）从雍正以后的所作所为看，他比康熙更能实事求是，而不为教条所拘。

这样的性格特点，决定了康熙留下的问题，在雍正手里能得到解决。面对这些严重的问题，雍正表现出了非同寻常的政治勇气。这个峻急严厉的皇帝没有遵循"三年无改父之道"的古训，即位之初，就迫不及待地调整康熙晚年的政策，在短短的十三年间，相继推出创建军机处、确立秘折制度、推行改土归流、废除贱民制度等林林总总的重大改革措施。当然，其中最重要的，还是"养廉银"和"火耗"归公改革。

一般来讲，新皇帝登基，为了争取臣下的支持，都会首先广施恩泽。特别是雍正在动荡中即位，面临着皇族的集体挑战，他上台后应该先给官僚阶层一笔大大的好处才对。

然而，雍正却不屑于此。帝位认同的危机，丝毫没有影响雍正果断整顿吏治。清代惯例，新帝登基，都会颁发《登基恩诏》，豁免官员在前朝的罪责。但是雍正一上台，却破例将内阁草拟的"恩诏"当中关于豁免亏空的条例删除。雍正皇帝即位后明确指出，整顿吏治是他面临的第一要务："古今为政之道多端，究其根本，未有不以吏治为先。"①这是因为官场腐败比盗贼为害更大："命案、盗案，其害不过一人一家而止，若侵帑殃民者，在一县则害被于一县，在一府则害被于一府，岂止杀人及盗之比。"②因此，他即位不久就发动了一场声势浩大的吏治整顿运动。

雍正决定以解决亏空问题为切入点，理顺大清财政体制。对于造成严重亏空的官员，雍正对他们先罢官后索赔，要他们自掏腰包赔补。自己还不起的，家人和亲戚代还；畏罪自杀的，人死债不除，仍由其家属亲戚代赔。很多官员因此丢官罢职，甚至进了监狱；在很多地方，贪渎无能的官员被大批撤换。雍正十年（1732年），直隶总督李卫上奏，通省府厅州

---

① 转引自黄婴、辛雁、方放：《中国历代的改革家》，解放军文艺出版社，1995，第158页。
② 中国第一历史档案馆编《雍正朝汉文谕旨汇编》（第三册，无年月谕旨），《论内外文武官员严治侵欺挪移之罪》，广西师范大学出版社，1999，第184页。

县官员，在任三年以上者已寥寥无几。雍正也因此获得了"抄家皇帝"的"美名"。

当然，在清查亏空的过程中，雍正也比以前更为深入地了解了大清财政体制的弊端。他意识到，官员们的贪污与收入过低之间有着直接的关系，正如康熙初年御史赵璟所说，"俸禄不增，贪风不息，下情不达，廉吏难支"①。雍正也认为，官员薪俸过低是一个客观现实。他要求的只是清廉，而并不是让官员们饿着肚子办公："诸凡总期尔合于公慎而已，朕未有令尔等地方大吏至于困苦之心。""未有枵腹从事之理，但不欺隐，于分外贪取，即为可嘉耳。"②因此反腐要真正取得成效，就要解决官员的收入问题。否则，手段多么强硬，只能起作用于一时，不可能长久："若图稳之好听，……又不管其养资，但泛言不许扰害地方百姓，恐众属员未必诚服。"③

随着对大清财政体制的深入了解，雍正形成了"养廉银改革"的思路。他决定给地方官员发放养廉银，让他们仅凭工资就能过上体面生活。官员们"均得养家之银，又可杜绝礼物之耗费而安分守己。若非极端不肖者，必不会冒死而动私派于民、挪移钱粮之心"④，这样可以极大程度上改善吏治。

雍正皇帝按各级官员的官职高低、事务繁简，给全国地方官制定了不

---

① 蒋良骐：《东华录》卷九，康熙八年六月二十七日，林树惠、傅贵九校点，中华书局，1980，第152页。

② 《朱批谕旨》（17），第5、12页。

③ 《雍正朝汉文朱批奏折汇编》，雍正元年八月二十七日。

④ 戴逸、李文海主编《清通鉴（6）》卷八〇，雍正元年十一月初二日，山西人民出版社，1999，第2689页。

同的养廉银标准。一般来说，雍正年间总督每年的养廉银为两万两左右，巡抚为一万五千两左右，布政使为一万两左右，按察使为八千两左右，道府为五千两左右，州县为一二千两。养廉银数额是他们各自俸银的数倍、数十倍乃至一百多倍。①

---

① 陈光焱：《清代火耗归公和养廉银制度的启示》，《地方财政研究》2009年第3期，第77页。

## 第三节

# 养廉银改革

地方官员收入一下子增加了这么多,钱从哪里来呢?

雍正的做法是把"火耗"征收,也就是附加税的征收公开化、规范化,由州县政府漫无边际的私下征收改为省政府统一公开征收,不直接进入地方官腰包,收来的"火耗"取一部分作为各级地方官的养廉银。

这个做法一开始受到很多中央官员的反对,认为这样会增加百姓的负担。但是雍正认为这种做法不但不会增加百姓负担,相反还会降低百姓负担。因为收入不足,大部分官员势必会搜括百姓,而且由于缺乏监管,他们会比实际需要捞得更多。所以"火耗"私下征收已经实际存在很久,养廉银改革只是使它由隐性变成显性,而且得到了国家公开监管,有利于限制"火耗"的恶性发展。确实,"火耗"归公,由省政府公开进行征收,收到的钱进不了地方官的私囊,与地方的利益并不直接挂钩,因此各地的"火耗"征收率普遍降低。改革之后,山西省的火耗率由原来的30%~40%,降到了20%;河南省由原来的80%降到了13%;山东省由原来的80%降到了18%。这样一下子扭转了康熙后期地方官狂征滥派的严重局面,人民的隐形负担相对减轻。①

事实证明,雍正皇帝的养廉银改革是成功的。

如果不增加官员的收入,结果自然是清官吃不饱饭,贪官贪婪无忌。雍正朝以前,地方官员大部分人虽然名义上工资不高,但灰色收入极高,而且国家无法监管,实际上让大部分人都成了法律意义上的"罪犯"和"窃贼",生活在罪恶感之中。"以下养上"的财政格局,也让官场上不得不官官相护。

养廉银改革使财政资金由省级政府支配,规范用途,拨给下级,划清了公私的界限,明确了资金使用的程序。养廉银改革使官员的薪俸收入有了明显增加,也让地方官员的收入显性化、透明化、制度化。地方官可以凭光明正大的收入生活,而不再靠贪污受贿来满足基本生活需要。改革之后,下级没有必要也没有财力向上行贿,上级也可以理直气壮地监管下级。这就打破了长期形成的"下养上"的局面,增强了地方对中央的向心力。

更重要的是,在养廉银改革之后,雍正就可以正式禁止"陋规"。雍正认为,厚给养廉,就是要让官员"从容不窘",则自然不贪。"火耗"归公和养廉银制度实施后,官员的合法收入已经可以满足需要,收受规礼自然就少了最重要的借口。在此基础上,雍正皇帝开始禁革"陋规"。他明令禁革一切节礼:"在地方官薪水之资自不可缺,但于属员之手接受节礼陋规,则断乎不可。目今各省内或有尚未分给养廉之员,著各省督抚悉心商酌办理奏闻。宁可以州县应出之项解至藩库,从公发给,而不可使其自相授受,废公议而徇私交,留礼仪交际之名而长贪婪贿赂之弊也。倘再

---

① 冯尔康:《雍正传》,上海三联书店,1999,第165页。

有私收规礼者,将该员置之重典,其该管之督抚亦从重治罪。"(《清世宗实录》卷七一)

雍正严厉警告各级官吏,在实施养廉银改革后,"于应取之外稍有加重者,朕必访闻,重治其罪"①。雍正心狠面冷,说到做到,下手无情。"贪倡之徒莫不望风革面",就此洗手。所以从当时地方官的汇报看,禁革"陋规"确实取得了比较良好的效果。比如年希尧就任广东巡抚后,概行拒收下属例行节礼;广西巡抚孔毓珣上任伊始,也将衙门节礼"尽行不收";广西布政使刘艇琛对各属所上节礼也"分毫不敢收受"。

雍正皇帝说:"近观各省吏治,虽未必能彻底澄清,而公然贪赃犯法及侵盗钱粮者,亦觉甚少。"(《清世宗实录》卷九一)养廉银改革使雍正年间至乾隆中期的半个世纪里,大清王朝贪污大案明显减少,吏治面貌大为改观。雍正十三年(1735年)六月,雍正皇帝在去世前三个月,对"火耗"归公和养廉银改革十多年来的实施情况做了一番总结。他说:"山西巡抚诺岷始请提解耗羡之法,……自行此法以来,吏治稍得澄清,闾阎咸免扰累,此中利益,乃内外之所共知共见者。"(《清世宗实录》卷一五七)

对于雍正的养廉银改革,历来评价都比较高。比如清代学者章学诚说:"我宪皇帝澄清吏治,裁革陋规,整饬官方,惩治贪墨,实为千载一时。彼时居官,大法小廉,殆成风俗。贪目之徒,莫不望风革面,时势然也。今观传志碑状之文,叙雍正年府州县官,盛称杜绝馈遗,搜除积弊,清苦自守,革除例外供支,其文洵不愧于《循吏传》矣。不知彼时逼于功

---

① 戴逸、李文海主编《清通鉴(7)》卷八三,雍正四年十月十四日,山西人民出版社,1999,第2843页。

令，不得不然……"①

近代著名史学家孟心史先生对清朝的养廉银改革也给予充分的肯定。他认为养廉银制度实施以后，"自前代以来，漫无稽考之赡官吏，办差徭，作一结束。虽未能入预算决算财政公开轨道，而较之前代，则清之雍乾可谓尽心吏治矣"②。

"火耗"归公和实行养廉银制度，使清代的税收附加走上了规范化的轨道，一定程度上缓解了地方经费的不足，这是清代反腐制度建设的最大一项成就，也是中国历史上反腐制度建设中为数不多的成功案例。

---

① 章学诚：《章学诚遗书》卷二《文史通义内篇二·古文十弊》，文物出版社，1985，第19页。
② 孟森：《明清史讲义》（下册），商务印书馆，2017，第609页。

# 第五章

# 乾隆：前严后废的情绪反腐

第一节

## 卓有成效的早期惩贪

乾隆皇帝是中国历史上统治最成功的帝王之一。从纵向对比，乾隆时代是整个中国古代史上最富强的时代；从横向对比，乾隆统治下的大清帝国也是当时世界上最强大的国家。这种强大有以下这些数据来支撑：第一，经济总量巨大，国家财力雄厚。虽然对那个时候国内生产总值（GDP）计算的方法有各种争论，但是用大多数人认可的计算方式计算出来乾隆时期的中国经济总量，占世界总量的30%以上，远远比今天美国占世界经济总量的份额要多。第二，乾隆时期的疆域广阔，人口数量激增。乾隆二十四年（1759年）统一新疆之后，中国的疆域达到了1453万平方千米，大约是今天陆地面积960万平方千米的1.5倍。所以乾隆朝的疆域是整个中国历史上除了元朝之外的第二大疆域，而且和中国历史上很多朝代不一样的是，清朝对整个疆域内的实际控制力是最强的。第三，乾隆朝的人口数量达到了空前的水平。在中国历史上，以前朝代大部分时间人口都徘徊在几千万之间，只有少数几个节点突破了一亿。而由于前面有康熙、雍正两代的统治，乾隆继位的时候，中国人口数量达到了一亿四千万；到乾隆退位的时候，则突破了三亿大关。也就是说，乾隆让中国的人口翻了一番。在中国古代，人口增长一直是统治者统治成绩最有力的证明。

所以我们通常说，中国历史上最大的一个盛世"康乾盛世"的顶点，出现在乾隆时期。推动这个盛世顶点出现的诸多原因当中，很重要的一条是乾隆前期的惩贪抓得非常有力度。这一点，可能很多人了解得并不充分。

提起清代惩贪最坚决的皇帝，大家通常认为是雍正。其实乾隆前期比起他的父亲来，在这一点上有过之而无不及。可以说，乾隆皇帝是清代惩贪手段最严密、手腕最强硬的皇帝，也是清代历史上最严酷刻薄的一位皇帝。

这个断语也许与许多人的印象不符。不错，乾隆皇帝风流儒雅，情商极高，极会做人。为政之初，又曾一度宣称要效法皇祖"宽仁为治"。当初的"宽仁"时期，还真是阳光灿烂，曾经让大清王朝所有官员都如沐春风。

但是我们不要忘了，他毕竟是雍正皇帝的儿子。虽然他曾经那么讨厌其父的性格，但雍正身上的苛刻、敏感、残忍、阴狠，其实一丝不少地储存在了他的骨子里。乾隆十三年（1748年），他的统治政策由宽转严，大臣们发现，其风霜之严酷，远甚于雍正。

乾隆一朝是清代诛杀大臣最多的时期。乾隆朝发生的"部级"以上贪污案多达三十几起，其中杀头二十多名，平均一两年即有一名"省部级"军政大员因贪污而伏法，这在历史上是十分罕见的。至于"部级"以下官员被砍头的，更是不计其数。其中仅乾隆四十六年（1781年）的甘肃通省官员冒赈一案中，自封疆大吏至县令一级，就有近六十人被处死刑，其中一次在菜市口就杀掉了二十多人。

终乾隆一生,可以说他的统治前期,惩贪是非常成功的,成功的原因有以下几点:

第一,注重防微杜渐。有了雍正打下的良好基础,乾隆即位之时,官场风纪较好,但是乾隆并不满足。他为人心思细密,万事求全,深知防微杜渐的重要性。因此,他整顿吏治,是从抓请客送礼之类的小事开始。腐败如同细菌,一旦有了滋生的落脚点,就会迅速蔓延。小小不言的礼物如果不加防范,必然发展成大额贿赂。小吃小喝不处理,最后就会吃掉大清江山。所以,他明确规定,各级官员之间,不得再送"土宜",即以"土特产"之类的名义赠送礼物。他说:"而持廉之道,莫先于谨小慎微。""督抚为一省表率,既收州县土宜,则两司、道府馈遗又不可却,而州县既送督抚土宜,则两司、道府馈送又不可少,层累递及,督抚所收有限,而属员之费已不赀矣。"(《清高宗实录》卷三二)

针对公款吃喝日益普遍的现象,乾隆皇帝还规定,督抚大员们酬酢宴会的一切费用应出资自办,委派属员负担筵席费用等事"概行禁革",以防府县等"借端要结,甚且赔累"①,扰乱民间。

官场上,收受"门包"一直是一个小小的痼疾。说起来似乎为害不大,但实际上却极损政体之尊严,启腐败之先声。因此乾隆五年(1740年),皇帝规定,奉旨出差巡察的官员,凡到州县地方,有敢借机收受"门包"的,"与者,照钻营请托例治罪;受者,照婪赃纳贿例治罪"②。直到乾隆四十六年(1781年),他仍通谕各省,从督抚到道府,

---

① 《乾隆朝上谕档》,乾隆四十五年八月初二日。
② 《在官求索借贷人财物条例》,转引自晏爱红《清代官场透视:以乾隆朝陋规案为中心》,天津古籍出版社,2012,第163页。

要严格管理家人，"概不许收受属员门包。各督抚传事禀话，中军、巡捕等官传禀，不许另设立管门家人致滋弊窦"①。

第二，惩贪立法从严。乾隆朝对贪官的惩处严厉于雍正朝，主要体现在弥补亏空的措施上。乾隆以前，大臣侵蚀国库，通常可因赔补上窟窿而免死。因为雍正惩贪实行"完赃减等"条例。该条例规定，凡贪污挪用公款的犯官，如果在一年之内将所贪的公款全部补赔，就可以免死减罪发落。如果一年之内没有全部补上，还可以再宽限一年，让官员自己在监外继续筹款赔补。第二年没能全部补赔的，犯官进监，而其妻子仍可帮他补赔。直到家产尽绝，才被处死。这样拖来拖去，贪官污吏没有几个被明正典刑的。

乾隆对侵蚀爱新觉罗家产者恨之入骨。经过长时期的酝酿，乾隆二十三年（1758年），他克服巨大阻力，毅然废除了"完赃减等"条例，代之以"完赃不准减等"的新例。不管你家里多有钱，贪污白银只要满了一千两即判处斩首，绝不宽贷。这一改革，使清王朝的惩贪力度上了一个极大的台阶，使无数贪官人头落地，家破人亡。凡贪污或索受贿赂的案件，承办大员一旦查有实据，立即请旨将犯官革职、查抄，籍没家产异常迅速，严密而彻底。贪官污吏的下场不仅身首异处，而且家产无论精粗多寡一律入官，真是落了个白茫茫大地一片真干净！在中国历史上，惩贪之严厉者，除朱元璋外，乾隆可排第二名。

除了在立法上做到的这两点，乾隆在执法上，有以下几个特点：

第一，充分利用密折制度，广布耳目，充分监察大臣们的一举一动。

对同一个人，他往往命多人秘密考察，以免偏听偏信，这样就掌握

---

① 转引自孟姝芳：《乾隆朝官员处分研究》，内蒙古大学出版社，2009，第44页。

了大量真实情况。比如乾隆十一年（1746年），乾隆命令湖北巡抚开泰秘密考察湖广总督鄂弥达的官品操守。开泰回禀说鄂氏年老体衰，不过尚能正常办公，其家人闻有收受"门包"之事，不过数量不多，而且鄂氏自己好像也不知情。皇帝看后，批示鄂氏的问题不止如此，开泰反映的并不全面："非但此也！彼（鄂弥达）往察南省（今湖南省），令其子拜各属员，亦间有收受礼物者，操兵则全不阅看……"（《清高宗实录》卷二六一）通过这种方式，所有高级官员时刻感觉自己处于四周同僚的监察之中，时时自危，居官自然如履薄冰，不得不小心谨慎。

第二，执法从严，绝不姑息。

高级官员如果犯了其他过错，也许可以原谅，但如果事涉腐败，即使情节轻微，数量不多，也绝不轻恕。

乾隆二十二年（1757年），云贵总督恒文按各地惯例为皇帝准备"土贡"。他以云南产金为由，拟购买黄金制作几个金手炉献给皇帝。当时黄金市价为每两金子换十四两银子，而恒文为了占便宜，只给十两银子。这当然是以购买为名，行勒索之实，确实相当卑鄙，不过占这么点小小便宜，情节也确实谈不上重大。

此事被揭发后，乾隆颇感意外。恒文其人头脑灵活，能力突出，善于处理各种关系，一直深受皇帝的信任和宠爱。皇帝认为恒文历任封疆大吏，受恩最重，不应当如此，但因事涉贪污指控，还是立即派尚书刘统勋为钦差大臣前往严查。审查结果证明此事属实，虽然案情轻微，但皇帝却决定立刻赐恒文自尽。后来因查出此事之缘起是经下属怂恿，情有可原，遂改为终身监禁。给恒文买金子帮过忙的云南巡抚、云南布政使、云南按察使一并被革职，其他五十六名州县官员都受到了相应的处罚。皇帝对涉及贪腐之案毫不宽假的坚决态度于此可见。

乾隆二十一年（1756年），湖南布政使杨灏借工作之便，侵占三千多两白银案发，案发后杨灏被处以"斩监候"，俟二十二年秋后处决。乾隆二十二年秋审，也就是复核死刑犯时，继任湖南巡抚蒋炳认为杨灏已经在一年内把赃银全部弥补，建议判他死缓，九卿科道及三法司对此都无异议。案卷进呈，乾隆皇帝阅之不胜骇然，气得手直打战，当天之内连下四道上谕，连篇累牍，痛斥这一建议之荒唐。他认为杨灏身为三品大员，乃克扣至三千余两，本应立行斩首，"监候已系朕格外之恩"，对如此恶劣的犯罪情形，皇帝以为大臣们自然会建议处死，不料大臣们居然一致认为应改判死缓，狼藉至此，犹得宽免一死，"则凡督抚大吏，皆可视婪赃亏帑为寻常事，侵渔克扣，肆无忌惮。……其何以饬官方而肃法纪耶？"（《清高宗实录》卷五四六）

杨灏被立即处死，提出改判动议的湖南巡抚蒋炳被罢官抄家，发往军台效力赎罪。附和此议之尚书、侍郎、给事中、御史赵弘恩、鄂弥达、蒋溥、李元亮、王际华、李清芳、王和、勒尔森、秦蕙田、明善、刘纶等六十八人，分别处以革职留任、降级留任、销级、销纪录、降级、注册等处分。

第二天，皇帝仍然气不能平，又下达长谕，痛斥官官相护之风。乾隆说："夫明刑弼教，乃国家刑政之大纲，……近日内外问刑衙门习气，不求其情罪之允当，惟事妇寺之仁，……至俨然服官从政，自当知凛遵宪典，而犹悍然作奸犯科，此而可宽，则谁不蔑法营私，小民将必深受其害。……岂有方岳大员，婪赃累累，而尚借口完赃，俾得偷生视息，有是理乎！……九卿科道，每于秋审棚内哓哓致辩，不过求宽一命，或为自己积福地，而于此等要案，则无一人见及，雷同附和，公为矫诬，此而不加惩儆，纪纲安在！……为官相护之锢习，朕必力革而后已。"（《清高宗

实录》卷五四六）

皇帝与贪腐势不两立的决心灼然可见。

第三，不避皇亲国戚。

慧贤皇贵妃是大学士高斌的女儿，雍正年间即成为宝亲王的侧福晋。乾隆登基后册立为贵妃，乾隆十年（1745年）去世后追晋为皇贵妃。她生前受宠程度仅在孝贤皇后之下，是四位得以入葬地宫的后妃之一。

慧贤皇贵妃的亲弟弟高恒沾了姐姐的光，仕途颇为顺利，乾隆二十二年出任两淮盐政这个肥缺。然而此人操守不佳，就任不久，就大肆贪腐，总计收受商人所缴银两十三万之多。案发之后，皇帝毫不宽贷，以其"辜负圣恩，罪无可逭"，将这位小舅子立即处死。

不过毕竟是自己的至亲，杀掉高恒之后，皇帝颇为于心不忍，对高恒的后人相当照顾。十年之后，高恒之子高朴得以出任叶尔羌办事大臣。不料此人颇绍祖风，到任不久就私役回民开采玉石，转往内地私卖，把钱装入自己的腰包。事发之后，皇帝一面痛惜不已，一面又以高朴"贪婪无忌，罔顾法纪，较其父高恒尤甚，不能念为慧贤皇贵妃侄而稍矜宥也"[1]，降旨将高朴即于当地正法。

后世评论乾隆，几乎一致肯定其惩贪执法之严。晚清薛福成说过："高宗（乾隆）英明，执法未尝不严。当时督抚如国泰、王亶望、陈辉祖、福崧、伍拉纳、浦霖之伦，赃款累累，屡兴大狱。侵亏公帑，钞没赀产，动至数十百万之多，为他代所罕睹。"[2]《清史稿》亦有论曰："高

---

[1] 赵尔巽等：《清史稿（三）》卷三三九，列传第一二六，《子高朴》，中华书局，1998，第2845页。

[2] 薛福成：《庸庵笔记》卷三《轶闻·入相奇缘》，丁凤麟、张道贵校点，江苏人民出版社，1983，第60页。

宗遣诸贪吏,身大辟,家籍没,僇及于子孙。凡所连染,穷治不稍贷,可谓严矣?"总结乾隆年间,平均一两年即有一名省级军政大员因侵贪或徇庇侵贪而被正法,这是前代所罕见的,也是有清一代所仅见。曹松林以《清实录》和《清史稿》为据,统计所得:乾隆朝官员本人犯贪赃罪者有尚书和侍郎5人,皆降职或革职;将军4人,皆处斩;总督5人被处死,6人降职或革职;巡抚10人被处决,7人革职或降职;布政使8人被处死,另1人革职;按察使2人被处决,学政2人判死刑(其中1人下落不明);参赞大臣1人、办事大臣1人、盐政2人被处决;道府州县官犯赃者太多,无法统计。①有统计资料表明,整个乾隆朝较重大的弹劾案共计4600余件,其中涉贪案就有589件,占全部弹劾案的12%。②

　　因为乾隆前期抓紧了吏治或者说反腐败这个关键,所以才能迅速把清王朝推向盛世之巅,这一点得到了朝野上下的公认。章学诚则认为,乾隆四十五年(1780年),即和珅大权在握之前,乾隆朝都可以算清明盛世;赵翼后来也说乾隆中前期,秉中枢者俱洁身自好,国势稳定,政治清明,官僚体系效率极高;尹壮图也评价乾隆前期的大清,确实处于史上前所未有之盛世,"州县俱有为官之乐,闾阎咸享乐利之福"③。因为执政能力强,乾隆一朝能够以10亿亩(66.7万平方千米)上下的耕地养活占世界30%左右的人口,能长期保持国家安定和社会稳定,这不能不说是康乾盛世又一个超越千古的成就。所以戴逸先生说:"传统观点认为,汉、唐是

---

① 曹松林:《乾隆朝的贪污腐败》,《湖南师范大学社会科学学报》2001年第1期,第59页。
② 李治亭主编《清史》(下册),上海人民出版社,2002,第984页。
③ 《奏为整饬吏治革除陋规敬陈管见折》,转引自晏爱红《清代官场透视:以乾隆朝陋规案为中心》,天津古籍出版社,2012,第151页。

真正的盛世，无论国力还是文化等诸多方面都达到极盛，而清朝已经开始衰落，不如汉唐。我则以为，康雍乾盛世是中国历史上发展程度最高、最兴旺繁荣的盛世。"[1]

---

[1] 戴逸：《盛世的沉沦——戴逸谈康雍乾历史》，《中华读书报》2002年3月20日，《文史天地》版。

## 第二节

# 明君老去,贪腐急速蔓延

到了乾隆晚年,大清政局已经沧海桑田,气象不复当年。

让我们先看一下当时经常出入中国的朝鲜使臣的见闻。乾隆五十九年(1794年)到中国进贡的朝鲜使臣回国后这样向他们的国王描绘大清朝:"(清帝国)大抵为官长者,廉耻都丧,货利是趋,知县厚馈知府,知府善事权要,上下相蒙,曲加庇护。"及至乾隆六十年(1795年),他们的评价更是发展为"货赂公行,庶官皆有定价"。①

相较于朝鲜人对中国的了解仅止于皮相,中国官员表达得更为激切。乾隆崩逝后,翰林院编修洪亮吉所言最为痛烈:"十余年来,督、抚、藩、臬之贪欺害政,比比皆是。"②以布衣言事的章学诚批评更犀利:"自乾隆四十五年以来,……上下相蒙,惟事婪赃渎货,始如蚕食,渐

---

① 吴晗辑《朝鲜李朝实录中的中国史料》(第十一册),中华书局,1980,第4810、4891页。
② 赵尔巽等:《清史稿(三)》卷三五六,列传第一四三,《洪亮吉传》,中华书局,1998,第2905页。

至鲸吞,……贪墨大吏,胸臆习为宽侈,视万金呈纳,不过同于壶箪馈问,属吏迎合,非倍往日之搜罗剔括,不能博其一欢,官场如此,日甚一日。"①就是说,从乾隆四十五年起,官场就渐渐烂掉了,你给那些大员送上一万两白银,他们就如同收了一篮水果那样不当回事。洪亮吉描述乾隆晚年腐败的普遍程度时说,当时官员中洁身自爱者与贪污者之比,是一比九或者二比八。而这十分之一二的自爱之人,在官场中混得并不好,"即有稍知自爱及实能为民计者,十不能一二也,此一二人者又常被七八人者笑以为迂,以为拙,以为不善自为谋,而大吏之视一二人者,亦觉其不合时宜,不中程度,不幸而有公过,则去之亦惟虑不速,是一二人之势不至归于七八人之所为不止"。②这些人在官场上被排挤、被嘲笑,最后要么被逐出官场,要么同化于贪腐风气当中。

从这些描述中,我们看到的是一个基本烂到了底的官僚体系。

那么,何以在短短十多年里,乾隆朝的政治局面出现了如此翻天覆地之变化?

首要原因是乾隆皇帝老了,懈怠了。

早年的乾隆是一个非常勤政的皇帝。生活起居,都如钟表般有规律。清代史学家赵翼以他的亲身感受记下了乾隆皇帝的勤政情形:皇帝每天早上都在卯刻(六点钟)出宫。……从寝宫出来,每过一道门,就放一声爆竹。我们在直舍值日,听到爆竹从远到近,就知道圣驾到了乾清宫了。冬天的这个时候,蜡烛还要再烧一寸多,天才大亮。我们十多个人值班,

---

① 章学诚:《章学诚遗书》卷二九《外集二·上执政论时务书》,文物出版社,1985,第328页。
② 洪亮吉:《卷施阁文甲集》卷一《守令篇》,转引自张国骥《清嘉庆道光时期政治危机研究》,岳麓书社,2011,第79页。

五六天轮一个早班，已经觉得很累了。谁知道皇帝天天如此。这还是平时。当西陲用兵之时，如果有军报到了，虽然是夜半时分皇帝也必然亲自览阅，然后召集军机大臣到面前指示机宜，动辄千百余言。我那时负责撰拟文件，从起草到作成楷书进呈，有时需要一两个小时，皇上仍然披着衣服在等。①

一个朝鲜人也记下了乾隆固定模式般的起居：卯时而起，进早膳，然后看文件，召见公卿大臣们讨论如何处理，一直到中午。晚膳后还要继续处理没看完的公文，或者读书、写字、作诗，一直到睡觉时分。②

历代皇帝临朝，都是大臣们齐集之后，皇帝大驾才姗姗而来。可是在乾隆朝，却屡屡出现皇帝枯坐宫中，苦等大臣不到的情景。其原因不是乾隆朝的大臣们特别傲慢或者懒惰，而是因为皇帝起得太早了。每天微露曙光之际，皇帝就已经穿戴整齐，做好准备，静坐宫中。经常是太监们出去看了好几次，大臣们才"始云齐集"。乾隆皇帝经常等得不耐烦，只好"流连经史，坐以俟之"，东翻西找，看书来打发时间。以至于皇帝经常发火，降旨训斥群臣："凡朕御门听政，辨色而起，每遣人询问诸臣曾齐集否，数次之后，始云齐集，即今日亦复如是。诸臣于御门奏事，尚且迟迟后期，则每日入署办事，更可想见。"（《清高宗实录》卷一〇六）"近见各部奏事，率过辰而至巳，朕昧爽而兴，惟流连经史，坐以俟之而已。此岂君臣交儆、勤于为治之义耶？"（《清高宗实录》卷一二七）

有一次，乾隆天刚亮就起来批阅奏章。批阅完毕之后，忽然想起几天

---

① 赵翼、姚元之：《檐曝杂记·竹叶亭杂记》，《檐曝杂记·卷一·圣躬勤政》，李解民校点，中华书局，1997，第6—7页。
② 吴晗辑《朝鲜李朝实录中的中国史料》（第十一册），中华书局，1980，第4892页。

前曾叫部院大臣们推荐督抚人选，于是派太监通知大臣们前来汇报推荐情况。这时已是辰巳时刻（早上八九点钟），皇帝在宫中等了好久，大臣们一个未到。六部在紫禁城外，各部尚书迟迟不到还有借口，而内阁大学士们就在紫禁城内办公，怎么来得这么慢？一问太监，原来几位大学士查郎阿、陈世倌、史贻直这个时辰还没上班呢！乾隆大为光火，降旨说："可见向来所奏每日入署办事，粉饰之虚辞耳！尔等身为大臣，当以早朝勤政进规于朕，方无忝厥难于君之道。而先自偷安，有是理乎？"（《清高宗实录》卷二五九）大臣们只能面面相觑，哑口无言。

然而，中年之后，乾隆的身体就不可避免地出现种种老化的征兆。在乾隆六十年的一首诗里，皇帝自注道，从乾隆二十年（1755年），也就是四十五岁以后，他的左耳听力就有所下降；乾隆四十年（1775年），六十五岁以后，左眼视力也明显下降："左耳重听者四十年，左目欠明者亦二十年，有合今之俗人所云（睁一只眼闭一只眼）者，作《戏语》。"① 乾隆四十五年（1780年）年及古稀之后，他身体衰退之象就更加明显，特别是乾隆四十九年（1784年）之后，又增了失眠之症："寅初已懒睡，寅正无不醒。"② "年高少寐，每当丑寅之际，即垂衣待旦，是以为常。"③

随着年龄的增长，乾隆的精力渐渐衰退。年轻时期，乾隆的大脑如同镜子一样清晰。举凡一政，乾隆能从头脑中的"二十四史"、皇祖皇考遗训，直到大臣的奏议里勾籍出全部资料，他的大脑如同强力机器，把这些庞杂的资料加以迅速整合、对比、加工、提炼，在第一时间得出准确而高

---

① 《戏语》，见《清高宗御制诗》。
② 《少寐》，同上书。
③ 《钦定大清会典》卷二九九。

明的结论。到了晚年，这面镜子已经雾蒙蒙一片，照什么东西只能显出个似是而非的轮廓。精神之光，原来可以烛照上下古今，纵横万里，如今只能记得三五天之内的奏折和一些特别重大的事件，大脑如同一台用得太久的机器，所有的零部件都已经过度磨损，相互只能勉强咬合，加工的精度大大下降。年轻之时，如果军务紧急，他从早上五点钟起床，一直到晚上十二点钟看刚刚送到的情报，从不疲倦。而晚年，只有早上一两个小时头脑可称清楚，能够处理复杂的政事，过了这段时间，头脑就已经进入半睡半醒状态，不论怎么以意志去强催强唤，都调动不起精神。

因此面对如小山一样的奏折，乾隆皇帝越来越感觉不堪重负。他开始一再强调地方官员汇报情况时，要语言简明，并时以奏事琐细"徒滋烦扰"而对有关官员严行申斥，这在乾隆中前期是从来没有出现过的。

随着生理的老化，皇帝的心理和性格也发生了明显变化。人在壮岁之时，往往雄心万丈，通常以主动进取之态面对世界。进入老年之后，力不从心之感日甚一日，遂常以防御心态应对外物，求稳怕乱，易变得被动、随和。

早年峻烈无情的乾隆皇帝，晚年心态变得越来越宽和。他不再像早年那样疾恶如仇、除恶务尽。相反，他乐于施恩，乐于原谅别人，乐于听到别人的感恩颂扬之声。乾隆中前期，他对臣下的奖赏比较谨慎。如乾隆三十九年（1774年），提督常青因为士兵击贼有功，各赏银牌一面，这样的小事，居然受到了乾隆的训斥。乾隆认为此奖过当，"可恨之极"。然而到了晚年，他却经常进行无原则的滥赏，即所谓"赏宜从厚，从不肯使勤劳者稍有屈抑也"（《清高宗实录》卷一四八一）。嘉庆后来说："近年皇考圣寿日高，诸事多从宽厚，凡军营奏报，小有胜仗，即优加赏赐；其或贻误军务，亦不过革翎申饬，一有微劳，旋经赏复。虽屡次饬催，奉

有革职治罪严旨,亦未惩办一人。"(《清仁宗实录》卷三七)

老年乾隆处理政务力图简明,但求清静。避免"烦扰",减少麻烦,成为他处理政务的一大原则,这在壮年时代的乾隆是不可想象的。对于晚年出现的一些贪污官员,乾隆经常拖着不惩,或者以"不为已甚"为词,加以宽纵。如乾隆五十二年(1787年)五月,内外文武大臣中竟有多人连续被革职,革任十余次而后仍然留任原职者。

朝鲜使臣描述晚年乾隆政风的变化时说:"皇帝近年颇倦为政,多涉于柔巽,处事每患于优游,恩或多滥,罚必从轻;恩滥故启幸进之门,罚轻故成冒犯之习。文武恬嬉,法纲解弛,有识者颇以为忧。"[①]

---

[①] 吴晗辑《朝鲜李朝实录中的中国史料》(第十一册),中华书局,1980,第4892页。

## 第三节

# 王朝兴衰系皇帝一念

在中国古代,王朝的兴衰,往往起于皇帝的一念。董仲舒认为,天下之治乱,唯系于皇帝之一心:"故为人君者,正心以正朝廷,正朝廷以正百官,正百官以正万民,正万民以正四方。四方正,远近莫敢不壹于正,而亡有邪气奸其间者。"(《汉书·董仲舒传》)反过来说,皇帝心不正,则天下必然大乱。也就是说,在古代专制政治中,朝政的清明与昏怠,官僚机器的振作与衰败,完全视皇帝一个人的精神力量强弱而定。

这一点,西方人也深有体会。虽然没来过中国,黑格尔对中国式专制政治却有着彻骨的理解。他认为,在中国,皇帝应该是整个帝国"那个不断行动、永远警醒和自然活泼的'灵魂'。假如皇帝的个性竟不是上述的那一流——就是,彻底地道德的、辛勤的、既不失掉他的威仪而又充满了精力的——那末,一切都将废弛,政府全部解体,变成麻木不仁的状态"。[①]

---

[①] 黑格尔:《历史哲学》,王造时译,上海书店出版社,2001,第127页。

黑格尔的这段话几乎是对乾隆晚年政局一字不差的描述。专制政治中，皇帝是整个国家的神经中枢，官僚体系是皇权的延伸，官僚体系的精神状态就是皇帝一个人精神状态的放大。不但是人亡政息，同一个统治者的心境变化，也可以使国家面貌发生根本变化。皇帝的勤奋进取，经过官僚系统的层层传导，最后抵达社会可能只剩10%；然而皇帝的松懈懒惰，却会被官僚系统层层放大，抵达基层，会扩大十倍、百倍。

皇帝既然喜欢清静，不愿生事，地方大员们当然更乐于高枕无忧。乾隆四十五年（1780年）之后，懒惰之风在大清政界迅速蔓延。皇帝对山积的奏折感到头疼，而官员们对于案牍之劳，更是避之不及。遇到公事，层层推诿，一层一层向下转批："乃积习相沿，并不问事理之轻重，动辄批委属员。督抚既委之司道，司道复委之州县，层层辗转推延。"（《清高宗实录》卷六八八）

坐堂审案，处理民间纠纷是地方官的重要职责，然而乾隆晚年的官员们终年以坐堂审事为苦，千方百计推脱不理，"民间呈状俱由宅门投递批准，不审，终年延搁。小民拖累不堪，赴控，上司批查，亦屡催不复"①。也就是说，老百姓告状，他不开庭审理，一拖就是一年。老百姓等不及，越级上访，上司询问，他也懒得答复。还有的官员恨百姓越级上访，给自己添麻烦，就想方设法打击上访者。

清代官员考成制度中，对许多政事列有处理期限。到了乾隆晚年，官员办事逾期之事越来越普遍，因此而受处分居然成为官员受处分的主要原因之一。从清代档案《乾隆吏科题本》可以看到这样几个例子：甘肃皋兰知县徐浩任内受处分23次，其中13次是因为办事迟延；湖南浏阳知县

---

① 《乾隆吏科题本》卷一〇〇。

张宏燧受处分11次，迟延占4次；广东长安知县丁亭详受处分9次，迟延占5次。

乾隆四十三年（1778年），湖北江陵县发生了一件抢劫案。一群农村流氓抢劫了附近的富有寡妇家，寡妇认出了抢劫者，事后当即报官。此案证据确凿，事情清楚，很容易处理。可是当时的县令汤廷芳虽然派人抓到了两个嫌犯，却懒得审理，将嫌犯取保了事。后面相继接任的四任县令在十年内"均不严究"，"经事主控告，臬司严催，俱延宕不解，扶同沉搁，置地方盗案于不办，实出情理之外"①。这样一个小小案件，前后历经五任地方官，居然还没有结案。乾隆听说后，也不禁大为恼火，说："足见湖北吏治废弛已极。"（《清高宗实录》卷一二七六）

湖北事件并非个别。乾隆五十三年（1788年）二月，直隶建昌县发生土匪马十等人抢劫一案，事发后整整两年，地方官还是没有结案，说是头绪复杂，一时审不明白。皇帝闻听后大为恼火，命将犯人押到山东行在，亲自审理，不到一个月就揪出了正犯。皇帝说："可见外省废弛积习，大抵相同。……似此玩延悬宕之案，或更有甚焉者。"（《清高宗实录》卷一三五一）

外省如此，京师风气也相同。踢球扯皮之风盛行，一件小事，往往数月经年处理不了。"至六部等衙门办理事务，虽有限期，由各道御史稽查汇奏，但事有关涉两部者，亦每至彼此推诿，行查不以为要，吏胥等得以借端沉阁，百弊丛生。其驳查外省事件，又每以一驳了事，或竟有驳至屡次，往返耽延，经年累月，并不勒限严催。"（《清高宗实录》卷一三五一）

---

① 《署湖广总督舒常奏折》，乾隆五十二年二月初三日。

除了"懒",政风懈怠的另一个表现是"软"。皇帝既然宽仁为尚,不愿杀人,官员中老好人自然越来越多。他们在处理案件时,"于一切审拟案件,有意宽减"(《清高宗实录》卷六二六)。更有甚者,连抢盗重案也多所迁就,致凶顽不知惩创。夹在各方当事人之中的地方官只想和稀泥,他们"既畏刁民,又畏生监,兼畏胥役,既不肯速为审断,又不欲太分皂白"(《清高宗实录》卷六七〇)。

如果说专制政治的经济原则是剥削与压榨,那么操作秘诀就是控制与压迫。皇帝控制着官僚体系,官僚体系压迫着整个社会。一旦高压减轻,则社会秩序必然出现剧烈反弹。随着官僚体系的废弛,乾隆晚年社会治安迅速恶化。

## 第四节

## 皇帝带头腐败

乾隆晚年朝政腐败的另一个原因,是乾隆皇帝开始带头腐败。

乾隆四十一年(1776年)初,六十六岁的乾隆第四次东巡山东。对于这个"孔孟之乡",皇帝似乎有着特殊的兴趣,一生十一次光临。其中六次是南巡经过,五次是专门来访。

与前几次东巡明显不同,这一次,沿途前来接驾的王公大臣特别多:以前只是河北、山东的地方大员全数到来,而这一次附近的蒙古王公,几处盐政织造,甚至远在湖广、四川、广东的封疆大吏也云集于此。一路之上黼黻相接,仪仗塞路,闹得小小的山东翻天覆地。

并不是皇帝在途中要开什么"扩大会议",也不是山东省政府举行什么重大活动邀请大家参加。大员们争先恐后来到山东,只是为了满足老皇帝愈演愈烈的一个喜好:收受贡品。皇帝的此次山东之行,也成了各地大臣们的"赛宝大会"。每位大员的车队都是珠光隐隐,宝气四射。这些大臣老早就瞄准这个机会,"上穷碧落下黄泉",开始搜罗皇帝喜欢的"玩意儿"。让我们抄录一点《内务府奏底档》,看看皇帝在这次短途旅行过程中，都收了些什么样的礼物：

二月十六日，在黄新庄驻跸时，蒙古阿尔善亲王罗卜藏多尔吉进了黄金锭60个，净重592两。亲王说，这是预备皇帝一路上赏赐他人之用。

六天后，还是在黄新庄，河南巡抚徐绩给皇帝进了数车衣料，有贡缎袍50端、贡缎套50端、宁绸袍50端、宁绸褂50端、杭绫100端、汴绫100端、貂皮100张、乌云豹皮1000张、银鼠皮1000张。

二月二十七日，皇帝行至宝家营，湖北巡抚陈辉祖等候在此，进了一批小玩意儿，有洋磁小刀36把、海龙帽沿50副、象牙火镰包36个。

贡缎、宁绸价值几何，今天的读者可能不太清楚。不过乌云豹皮1000张，银鼠皮1000张的分量应该可以想象。"乌云豹"者，《清稗类钞》云"狐项下细毛深温黑白成文者"，指生于沙漠地带的野生沙狐颔下的那一小块皮。银鼠即白貂，毛色银白而富于光泽，历来价值极昂。

总之，由北京到山东，一路之上，几乎每个驿站都有大量的贡品在等着皇上。内务府派出大量接收人员，源源不断地将这些贡品装车运回大内。档案里的贡品单实在太多太长，无法全抄，以下择有特点的再抄一些：

三月初八日，在德州，河东河道总督姚立德恭进曹扇100柄、鼻烟壶100个。

三月十五日，在泰安府，九江关监督全德恭进三十喜鼻烟壶20个、套蓝表式鼻烟壶20个、玉堂春富贵鼻烟壶20个、锦地洋花鼻烟壶20个、套蓝福寿带钩20个、矾红描金福禄寿带钩20个、掐丝珐琅带钩20个、松绿拱花带钩20个、掐丝珐琅扳指儿20个、喋达尔汉扳指儿20个、洋彩竹黄扳指儿20个、花斑石扳指儿20个。

三月十七日，在泰安府，两广总督李侍尧恭进象牙朝珠50盘、蜜蜡斋戒牌50面、子儿皮钉花扳指儿套50个、象牙扳指儿50个。

四月初九日，在德州，广东巡抚熊学鹏恭进黄羽纱马褂30件、大红呢雨褂30件、葡萄青呢雨褂30件、程乡茧30件。

…………

皇帝这一趟出行，可谓满载而归。想必回京路上，御辇之内，细细把玩品鉴这些鼻烟壶、带钩、扳指儿、曹扇之时，心情一定非常愉快。

## 第五节

# 享乐：潘多拉盒子里的魔鬼

"进贡"是专制时代的一项定制。《尚书·禹贡》云："任土作贡。"也就是说，各地官员以及各藩属国以土特产贡献给天子，既满足了天子之需，"致邦国之用"，又沟通了上下感情，所以皇帝和各地大臣都乐此不疲。

从一定程度上说，清代皇帝的生活质量与贡品直接相关。

和我们的想象不同，皇帝虽然富有四海，却并不能任意支配国库来满足个人消费。清代是整个中国古代史上，治理水平最高，皇帝整体上自我约束能力最强，也比较节俭的朝代。比如许多人都到明十三陵和清东陵、清西陵去玩过，一对比就看出来了。清代的皇陵，整体上，都比明代的规模要小，没有明代的气派。再比如，明代太监的数量，一度达到十万人之多，而清代呢，多的时候也不过三千人左右。

清代国家的收入和皇帝个人的收入，从顺治初年开始，就是严格分开的。顺治初年，清王朝设立了一个机构——内务府。这个机构是服务于皇帝个人生活的，相当于皇室的大管家。国家的收入入国库，由户部，也就是财政部来管。而皇帝个人的收入，归内务府来管。也就是说，从那时开始，皇帝就有了自己的固定工资，收入来源固定化了。

那么清代皇帝的个人收入，都从哪里来呢？主要来源于三个部分：第一，皇帝在各地有皇庄，这些皇家庄园每年出产的东西，是皇帝的主要收入。清代的皇庄主要设在北京附近和东北地区，相当于清代皇家的"特供农场"，生产优质无公害的猪羊鸡鸭、瓜果梨桃和大量蔬菜，供皇家日常基本消费。第二，内务府通过经商、放贷等方式，为皇帝创一点收。第三，就靠各地给皇帝的进贡和"报效"了。

因此，大清帝国财政的蒸蒸日上并不能直接保证皇帝日常消费水平的水涨船高。一般来说，由于皇家庄园的规模有定制，内务府经营水平也有限，不管国家税收如何迅速增长，皇帝个人的收入却是基本固定的。皇帝要满足其日益高涨的物质欲望，一个非常重要的途径就是收受贡品。奢侈品的消费更是如此。一是皇帝没有钱大量购买；二是体制所限，皇帝直接派人到市场上与商人讨价还价购买奢侈品，显然不妥。更何况，喜爱奢侈品，一直是帝王守则中的头等禁忌，不可为民众所周知。所以官员们进贡与否、进贡多少、贡品质量如何，直接决定着皇帝的生活质量。

实际上，乾隆即位之初，是以拒绝进贡而闻名的。

刚刚登上皇位之时，乾隆曾下达诏书，说自己身在丧中，无心享乐，要求各地大臣在三年之内停止进献各种贡品。

如果说守孝期间不接受贡品史有先例的话，那么三年之后守孝期满，皇帝仍然不收贡品，就分明体现出皇帝对物质享受的峻拒态度。皇帝还下了一道谕旨，说明他不收贡品的理由。他说，地方大臣们给我进贡，不过是想借此与我联络感情，建立情感上的沟通，"殊不知君臣之间，惟在诚意相孚，不以虚文相尚。如为督抚者，果能以国计民生为务，公尔忘私，国尔忘家，则一德一心，朕必加以奖赏，若不知务此，而徒以贡献方物为联上下之情，则早已见轻于朕矣"。①励精图治之态灼然可见。

那么何以到了晚年，皇帝会一反初衷呢？

第一，晚境顺遂，高枕无忧。刺激政治家励精图治的，无外乎两个因素：首先是对手的存在，其次是雄心的催逼。经过一生经营，到了晚年，乾隆已经消灭了所有威胁和对手，皇位之安，稳如磐石。

站在成功之巅，他前不见古人，后不见来者。念天地之悠悠，成功者的自豪、自得与成功后的茫然、失落一并油然而生。他可以做的事，似乎只剩下栏杆拍遍，悠然自赏了。气可鼓而不可泄，进取之心一旦衰退，享乐的欲望就会涌上心头。

更何况人生已经接近尾声。夕阳无限好，只是近黄昏。在这个时刻，抓紧时间犒赏一下自己，报答一下数十年来的辛苦艰劳，似乎也不为过。

第二，乾隆本身从来不是禁欲主义者。他从来都对物质享受情有独钟。天潢贵胄的生活使他从小被培养起了超级精细的欣赏口味。作为盛世之巅的太平天子，他比一般帝王更富有享受的资本和条件。

大富之家成长起来的人，往往逃不脱对于奢侈品的迷恋。雍正皇帝在史上以俭朴著称，但杨启樵先生的《揭开雍正皇帝隐秘的面纱》一书则有力证明了他实际上物欲极强，私生活相当奢侈豪华。乾隆皇帝在这一点上青出于蓝。至今还没能成为亿万富翁的我们，可能不太理解大富大贵中人对奢侈品的狂热痴迷。其实奢侈对他们来说，主要是代表一种完美主义的生活态度。奢侈品所展现的不只是昂贵，更重要的是其中的惊喜和极致，

---

① 《乾隆朝上谕档》，乾隆三年四月初二日。

因为它们代表了人类创造物质的最高境界。事实上，这种爱好完全类似于毒品，因其没有止境而让人越陷越深。

一个人的天性是不可能被长期抑制的，虽然登基之后强自隐忍了十余年，但步入中年之后，乾隆对自己的要求不再那么严格了。十几年皇帝当下来，乾隆一路顺风顺水，成绩超乎预期，自信心也直线增长。事业与生活，他自认为有能力兼顾，没有必要再苦行僧般苛刻自己。乾隆十六年（1751年），进贡的大门被第一次打开。那一年他举行了首次南巡，同时当年又值太后六十大寿。皇帝下旨说，因两逢盛典，许多大臣一再要求进献贡物，以表微忱，如果他一概拒绝，似乎不近人情，因为进贡者"分属大僚，上下联情，势难概斥，既已奏进，自不得不量存一二"①。

享乐之门一旦打开，就注定只能越开越大。

专制体制下成长起来的大臣，一个个都是揣度上心、投其所好的好手。事实上，他们用于工作上的心思远远没有用在琢磨皇帝好恶上的多。整个帝国内，所有的高级官员都从这道谕旨里读懂了皇帝的心声。从此，为皇帝准备贡品，就成了他们分内一个重要的，甚至是最为重要的工作。时间不长，他们就摸清了皇帝的喜好：钟表、字画和古玉，最讨皇帝喜欢。另外，扳指儿、鼻烟壶、小刀等，也容易被皇帝收下。

乾隆二十二年（1757年），粤海关监督李永标、广州将军李侍尧进献了一批贡品，主要有紫檀镶楠木宝座、紫檀镶楠木御案等数种。其中比较特别的是"镶玻璃洋自鸣乐钟一座"和"镀金洋景表亭一座"。

一般来说，进贡既然是大臣给皇帝送礼，内容当然是大臣自定，皇

---

① 戴逸、李文海主编《清通鉴（9）》卷一一八，乾隆二十六年十一月二十日，山西人民出版社，1999，第3900页。

帝不便发表意见。然而这次贡品送上之后不久，皇帝很罕见地就贡品问题发布了指示："此次所进镀金洋景表亭一座，甚好，嗣后似此样好得多觅几件。再有此大好者亦觅几件，不必惜价，如觅得时于端阳贡进几样来，钦此。"①

从此，皇帝喜欢西洋钟表一事立刻被官场所周知，广州西洋八音匣等售价因而猛涨。"这些东西虽然没有什么实际用处，但中国官吏们却醉心追求，示意他们的下属不惜任何代价收买。"②

至于书画，更是皇帝私人收藏库中最重要的内容。众所周知，乾隆文化修养极佳。他九岁开始练习书法，十九岁开始学画。对于珍品字画，皇帝像史上那些有名的收藏家一样嗜之如命，必欲得之而后快。不过，其他收藏家收集书画，东奔西走，历尽辛苦，而皇帝收藏，却全然没有这些麻烦。这些光彩夺目的无上精品，大部分来自臣仆的贡献。只要他的喜好一被侦知，那么全帝国之内最好的藏品，就会源源不断地流入紫禁城。

乾隆皇帝对古玉的兴趣也十分浓厚，他一生御制诗文四万余首，其中涉及玉器的篇目即达八百余。目前故宫收藏的上万件古玉，多数是在乾隆时期由各直省督抚一级的官员进贡的。他的御制诗文显示出，他经常一个人蹲在玉库里摆弄玉玩，挑出一些古玉，命人刮垢清理后，亲自评出甲乙丙级。

事实上，乾隆皇帝的诸多历史第一中，还可以加上一条——中国历史上最大的收藏家。

---

① 中国第一历史档案馆藏：《宫中进单》，第100号，乾隆二十二年十二月十一日。
② 斯当东：《英使谒见乾隆纪实》，叶笃义译，上海书店出版社，1997，第37页。

中年时期，乾隆物质生活的品位之高、排场之大、要求之细致全面，均远过于有清前代帝王。不过此时他进取心尚炽，对物欲仍有节制，所以他的日常享受可称讲究，尚不能说奢侈。

人到晚年，优点往往前进一步，突破分寸，转化成缺点。乾隆的缺点则往往变本加厉，从抑制收敛状态变成肆无忌惮。步入晚年之后，皇帝无心进取，讲究和奢侈之间的界限被迅速打破。历代进贡在资格和时间上都有严格的规定。清代成例，仅督抚们有进贡之权，进贡的时间也只限于三节：冬至、中秋，还有皇帝生日。而到了乾隆晚年，这些规矩都被打破了。地方上的布政使、按察使直至京中的内廷翰林也开始进贡。为了收罗民间珍藏，一些民人也可以将家中珍藏通过大臣转贡给皇帝。"进贡"遂成了皇帝搜刮民间珍宝的最主要途径。为了配合皇帝的胃口，一年三节的时间限制也被打破了。除了三大节，端午节、上元节、重阳节，大臣们也都可以踊跃进贡。除此之外，大臣们开动脑筋，集中智慧，创造出了无数进贡的新名目：皇帝出巡，经过地方，大臣迎驾进贡，称"迎銮贡"；皇帝每年去热河避暑，大臣们进贡，称"木兰贡"；大臣们进京觐见皇帝，所献贡品称"陛见贡"；皇帝提拔加恩，所献贡品，称"谢恩贡"……有时，皇帝想要某种东西，又实在没有借口，就干脆称"传办贡"。

所以，乾隆四十一年（1776年）这次东巡所收贡品，应该归为迎銮贡。不过，即使是迎銮贡，也应该仅限于所经过地方的官员。而这一次，远在湖广、四川、广东的巡抚官员们也都放下工作，不辞辛苦，千里迢迢来进献大批财物，从体制上讲，可以说并无先例，也毫无道理。这一事件唯一可以说明的，就是皇帝对贡品的需索已经达到了失态的程度。

随着老皇帝越来越放纵，越来越多的封疆大吏把其他政务推到一边，集中精力为皇帝购买、制造奢侈品。越到后期，官员们进贡的次数越多、物品越丰。档案记载，乾隆五十九年（1794年）这一年，长芦盐政徵瑞进贡15次，闽浙总督伍拉纳进贡11次，福建巡抚浦霖进贡9次。其中伍拉纳11次进贡的日期分别是：三月初八日、三月十一日、三月二十四日、四月十九日、六月七日、七月十九日、八月十一日、十二月七日、十二月二十一日、十二月二十四日、十二月二十九日，几乎无月不贡，成为中国进贡史上的奇观。

而到了皇帝的生日，进贡浪潮更是席卷全国。每到此时，整个帝国变成了大小官员比赛贡品的"万国博览会"。据朝鲜使臣记载，乾隆四十五年（1780年）皇帝七十大寿时，他在中国一路所见的进贡景象实在令人咋舌：北京附近，各地进贡的大车据不完全统计多达三万辆。除大车外，那些珍贵怕碎的贡品以人担、驼负、轿驾，更是多不胜数。"其杠而担者，物之尤精软云。每车引马骡六七头，轿或联杠驾四骡，上插小黄旗，皆书'进贡'字。"①为了抢运贡品，车辆互相争道，"篝灯相照，铃铎动地，鞭声震野"②，好不气派。

很多人都说，进贡之风的兴起，是打开乾隆朝政治腐败大门的钥匙。此语不为无见。

皇帝过度收受贡品，本身就是一种严重腐败行为。

官场上，送点小礼物，是人之常情。如果礼品价值过限，就是腐败。同样，按定制收受贡品，自是帝王维持正常生活的必需；但像晚年乾隆这样毫无节制地收受礼物，当然就会带来恶果了。

---

① 朴趾源：《热河日记·山庄杂记·万国进贡记》，北京图书馆出版社，1996，第512页。

② 同上书，第513页。

皇帝的理论是，送给皇帝的礼物是由官员们"自行制办"，也就是自掏腰包，目的是"联上下之情"。既不会增加百姓负担，又沟通了君臣间的私人感情，何乐而不为呢？

事实上，并不用太多的精明，就可以判断出"自行制办"之不可能。送给皇帝的"土特产"，几乎件件超出官员们的承受能力。皇帝喜欢那种镶珍珠的玉如意，臣下纷纷进献。当时一柄不嵌珠的玉如意值银四千两。而当时广东珍珠价格，重四分的珠子值银四五千两，重五分的则需六七千两，如像龙眼果那样重三钱的大珠竟值两万两银。一柄如意的价值如此，其他礼物可想而知。羊毛出在羊身上，这些精美绝伦的礼品，每一件都是民众的膏血凝成。

因为进贡之风的盛行，乾隆年间的官场上出现了"帮贡"一词，即有权进贡之大臣令下属帮助其"购买物件"，以"孝敬皇上"。这一新词光明正大，而且十分光荣，颇有凝聚全体官员对皇帝的无比热爱之意，实际上却成了贪污腐败的新方式。因为送给皇帝的礼物，从采购置办到送进大内，往往过程不公开，账目不清楚，云雾重重，机关多多。事实上，送到皇帝手里的一万两，可能意味着督抚们从州县官员那里剥削了十万两，而州县官员则完全有可能从民间剥削了百万两。一张巨大的非法汲取之网就这样以"进贡"为由头编织而成，皇帝在贪婪欣喜之余却浑然不觉。

事实上，乾隆晚年的数起贪腐大案，都牵出过背后的进贡问题。那些进贡最多、最好、最得皇帝赏识的大臣，后来多数都成了贪污犯。比如那个一年进贡十多次的闽浙总督伍拉纳，勾结串通属下官员，贪污库存银八万五千余两进行私分。案发后，朝廷抄了伍拉纳的家，抄出白银四十多万两。被抓之后，伍拉纳自供其巨额财产中就有一部分是来自勒令下属帮贡所得，"并不自出己资买办物件，乃婪索多银自肥囊橐"①。

乾隆皇帝的宠臣李侍尧是当时"优于办贡"的代表之一。时人认为他是乾隆朝进贡之风兴起的带头人，"（李侍尧）善纳贡献，物皆精巧，是以天下封疆大吏，从风而靡"②。这并非虚言，现存史料中有一张乾隆三十六年（1771年）十一月初八日，时任两广总督的李侍尧所进贡物品的名单，我们可以从中窥得李氏进贡手笔之大：

> 镶洋表金如意一柄、金无量寿佛一尊、珊瑚朝珠一盘、蜜蜡朝珠一盘、脂玉万年有庆一件、白玉福禄寿三星一件、白玉长春壶一件、白玉蟠桃九熟一件、白玉保合太和一件、白玉长春花洗一件、白玉寿星一件、白玉如意仙一件、白玉香盘一件、汉玉佛手一件、汉玉花囊一件、汉玉拱璧一件、白玉云纹铎一件、白玉元洗一件、汉玉炉瓶一事一分、汉玉飞熊叶瑞一件、白玉印池一件、宋磁霁红花囊一件、定窑洗一件、嘉窑一统尊一件、成窑五彩瓶一件、定窑福禄尊一件、宣窑梅瓶一件、宋磁霁红瓶一件、定窑宝月瓶一件、哥窑笔洗一件、青绿三代尊一件、青绿提梁卣一件、青绿凫尊一件、明黄刻丝万福万寿龙袍一件、天青刻丝八团立水龙褂一件、明黄缎绣万福万寿龙袍一件、天青缎绣八团立水龙褂一件、真紫缎绣三色金诸仙祝寿龙袍一件、天青缎绣三色金八团立水龙褂一件、绿缎绣万寿长春龙袍一件、香色宁绸绣六合同春龙袍一件、天青宁绸绣八团立水龙褂一件、酱色宁绸绣江山万代龙袍一件、绿实地纱绣四季呈祥龙袍一件、天青实地纱绣八团立水龙褂一件、香色实地纱绣八仙庆寿龙袍一件、酱色实地纱绣吉祥九如龙袍一件、洋锦缎二十匹、洋花绒二十匹、大红鸳

---

① 《乾隆朝上谕档》，乾隆六十年十月初七日。
② 昭梿：《啸亭杂录·续录》，《啸亭杂录·卷四·李昭信相公》，冬青校点，上海古籍出版社，2012，第63页。

莺绒十版、大红羽缎十版、洋绣帕一百方、洋绣小帕一百方、紫檀雕花宝座一尊、紫檀雕花御案一张、紫檀镶玻璃三屏风一座、紫檀雕花天香几一对、紫檀雕花炕几一对、紫檀镶玻璃衣镜一对、紫檀雕花书隔一对、紫檀雕花方凳八张、紫檀镶面玻璃横披一对、珐琅镶玻璃五屏凤妆镜九座、珐琅镶玻璃手镜九对、紫檀镶玻璃福禄式小挂镜九对、东洋漆炕桌一对、东洋漆香盒五件、鸾翎宫扇一对、孔雀宫扇一对、洋镶钻石自行人物风琴乐钟一对、红玛瑙钻石珠花瓶式乐钟一对、洋镶钻石蟠桃推钟一对、洋镶钻石蟠桃表一对、洋玻璃金鱼缸一对、仿景泰珐琅瓶一对、珐琅福禄瓶一对、镶玻璃小佩镜二十七面、蜜蜡鼻烟壶二匣、洋金银线二百支、珐琅手盆九对、珐琅唾盂九对、翠顶花三十匣、翠花五十匣、天然沉香瓶一件、洋油画小挂屏一对……①

李侍尧之所以如此热衷办贡，讨皇帝喜欢固然是一部分原因，而另一部分原因是进贡过程中，自己可以大肆向下属摊派。而进贡后退回的宝物，他居然也纳入自己的私囊。当时来中国的朝鲜使节风闻，"大抵侍尧贪赃中，五之三入于进贡"②。原来，为了表示风度，臣下所进贡品，皇帝一般不会全收，只能择收部分，其他的要退回。这张贡单中，皇帝所收的只有十来样，其他玉器、宋元古瓷、龙袍、紫檀宝座、珐琅等七十四项数百件都归李氏所有。乾隆四十五年李侍尧缘事治罪籍家，结果抄出黄金佛三座、真珠葡萄一架、四尺的珊瑚树三株，都是李侍尧私藏的进贡后被还回的物件。

山东巡抚国泰也是"进贡能臣"演变成贪污案犯的典型一例。国泰进

---

① 中国第一历史档案馆藏：《宫中进单》，第104号，乾隆三十六年十一月初八日。
② 吴晗辑《朝鲜李朝实录中的中国史料》（第十一册），中华书局，1980，第4701页。

贡成绩之突出，连乾隆都曾夸其"进贡为优""优于办贡"。他进贡之勤快到了令皇帝有点烦的程度。乾隆四十七年（1782年）正月初六日，皇帝在山东巡抚国泰的贡折上批道：何必献勤如此？所贡的东西都闲置在圆明园库，也没什么用处，只等数年之后烂坏而已。真成了大笑话。

就在此批发出仅三个月后，即乾隆四十七年四月，国泰就犯了案，原因是对下属强行摊派，聚敛个人财富，致使山东通省亏空。七月，国泰即被赐自尽。

乾隆年间侵贪大案而与进贡有关者，除李侍尧、国泰、伍拉纳外，还有浦霖、阿思哈、卢焯、恒文、良卿、王亶望、勒尔锦、陈辉祖、郝硕等大案，而这类败露的大案充其量不过是冰山露出水面的部分。整个官僚体系通过"进贡"这个借口直接汲取的财富，不知凡几。

进贡过程中的贪腐行为，不过是进贡的诸多后果中最轻的一种。更为严重的是，皇帝对物欲不加节制的追求，给天下传达了许多不良的信息。

第一个不良后果是官场奢侈之风的刮起。

乾隆晚年，社会风气日趋奢靡。官场之上，官员们整日比的是谁家的厨子好，谁请的戏子高明，谁收藏的古玩稀奇。据说当时在江南一带的仕宦社会中，人们有"三好"，即"穷烹饪，狎优伶，谈骨（古）董"。这也可以说是整个乾隆时代官宦、士人阶层平日爱好的一个缩影。

乾隆晚年，许多官衙终日歌舞升平，花天酒地，河道总督衙门是最典型的代表。每次总督兴办治河工程，"每于工次搭盖馆舍，并开廛列肆，玉器钟表绸缎皮衣无物不备，市侩人等趋之若鹜，且有娼妓优伶争投觅利，其所取给者，悉皆工员挥霍之赀，而工员财贿，无非由侵渔帑项而得"。堵塞衡口工程时，"工次奢侈挥霍，开廛列肆，玩好生色，无所不有"。①

官员们对于追求物质享受，可谓心思用尽，花样百出。著名贪官王亶望，在任浙江巡抚时，喜吃驴肉丝，"厨中有专饲驴者，蓄数驴，肥而健。中丞（巡抚）食时，若传言爊驴肉丝，则审视驴之腴处，刲一脔，烹以献。驴刲处，血淋漓，则以烧铁烙之，血即止。其食鸭也，必食填鸭。填鸭者，饲鸭不使鸭动，法以绍兴酒坛去其底，令鸭入其中，以泥封之，使鸭颈伸于坛外，用脂和饭饲之，留孔遗粪，六七日，即肥大可食，肉之嫩如豆腐。王偶欲食豆腐，则杀两鸭熬汤，煮腐以献之"②。

进贡热的另一个影响是官场上送礼之风的兴起。

乾隆早年，对进贡送礼之弊察之甚详。然而晚年，皇帝自己公然需索重礼，对自己早年的严规也只能睁一只眼闭一只眼了。官场之上请客送礼之风迅速升温。章学诚说："印官上任，书役馈送，辄数万金。督抚过境，州县迎送，必数千金。"③

乾隆六十年（1795年），福建巡抚浦霖贪污案发，皇帝查抄其家，查出"三镶玉如意"大小共157柄，皇帝惊叹："此与唐元载查籍家财胡椒至八百斛何异。"④其实皇帝大可不必如此惊诧莫名，胡椒至八百斛，可能吃不了，百数十柄如意却是稍有头脸的臣子必须常备的。除了给皇帝的贡品，以及皇太后圣寿、阿哥成亲、公主下嫁的需要，进京陛见，处处打

---

① 陈连营：《论嘉道时期经世思潮的兴起》，载朱诚如、王天有主编《明清论丛》（第四辑），紫禁城出版社，2003，第294页。
② 徐珂：《清稗类钞·豪侈类·王亶望骄奢淫佚》。
③ 章学诚：《章学诚遗书》卷二九《外集二·再上韩城相公书》，文物出版社，1985，第329页。
④ 《乾隆朝上谕档》，乾隆六十年十月初七日。

通关节，哪一项应酬少了"如意"能如意？

乾隆晚年，官场上无钱不办事。王亶望就官甘肃时，全省流传一句顺口溜：一千见面，二千便饭，三千射箭。意思是说，送一千两银子给王亶望不过能见上一面；送两千两银子，王大人赏脸的话，有望留吃一顿便饭；送三千两银子，王大人高兴，会和送礼的人一起拉拉弓、射射箭、练练骑射，以示关系更近一层。从见面到吃饭，再到一同玩一玩，表明和掌管全省财物大权的布政使的关系在一步步拉近，而主导这种关系远近的砝码就是白银。

## 第六节

## "议罪银"之罪

仅仅靠贡品,并不能保证皇帝的日子过得足够舒坦。因为皇帝家需要花钱的地方太多了。俗话说,礼尚往来。通过收受贡品的方式收藏民间珍宝,其过程虽然比一般收藏家轻松愉快,但也不可能不付出任何代价,更何况乾隆是一个面子上特别"讲究"的人,绝不会一味仗势豪夺。他的回赐除了一些虚衔,主要是银两。因为体恤收藏者的不易,也为了显示皇帝的气派,他回赐的数目,不但相当公道,有时甚至是过于丰厚。这就需要大量的钱。除此之外,大至宫廷造办处造办各种玩意儿,内务府采办各种物资,小到过年过节给妃子孩子们压岁,无处不所需甚巨。金山银海中长大的皇帝本性慷慨,手笔很大,眼光又高,凡事精益求精,登峰造极,日常支出比康雍两朝成倍增长。然而如前所述,祖制规定,皇帝的个人开支不得加重百姓负担,所以这些费用的来源并非国库,必须由内务府自筹,而内务府的财源实在有限。事实上,为了开辟财源,乾隆曾经动过很多脑筋。他曾派内务府官员到恰克图采买俄罗斯皮货,贩到内地转卖,想大赚一笔。但由于内务府官员无能,获利无多,部分皮毛无法高价变卖,只能摊派到各处织造，使皇帝大为生气。①除此之外，皇帝还允许内务府对商人发放高利贷，出售部分特许商品的经营权，以牟取暴利。但是由于缺乏理财高手，虽然拥有权钱交易的最大便利，内务府的收入还是增加得很慢。晚年皇帝对财富的渴求越来越炽，也越来越感缺钱之苦。

议罪银制度就是在这个背景下，由和珅策划出来的。

议罪银是由"罚俸"演化而来。罚俸古已有之，扣除官员几个月至几年的"基本工资"，是惩罚轻微过错的常用手段。但是清代实行低薪制，一品官员年俸也不过一百多两。随着乾隆中期施政愈苛，执法趋严，皇帝觉得罚俸数额太少，几百几千两不足以警戒其心，于是决定法外加罚，罚掉官员的养廉银，所罚动辄上万，改称"议罪银"。皇帝的初衷，不过是想让官员"肉痛"一下，并没有想把它制度化为一项财源，"督抚等坐拥厚廉，以其尸位素餐，故议罚充公之项，令其自出己赀，稍赎罪戾"（《清高宗实录》卷一三六七）。

和珅大权在握后，马上发现了议罪银的妙处。罚俸的决定权在吏部，款项由户部承追，银两也交给国库，过程公开透明。而议罪银并非国家旧制，故可以绕开吏部、户部，由军机处负责。因为此项银两不是国家定制，可以不纳入国家财政，而是归入皇帝的小金库，并且过程及数额都可以不公开。因此，在和珅的建议下，皇帝批准将议罪银制度化，并且将罚银的范围大大扩展，从财政亏空之类的重大错误到在奏折中写错几个字，都可以一罚了之。

此举一出，那些聪明的大臣马上就发现了妙处。不少大臣主动要求交纳议罪银。比如河南巡抚毕沅以未能迅速搜获要犯，自请罚银两万两；陕

---

① 赖惠敏：《清乾隆朝内务府的皮货买卖与京城时尚》。

甘总督勒尔谨以失察客商走私玉石，自行议罪缴银四万两。以小过而甘重罚，既说明大臣们对自己要求严格，又为皇帝小金库的充实不声不响地立了功，可谓一举两得。因此，这种主动"捐输"的地方大吏不在少数。比如河南巡抚何裕城有一次不小心，把香灰弄到了朱批奏折上，因此"惶惶不可终日"，积极要求自请罚银三万两。手笔之大连皇帝都觉得有点不好意思，遂降旨说，没有那么严重，加恩宽免银两万两，交一万两上来就可以了。

被动交纳议罪银的大臣当然就更多了。自从议罪银制度化之后，大员们发现，他们的钱包随时有被和珅以各种借口打劫的危险。居官任上，难保不犯错误，犯了错误就有可能被罚银。至于罚多少，那往往要由和珅掂量这个官员家产的多寡而定。比如巴延三因为辖内百姓谭老贵自缢身亡，不得不"自行"交纳议罪银八万两；而特成额同样因为辖内老百姓余方得自缢，交两万两就可以过关；李天培则因为管理监狱不善，导致"遣犯脱逃，重囚监毙"而交纳四万两；而明兴因"历城县监犯越狱"，交纳三万两。

当然，也有更多的官员感激这个制度。比如前内务府总管西宁，因为替皇帝做生意时"办理不善，以致商人拖欠甚多"①，皇帝一怒之下，要砍他的头。还是和珅帮忙，从中说合，对皇帝晓以人头卖不了钱的道理，议定西宁交八万两罚款了事。这八万两定得很准确，正好把西宁家刮得精光。西宁不得不出卖家中不动产来交纳此项银两，事后还要因为保住了脑袋而给和珅寄信表示感谢："更戴天高地厚深恩于生生世世矣，伏乞中堂代奏，宁不胜惶悚激切之至，谨呈。"②

---

① 《密记档》，见《文献丛编》（第25辑）。
② 同上。

在和珅的操作下，议罪银制度为晚年皇帝的钱包里注入了大量现金。仅从现存的《密记档》统计，在短短十三年中，重大的议罪银案件即有68件，平均每年5件。其中，督抚认议罪银为37人次，即全国平均不到三个督抚中就有一个人认议罪罚银。此外，布政使、盐政、织造与关差等认议罪罚银的有26人次。罚议罪银少则万两，通常3万两上下，见于记载的最多一次高达384 000两，下面是《密记档》中的几笔记载：全德奏交苏州织造任内应赔罚料银并关税短少银共28 772两；三宝奏交自行议罪银共110 000两；巴延三奏交自行议罪银80 000两；征瑞奏交国栋名下入官银50 000两；西宁奏交自行议罪银80 000两；李质颖奏交自行议罪银140 000两，又关税短少银30 000余两，共银170 000余两；和珅代奏原任巡抚杨魁之子杨超铮等议交银50 000两；文绶名下共奏交自行议罪银80 000两；征瑞奏交范清济自行议交银80 000两……①

按乾隆的说法，议罪银制度是"以督抚等禄入丰腴，而所获之咎，尚非法所难宥，是以酌量议罚，用示薄惩"（《清高宗实录》卷一三六七）。这看起来似乎于国体无损，既没有增加百姓的负担，又宽绰了皇帝的手头，还警戒了不法的官员，真是一举多得。而事实上，这却是一项后果极为严重的恶政。

贪腐政治一个不变的事实是，个人从贪腐中所得的，与给国家造成的损失相比，往往微不足道。乾隆晚年从议罪银制度中得到的几百万两"零花钱"，给大清王朝造成的损失要以亿万计。

所谓"吃人的嘴软，拿人的手短"，在享受花钱的快乐的同时，老皇帝对于那些踊跃交纳议罪银的官员不可能不高抬一点贵手。许多所谓

---

① 《密记档》，见《文献丛编》（第25辑）。

"法所难宥"的大罪，只要交纳的银两足够多，就可以免罪。因此议罪银实际上起不到惩戒作用，反而变相使贪污侵占合法化，为犯罪提供了"保护伞""免死牌"，为贪官们壮了胆，让他们贪污腐败、为非作歹起来心里有了底。反正大不了找和珅通融通融，罚钱了事。正如尹壮图所说："是罚银虽严，不惟无以动其愧惧之心，且潜生其玩易之念，请永停此例。"①

就像对于非法经营的商户一罚了之，只能促使他们扩大非法经营业务来弥补被罚的损失一样，这一制度让官员们贪腐起来更有动力。积累多年的家业被罚光后，官员们的第一选择往往是更加疯狂地搜刮。有的时候，因为议罪银数量过多而无法交纳，官员们的第一选择也是通过"贪污受贿"来获取议罪银所需银两。闽浙总督陈辉祖的弟弟要交三万两议罪银，向他求助。他于是非法侵吞了一千六百两银子，交给弟弟。乾隆四十七年（1782年）山东巡抚国泰向属员们勒索了白银八万两，而一年前国泰的父亲文绶交纳的议罪银恰是八万两。

---

① 赵尔巽等：《清史稿（三）》卷三二二，列传第一〇九，《尹壮图传》，中华书局，1998，第2776页。

## 第七节

# 不断升级的腐败段位

在专制社会，想要根除贪污，就如同想让大海停止波动一样是不可能的。中国传统政治体制是默许官员在一定程度下贪污的。事实上，传统财政制度中可钻的空子多得不胜枚举，贪污对任何一个智商正常的人来说都不是难事。在大部分时候，贪污之所以能被限制在一定范围之内，原因不外有二：一是在儒学价值观有效运转下人格操守的约束，再一个是从上而下的政治高压，也就是说，最高统治者的反腐决心和虎视眈眈的监视。

在乾隆晚年，约束腐败的两个条件都失去了作用。在乾隆的不断打击挫辱下，官员们渐渐放弃了人格操守，他们的所作所为只有一个不变的指针，那就是现实利益。晚年乾隆精力不济、"多从宽厚"，更带头腐败，为贪官们树立了榜样。乾隆盛世的经济发展也为腐败提供了巨大空间。在乾隆前期，大清经济一直高速成长，经济总量迅速增加。人口从一亿增长到近三亿。中国经济总量占世界第一位，人口占世界三分之一，对外贸易长期出超。蛋糕做大了，可以搜刮、聚敛的基数比以前扩大了数倍。在这种情况下，政治腐败如同细菌遇到了适合的温湿度和酸碱度，在号称英明的乾隆皇帝眼皮底下，以惊人的速度发展起来。仅仅十余年间，乾隆朝就完成了从前期政治纪律严明到后期贪腐无孔不入的转变。在繁荣的表象下，大清王朝的全盛之局，已经千疮百孔了。

乾隆中后期，腐败形势呈现以下几大特点：

第一，涉案数额从小到大，腐败案件由少到多。乾隆前期，继雍正肃杀之后，贪污案件极少发生。偶有发生，贪污额亦不大。乾隆前期处理的几个案子，少者数千两，多者也不过数万两，极少有上十万者。像提督鄂善收贿银千两，即被处死。到了中后期，腐败案接连爆发，涉案金额成倍、成十倍增长，官员贪污动辄数万、十万数、数十万。乾隆三十四年（1769年），一个小小的威宁州知州刘标就侵蚀公帑二十九万两之多。第二次金川之役中，一个小小的松岗站站员居然一次侵占公款近九万两。

第二，腐败官员由底层向高层发展，涉案高官越来越多。一般来说，高级官员经过组织程序千挑万选，人格素质和政治素质均应大大高于官僚队伍的平均水平。确实，在乾隆前期，因为腐败而败亡的高级官员，不过三五人而已。而到了中期之后，形势为之一变。从州府到省级大员，最后到首席军机大臣。地方督抚大都陷入腐败的泥潭，然而他们的腐败比起京中权要，不过是小巫见大巫而已。乾隆中后期二十多年间，"省部级"高官被处理者达二十多人。乾隆皇帝自己也不得不承认，在各省督抚中，廉洁自爱者，不过十之二三。

第三，贿赂公行，窝案串案迅速增多，腐败呈集团化、公开化趋势。康雍两朝，举朝视贪腐如仇敌。到了乾隆朝，大家对腐败已经不以为耻，反以为常。在权力已经充分金钱化的背景下，办一件事，安排一项工作，升一次官，枉一回法，需要多少钱都有心照不宣的规定。不懂这些规定，在官场是无法立足的。如果不贪污，一个人就无法建立自己的关系网；如果不贪污,他也很难建功立业。在一定范围内的贪渎,不但是社会所默许的,而且是必需的。彼时,"腐而不败"是做官的"最高境界"。

为了自保,腐败者在政治上拉帮结派,经济上相互牵连,结成了利益同盟,呈现出明显的群体性,即"窝案""串案"。其主要特征是涉案人员众多,形成了具有紧密人身依附性质的关系网,在经济上互相利用,结成利益共同体。乾隆四十六年到四十九年(1781—1784年),朝廷一连查出了五起贪污大案,都是"办一案,牵一串;查一个,带一窝"。一人败露,则与他有关的关系网上的数十名乃至一百数十名官员就全部被揭露出来。常常是一人犯案,会导致一省官僚体系瘫痪。

乾隆晚年最典型的一起贪污大案——甘肃冒赈案,就同时具有以上三个特点。

乾隆三十九年(1774年),王廷赞的前任,山西人王亶望任甘肃布政使。他对皇帝说,甘肃这些年连年大旱,百姓饿死不少,因此请示朝廷,在当地开展捐粮运动,捐得多的富户可以取得"监生"资格。对救灾一向大力支持的皇帝批准了王亶望的建议。不过在实际操作中,王氏却只收银子,不收粮食。数年之间,就筹集了上百万两白银。这笔钱他一分钱也没有用来救灾,而是在命令各级政府编造假账报销后,与各级官员私分掉了。

在贪污大量银两的同时,王亶望不断上奏朝廷,说他办理捐粮事宜救了多少灾民,灾民如何流着泪感谢皇帝、感谢朝廷,纷纷称赞大清王朝好。这样的奏折哄得皇帝心花怒放。乾隆四十二年(1777年)五月,乾隆因王亶望办理捐粮"有功",一道谕旨将其调往浙江升任巡抚。王廷赞接任布政使,按前例继续贪污。

这样严重的贪污案件,在中国历史上极为罕见。它反映出大清政治体制的许多致命问题。

首先是监察机制形同虚设。对于甘肃捐粮这样的大事，皇帝是十分重视的。乾隆四十二年初，皇帝曾经派人到甘肃开仓查粮，以防捐粮过程有弊。可是甘肃各州县官员串通作假，在粮仓的下面铺架木板，木板上面撒上谷物，给监察官员以"粮仓满囤"的假象，轻易欺骗了朝廷。

其次是这一案件反映出大清王朝的贪腐已经由局部发展到全部，由非常态发展成为常态。这个案子涉及甘肃省官员200余人，其中布政使以下、县令以上官员113人，可以说将甘肃全省"处级"以上官员几乎一网打尽。这些读四书五经出身的朝廷命官，无一例外廉耻丧尽。面对这样明目张胆的罪行，居然无一拒绝，反而争先恐后。他们形成了一个有组织的贪腐集团，捐粮案前有预谋、有计划，案中有分工、有组织、有步骤，案后有攻守同盟。

再次是地方腐败与中央高层直接关联，腐烂已经蔓延到政治中枢。

王亶望当初向朝廷建议开捐之时，皇帝本来有过犹豫。正是朝中管理户部的大学士、首席军机大臣于敏中在旁边不断怂恿，不断说王亶望的好话，才最终获得批准。乾隆四十二年皇帝派人查粮，被甘肃官员所骗，也显然是朝中有人为之通风报信。

于敏中其人早于乾隆四十四年（1779年）故去，生前号称廉洁，死后家人却为分财产而闹得沸沸扬扬，甚至传到了皇帝耳朵里。皇帝以帮助分家为名，调查于氏财产，居然达二百万两之多，合成今天的币值，至少两亿。皇帝一直没弄明白这么多的家产是从哪里来的，直到"甘肃冒赈案"，皇帝才恍然大悟。腐败到首席军机大臣，也就是总理级别，这个国家水多深也就可以估量了。

如果严格按大清律查处，甘肃全省"处级"以上官员几乎全部要掉脑袋，那么甘肃政府运作立刻瘫痪。因此，乾隆皇帝不得不定下一条两万两的死罪线。即使如此，前后被处死者仍达56名之多。乾隆四十六年（1781年）秋，皇帝降旨，将总督勒尔谨、两任布政使王亶望和王廷赞等56名贪官正法，免死发遣46人，革职、杖流、病故、畏罪自杀数十人，于敏中的牌位被撤出贤良祠。

## 第八节

# 极具弹性的贪污罪名

乾隆在他统治的中后期虽然逐渐"宽厚",对腐败的容忍度越来越高,但是也并非无所作为。

除了"甘肃冒赈案",乾隆中后期还处理了很多其他大案,有人总结为"乾隆后期六大案"。比如乾隆四十六年(1781年)发生的"新疆捏报粮价案",新疆乌鲁木齐各州县很多官员在收购粮食时大规模捏报粮价,侵吞国帑。小麦一石不过八九钱至一两零九分,州县却上报每石一两八九钱,多出的钱就进了官员的腰包。乾隆皇帝因为此案,将地方官员湖图里、索诺木策凌、窝什浑、德平、伍彩雯、王喆等处死。

乾隆四十七年(1782年)春,御史钱沣上疏弹劾山东巡抚国泰与布政使于易简贪纵营私,勒索属员,亏空近二百万两。乾隆查明后,将二人判决"斩监候",前后两任山东按察使也因失察,都被降职。

乾隆五十一年(1786年),因两广总督富勒浑贪污,并纵容家人滋事,乾隆命人查办,判决"斩监候",其家人处绞。

……

虽然办了数次大案，然而这些案件的震慑效果却远不如前期。一边不断查处大案，一边官场上的腐败却是一发不可收拾，"大抵为官长者，廉耻都丧，货利是趋"，乾隆虽诛杀不少高官，但收效甚微，"然诛殛愈众，而贪风愈甚。或且惴惴焉，惧罹法网，惟益图攘夺刻剥，多行贿赂，隐为自全之地"。①

这是为什么呢？

第一个原因是我们在前面已经讨论过的财政制度。在通货膨胀越来越厉害的情况下，原有的财政收支平衡已经被打破，地方政府普遍入不敷出，所以不改革财政制度，不可能从根本上解决腐败问题。

除了这方面的原因，乾隆晚年惩贪失败还有许多个人因素。第一个就是他的情绪型执法。

乾隆皇帝在位期间反复宣称"劣员多留一日，则民多受一日之残，国多受一日之蠹"②，这传达出的信息是，他对贪腐零容忍，但实际上并非如此。乾隆这个人为政崇尚乾纲独断，往往根据自己的亲疏好恶来进行判决，有时就难免因人立法，庇护亲信。比如他处理云贵总督李侍尧的案件就非常典型。

李侍尧是乾隆年间的名臣，他聪明能干，深受乾隆欣赏。因为"见知高宗（乾隆）"，乾隆二十年（1755年），李侍尧三十多岁即升为代理广州将军，从一品。这个人有两个特点，一个是能力强。《清史稿》载："侍尧短小精敏，过目成诵。见属僚，数语即辨其才否。拥几高坐，语所治肥瘠利害，或及其阴事，若亲见。人皆悚惧。"也就是说李侍尧身材瘦

---

① 薛福成：《庸庵笔记》卷三《轶闻·入相奇缘》，丁凤麟、张道贵校点，江苏人民出版社，1983，第60页。

② 《清朝通志》卷七八《刑法略》。

小，貌不出众，但精敏过人，过目不忘。接见僚属，谈不上几句，便可以洞悉这个人的才干优劣。平日拥几高坐，历数治下各州县肥瘠利害，间或抖搂出那里的地方官一两件阴私事，仿佛他亲眼所见，属员莫不屏息聆听，大气也不敢出。

乾隆甚至在李侍尧得罪后仍然称赞说，"李侍尧历任封疆，办事明干，在督抚中最为出色"，并把他与阿桂并称为当朝"最能办事之人"，可见对他是多么欣赏。①

李侍尧另一个特点，则是善于讨乾隆欢心，具体说，是精于办贡。乾隆曾说过，臣下中，李侍尧和山东巡抚国泰所办贡品最优。李侍尧善纳贡献，物皆精巧，是以天下封疆大吏从风而靡。李侍尧从乾隆十七年（1752年）任热河副都统起至乾隆四十五年（1780年），进贡次数有档可查的一百二十多次，一年之中进贡次数最多时达九次，由此可见乾隆和他的"私交"非同寻常。

乾隆四十五年，有人举报任云贵总督、大学士的李侍尧贪赃受贿，借办贡品之名勒索下属。乾隆对于贪污之案一直非常重视，立命和珅赴云南查办。和珅查办此案并没费很大气力，因为案情很简单。李侍尧到任之后，大肆索贿，下属官员知道他素性傲戾，不讲情理，若不从便有祸患，便纷纷送银，约计三万一千两。

为了显示自己的"大公"，乾隆按惯例把这个案子交给"九卿会议"，让他们讨论一个处理方案。大家讨论后认为："李侍尧身为总督，不思洁己奉公，于所属内营私网利，任意贪婪，……查从前鄂善、恒文、良卿等俱因贪墨败露，比照监候，从重正法。李侍尧历任封疆，用为大学

---

① 崔旭编著：《清宫秘史》，当代世界出版社，2011，第210页。

士,数十年来沐恩最重,乃败检丧心,婪赃至盈千累万,较鄂善等受恩更优,婪赃更甚,自应速正典章,以彰国宪。相应请旨,将李侍尧即行正法,以为大臣负恩贪婪者戒。"①

是啊,乾隆六年(1741年),九门提督鄂善受贿一千两,乾隆挥泪从宽赐令鄂善自尽;乾隆中期的云贵总督恒文为了向乾隆进贡金手炉克扣下属,也被"赐令自尽";乾隆三十四年(1769年)贵州巡抚良卿被告发勒索下属朝珠、玉瓶、马匹等物,乾隆命不必押赴京师,即在省城贵阳当众正法。鄂善受贿不过一千两,恒文、良卿和李侍尧同是在云贵督抚任上犯的事,但情节较之李侍尧都轻得多,这样看李侍尧一案几乎没有回旋余地了。

但是乾隆却不想杀了李侍尧。乾隆心知肚明,李侍尧受贿索贿,有一个主要的动机是给他办贡品。而且他又是这么喜欢、这么欣赏这个少见的"能臣",他内心有一万个饶李侍尧一命的理由。可惜,这些理由都说不出口。而且,九卿大学士已经把道理说得那么充分了,这可怎么办呢?

乾隆想来想去,脑筋急转弯,他另辟蹊径,决定以"广听众议"为由,将李侍尧一案发交封疆大吏,也就是天下各省督抚,让他们各抒己见。乾隆知道,这些地方大吏和李侍尧地位背景相同,对李更抱着一分"同情之理解"。

乾隆的这道谕旨写得婉转周折,开头是"李侍尧历任封疆,在总督中最为出色,是以简用为大学士,数十年来受朕倚任深恩",先表明了皇帝对李的欣赏。接下来,乾隆批评李侍尧贪黩营私,婪索下属,盈千累万的罪款,语气严厉,让人感觉到皇上并无偏袒之心。最后让各地督抚对李侍尧一案表态,"所有此案核拟原折,即著发交各督抚阅看,……各抒己

---

① 华尔嘉:《清代贪污受贿大案》,群众出版社,2007,第209页。

见，定拟具题"。(《清高宗实录》卷一一〇六)

安徽巡抚闵鹗元反复推敲谕旨语气，明白了乾隆的意思。他回复说："李侍尧历任封疆，勤干有为，久为中外推服。可否援照'八议'条内'议勤''议能'之文，稍宽一线，不予立决，出自圣恩。"(《清高宗实录》卷一一一六)

看了闵鹗元的折子，乾隆长长地舒了一口气。他以这道折子为借口，"诸臣中既有仍请从宽者，则罪疑惟轻，朕亦不肯为已甚之事"(《清高宗实录》卷一一一六)，宣布暂缓处决李侍尧。半年之后，乾隆四十六年撒拉尔回人起事，乾隆即把李侍尧从刑部大牢里放出来，"赏给三品顶戴，并赏戴花翎"(《清高宗实录》卷一一二八)，令其赴甘肃总办军务。不久，又命李侍尧领"陕甘总督事"。李侍尧获罪不过一年时间，又重获总督一职。乾隆四十七年，李又因办理甘肃贪污大案得力，乾隆加其"太子太保"衔。后来他出征台湾有功，得以入列"紫光阁平台湾二十功臣"。乾隆五十三年(1788年)十月，以疾卒，谥"恭毅"，死后备极哀荣。

李侍尧一案，高宗怜才宥罪，执法不平，人所共见。这相当于明确告诉天下臣工，是否贪腐是第二位的，能否得到皇帝的宠信才是最重要的。

事实上，乾隆对和珅的任用又何尝不是如此？乾隆皇帝晚年，难道对和珅那样明目张胆的贪污一无所知吗？当然不可能。但是他用得舒服、用得顺手，而且和珅还是他的儿女亲家，多捞些钱，也是给了自己的女婿，所以他有意对和珅睁一只眼闭一只眼。虽然朝中不乏对和珅的举报，他就是不处理。

在这种情况下，大臣们都认识到，在乾隆朝贪污罪是一个极具弹性的罪名，如果你处理好了和皇帝的关系，就没那么可怕。

从乾隆的一生来看,他执法更是存在时宽时严的特点。

刚刚上任的时候,乾隆是一个非常宽仁的皇帝。

在雍正的严刑峻法之下,一大批官员待罪狱中,有更多的官员因为要追赔贪污款项而倾家荡产,四处流离。从"宽则得众"的原则出发,乾隆对那些受罚过重的官员都予开释,比如著名将领傅尔丹、岳钟琪都因贻误军机被判死刑,乾隆予以释放。查嗣庭、汪景祺这样令人同情的文字狱要犯,已经被雍正处决,乾隆放回了他们被流放的家属。雍正去世时正因追赔赃款而倾家荡产甚至家破人亡的官员一律获得宽贷,赔款到此为止,不许株连亲友。他即位三个月,一次就免除了六十九名官员的欠款。他下令清查历年的亏空案,"其情罪有一线可宽者,悉予豁免,即已入官之房产,未曾变价者,亦令查奏给还"(《清高宗实录》卷八六)。乾隆初年,从轻处理的官员,多达两千一百多名。

这个举动,一下子赢得了官僚阶层的欢心。乾隆之所以如此宽大,是因为他认为经过父亲十三年风霜之治,大清社会政治纪律严明,贪污腐败得到有效控制,百姓在王纲之下战战兢兢,已无犯上作乱之念,已经没有进一步高压统治的必要。此时化严为宽,既可享受父亲严治的成果,又可享受百姓对自己的感恩戴德,何乐而不为?

然而到了乾隆十三年(1748年),乾隆突然变脸,对官僚集团大开杀戒。乾隆十三年,孝贤皇后去世,乾隆皇帝心情极差,以丧期剃头为由杀掉了好几个他不喜欢的高级大臣,其他因小故被惩处的大臣更是不计其数。"乾隆十三、十四年间,为高宗生平的第一变,由寅畏小心,一切务从宽大而一变为生杀予夺,逞情而为。"①从乾隆十三年的这场官场风暴

---

① 高阳:《清朝的皇帝(3):盛衰之际》,上海文艺出版社,2013,第25页。

开始，乾隆"彬彬有礼"的面纱撕去了。这是因为乾隆发现他的"宽大之政"让雍正年间基本刹住了的贪污之风又开始抬头，出现了好几起触目惊心的贪污案件。于是他抛开了宽大仁慈的面具，拿起了父亲留下的屠刀和鞭子。乾隆十八年（1753年），南河亏空案发，乾隆令官员们一年之内要把全部亏空补上。一年之后，没有补上亏空的陈克睿等多人一律处死。这还不算完事，其未完银在各犯家属名下严追，并将所有家产尽数查出，变价还项。数年之后，又废除了"完赃减等"条例，惩贪手段之严酷，比雍正有过之而无不及。

然而，如前所述，到了乾隆晚年，因为心态和性格的变化，他又一次恢复到"宽大"。大臣当中违法违纪现象越来越多，乾隆也懒得整顿，"今大员中，革职革任屡犯而从宽留任者，不可屈指数"（《清高宗实录》卷八七〇），无数贪官逃过了法网。

这样忽宽忽严，在乾隆自己看来，是"宽严相济"，是"运用之妙，存乎一心"，但是这样做客观上却大大削弱了制度和法律的严肃性，使大臣们难免因此产生侥幸心理。

## 第九节

# 一场自欺欺人的亏空盘查风波

乾隆晚年贪污屡治不绝，还有一个重要的原因，那就是晚年的他形成了一个错误的心理定式。

乾隆皇帝晚年，官场纪律败坏，大案层出不穷。但是乾隆皇帝本人却没有认识到问题的严重性，沉迷于一件很好玩的事。什么事呢？就是搞"皇帝吉尼斯排行榜"。什么叫"皇帝吉尼斯排行榜"？就是乾隆把中国历史上的所有皇帝进行各项指标的比较，来证明自己的英明伟大。

乾隆四十五年（1780年），他写了一篇文章，叫《古稀说》。在这篇文章中，乾隆说在他之前，中国历史上活到七十岁的皇帝一共才六个——汉武帝、梁武帝、唐玄宗、宋高宗、元世祖、明太祖。而跟他相比，这六个人统治上都有缺陷，都不完美。比如宋高宗是偏安之帝，唐玄宗晚年闹了安史之乱，是吧？所以只有他乾隆的统治完美无缺。因此在中国皇帝排行榜中，他的综合排名可以稳居第一。

到了乾隆四十九年（1784年），乾隆皇帝又宣布，他创造了一个新的历史纪录。什么纪录呢？这一年他得了第一个玄孙，这说明乾隆已经五代同堂，成了古往今来第一个五代同堂的皇帝。

到了乾隆五十年（1785年），乾隆又宣布，他创造了另一个历史第一：在活过七十岁的七位皇帝当中，他的在位时间最长，达到五十年。所以他又写了一首诗："七旬登寿凡六帝，五十纪年惟一人。"①

乾隆五十五年（1790年），他八十大寿，更是来了个年龄、儿孙和在位时间的综合比较，结果更是证明自己的历史第一地位不可动摇。他说："八旬开袠春秋永，五代同堂今古稀。"②"古稀六帝三登八，所鄙宋梁所慕元。惟至元称一代杰，逊乾隆看五世孙。"③就是说，中国历史上年过古稀的皇帝有六个，其中只有三个活到八十岁，这三个里，宋高宗和梁武帝是废物，不值得一提，只有元世祖忽必烈武功赫赫，挺了不起。不过这元世祖仍然不如我，因为我乾隆五世同堂，他没做到。

所以乾隆四十五年到五十五年的十年间，大清王朝所发生的最重要的事只有三件，那就是乾隆的七十大寿、七十五大寿和八十大寿。这三次整生日办得一次比一次隆重，一次比一次热闹。乾隆皇帝的志得意满、骄傲自大，是一天比一天严重。

直到乾隆五十五年的一道奏折，才对乾隆的自信造成了一次不大不小的冲击。那是内阁学士尹壮图上的一道折子。尹壮图是云南蒙自人，乾隆三十一年（1766年）的进士，乾隆三十九年（1774年）升为内阁学士。他上了一道奏折，说目前实行的"议罪银制度"弊端甚大，导致各地普遍出

---

① 《元旦试笔》，见《清高宗御制诗》。
② 《乾清宫家宴得句》，同上书。
③ 《安坐斋中偶尔成咏》，同上书。

现财政亏空,应该废止。

读了这道奏折,乾隆非常生气。现在大清正当全盛之世,怎么可能出现普遍亏空呢?乾隆在奏折上又批道:"壮图既为此奏,自必确有见闻,令指实覆奏。"①也就是说,你尹壮图说的这些,到底是道听途说,还是有什么真凭实据,你要说清楚。

第二天,乾隆就收到了尹壮图的回复。这道奏折更令乾隆生气。尹壮图在覆奏当中说,自己之所以上这个折子,事出有因。前一段时间,他回了一趟云南老家,一往一返几千里。经他一路了解,现在全国各省确实都有财政亏空,而且他发现,如今的大清官场,从上到下,已经腐烂透了:"经过各省地方,体察官吏贤否,商民半皆蹙额兴叹。各省风气,大抵皆然。"也就是说,我这一路上接触到的人,几乎没有一个不在跟我诉说当地官员如何贪污腐败。不过,作为一个京官,他没有时间,也没有权力,在地方上一一调查取证。并且"若问勒派逢迎之人,彼上司属员授受时,外人岂能得见?"就是说,人家行贿受贿,我也不在现场,没法一一指出实据。(《清高宗实录》卷一三六七)

不过尹壮图说,如果皇上您不相信我的话,那么您可以派一个信得过的满洲大臣,和我一起去各地密查一番,马上水落石出。

看到这里,乾隆气得浑身发抖。他在一旁批了一句话:"竟似居今之世,民不堪命。"②也就是说,竟然好像在我堂堂大清盛世之中,老百姓都活不下去了!这不是胡说八道吗?

---

① 赵尔巽等:《清史稿(三)》卷三二二,列传第一〇九,《尹壮图传》,中华书局,1998,第2776页。
② 同上。

情绪激动的乾隆当天就下达了长篇谕旨，说他绝不相信尹壮图的话，因为自己统治五十五年来，"自谓勤政爱民，可告无愧于天下，而天下万民亦断无泯良怨朕者"（《清高宗实录》卷一三六七）。我五十五年来勤政爱民，尽心竭力，老百姓都特别拥护我，不可能有人昧着天良埋怨我。

乾隆皇帝决定，就按着尹壮图所说的那样，派人去查仓库。他命令户部侍郎庆成带着尹壮图前往直隶、山西等省，盘查仓库。乾隆要公开和尹壮图打一个赌，要看看大清天下的仓库到底是满的，还是空的。乾隆皇帝自降身份，和尹壮图公开打这个赌，并不是人老糊涂，而实在是因为尹壮图的奏折关系到如何判断大清帝国的政治形势，如何评价乾隆五十五年以来的统治成绩这样根本性的问题。

按理说，"王亶望案"这样严重的案子发生在眼前，应该足以惊醒皇帝的盛世迷梦。事实是皇帝仍然浑然不觉。越到老年，皇帝越形成一个心理定式：形势总是大好的，成绩总是主要的，问题总是局部的，他多年经营的江山是铁打不破的。虽然乾隆晚年连续爆发多起贪污大案，皇帝仍然认为这些不过是一个指头的问题，并且既经发现和处理，就证明已经解决。那么，为什么天下人都看得清清楚楚，只有老皇帝视而不见呢？是他老到昏聩了吗？不尽然。一个重要的原因是晚年的老皇帝成了彻头彻尾的"洞穴人"。

"长期执政的人容易形成一种'权力幻觉'，……权力成为一个洞穴，而这位权势人物就成为穴居人。他是自己权力的俘虏。他看到的、听到的，都是支撑权力的正面信息，负面的信息都作为错误的信息被清洗掉了。在他的周围形成了一个机制，它自动地过滤掉错误的信息，输入正确的信息。在此情况下，这位领袖往往无法正确地看待自己和世界，他甚至都无法对自己的力量形成恰当的符合实际的判断。"①

中国的专制者极易成为"洞穴人",因为他周围聚集着大量以窥测他心思为生的人。即使是最聪明的人,也知道谀言比批评更容易入耳。因此,最高权力所有者很容易被大量的正面信息所洗脑。这就是为什么我们可以见到许多人在掌握权力之前行为做派都很正常,甚至不乏理智精明,而一旦掌握了重权,反而糊涂。在大量的"正面报道"的包围下,乾隆对尹壮图这个"负面报道",才如此意外,如此愤怒。

擂台已经摆下了,但是,乾隆所制定的游戏规则,却是不公平的。

如果要戳穿"极盛之世"的纸糊外衣,办法很简单。那就是暗访一下,看看那些仓库里到底有没有存银存粮,一下子就查出来了。尹壮图也是这样建议的。

然而乾隆却不给他这个机会。乾隆皇帝明确拒绝了尹壮图"密查"的要求,理由是什么呢?是"无此政体",也就是说,没有这个先例。不但不允许密查,乾隆还规定尹壮图每到一处,朝廷先派快马提前五百里通知地方官。

乾隆为什么这么干呢?因为他虽然不愿意听到批评,但是他心里也很清楚,当今天下难保有一两个省真的存在仓库亏空。如果真的派尹壮图进行暗访,查出亏空,他的面子往哪里放!乾隆皇帝和尹壮图的分歧点并不在于亏空的有无,而在于乾隆皇帝认为这些现象是局部的、可控的,尹壮图却认为这是普遍现象。因此,乾隆才拒绝尹壮图"密往查访"。

---

① 张剑荆:《中国如何影响世界:对力量的思考》,新华出版社,2007,第264—265页。

所以，尹壮图还没有出发，这个赌局事实上胜负已定。但是，擂台已经摆上了，皇帝命令已经下了，形式不得不走。于是第二天，户部侍郎庆成就带着尹壮图上路了。

在如此"明察"之下，结果可想而知。地方官员好几天前就接到了通知，做了充分的准备，"检查"的结果当然毫无悬念。地方官员领着两位检查官，一个个打开粮仓银库，一本本核对账目，果然仓库银两丝毫并不短少，所储粮食石数亦皆相符。

再不知趣的人到这个时候也知道应该怎么办了。乾隆晚年朝廷上唯一的老实人尹壮图终于也学会了说谎。他用极为认真的语气，详细汇报了检查过程以及检查结果。然后，他无比沉痛地总结说，自己以道听途说的材料来"冒渎圣听"，实在是丧心病狂，"戆愚"之至。经过皇帝的圣旨和事实的双重教育，他深刻认识到自己对大清天下的判断是彻底错误的。当今天下府库充实，政治清明，形势大好。他恳请立即回京治罪，让皇帝早些把自己投入大牢，好省下心思来办别的大事。

尹壮图的汇报终于满足了乾隆的期望。乾隆皇帝宣布大获全胜。一场史无前例的君臣赌局，就这样落幕了。乾隆晚年一次正视现实、解决问题的机会也这样失去了。本来，如果乾隆能够虚心一点，那么尹壮图的奏折就可以替他揭开大清盛世的漂亮外衣，让他看到败絮其中的实质。不幸的是，晚年的乾隆已经自大到失去了最基本的反思能力的程度。

回顾乾隆的一生，从早年的明智到晚年的颠顶，从早年的勤政到晚年的懈怠，从早年的谦虚到晚年的自大，这种剧烈的变化确实令人惊讶。不过回过头来想，乾隆这个人，从乾隆元年到乾隆四十五年（1736—1780年），基本上保持了勤政不懈，而乾隆四十五年之后，也仍然能每天按部就班地工作，批阅大量奏折，应该说，这差不多已经达到了人类意志力的极限。历史上其他皇帝是很难做到的。乾隆在登上皇位四十五年后才出现懈怠,被大臣们捧了四五十年才开始得意忘形,到老年了才开始走向自己的反面,其实已经很不容易了。乾隆的变化只能说明,只靠个人的自觉,任何一个人都可能走向自己的反面。

## 第六章 嘉庆：反腐的下滑曲线

## 第一节

# 一百分的接班人

大清嘉庆元年（1796年）正月初一日，清宫举行了隆重的"禅位大典"。上午九时，八十六岁的老皇帝乾隆坐上了太和殿宝座。殿前广场上，上千名王公大臣在庄重的"中和韶乐"中如潮水一般起跪。随着乾隆把手中那枚方三寸九分、厚一寸的青玉大印"皇帝之宝"微笑着递到跪在他面前的嘉庆皇帝手中，中国历史上最平稳的权力交接顺利完成。

早在乾隆中期开始，接班人问题就成了全大清帝国关心的焦点，因为乾隆皇帝多年一直没有立储。

乾隆四十三年（1778年），乾隆皇帝巡视东北，回来途中，走到锦县（今辽宁省凌海市）的时候，有一个叫金从善的秀才跑到御路边上给皇帝上书。上书说什么呢？请求乾隆皇帝立太子。

原来，这一年乾隆皇帝已经六十八岁，年近七旬，在古代，这已经是高寿了。可是这时候，大家还不知道他的接班人是谁。所以金从善替天下人着急，说自古以来，储位问题都是关乎天下安危的重大问题，可是从来没听您在这方面有什么安排。万一您有个三长两短，天下可怎么办呢？于是上了这样一道书。

收到上书,乾隆非常生气,接班人问题岂是普通老百姓可以讨论的?于是他将金从善以"狂诞悖逆"的罪名斩决了。

杀掉了金从善,乾隆感觉有必要和天下万民解释一下他在接班人问题上的想法,于是他下达了一道上谕,说这个问题我早已经有所安排。早在乾隆三十八年(1773年)冬,我就已经秘密立储。不过此事我只告诉了几个军机大臣,没有向天下公布,所以天下人才会产生这样的误会。

这道谕旨一下,关于谁是继承人的猜想在民间进行得更热烈了。乾隆此举相当于给大家出了一个谜语,让大家猜,他的这些儿子当中,谁是下一个皇帝。

那么,这个谜怎么猜呢?说难则难,说简单也很简单。

乾隆一生,许多方面都创了历史第一,不过在皇子数量上,他可不是第一。他的祖父康熙共有过三十五子二十女,而乾隆一生共育有二十七个子女。其中十七男十女,另有五子五女早殇,因此长大成人的是十七人。这个数量在清代排名第二。

到了乾隆三十八年,十七个儿子中,已经死去了十个,只剩下七个。七个人里头,十二阿哥因为生母是那拉皇后,也就是被乾隆废掉的皇后,因此根本没资格列为皇储人选。四阿哥和六阿哥被乾隆过继给别的亲王为后代了,因此也没机会被立为皇储。皇帝真的要决定立储大事,就只能在八、十一、十五和十七阿哥这四个人中做一抉择。

八阿哥永璇年龄最长,他文才不错,但是为人轻躁,做事颠倒,所以希望不大。

十一子永瑆更具文艺天分,他的诗文精洁,尤工书法,在清代与铁保、翁方纲、刘墉并称"四大家",但是这个人武功不行。乾隆皇帝对接班人要求文武双全,他很讨厌满洲贵族当中那些沾染汉族文化人习气的人。所以永瑆希望也不大。

至于十七阿哥永璘,恐怕是兄弟几个中最不成器的。这个老儿子从小就不喜欢读书,年纪稍长,就常常溜出宫禁,一身便服去外城狭路曲巷寻花问柳,所以他根本没戏。

因此希望最大的,只有十五阿哥永琰。

永琰出生于乾隆二十五年,也就是1760年,乾隆五十岁那一年。他的生母魏氏,是汉军出身,系内务府包衣,身份并不高贵。但这个孩子有其他几个皇子不及的优点,以"勤学"闻名。学习起来异常用功,数九寒冬,深更半夜,还经常手不释卷。而且他品格端方,为人勤勉,生活俭朴,待人宽厚。朝野之间,绝少关于他的负面传闻。当时出使天朝的朝鲜使臣回国后,向他们的国王汇报见闻时多次说,"第十五子嘉亲王永琰,聪明力学,颇有人望","皇子见存者四人,八王、十一王、十七王俱无令名,唯十五王饬躬读书,刚明有戒,长在禁中,声誉颇多"。① 和其他三个皇子比起来,皇十五子永琰不是最聪明的一个,却是缺点最少的一个。

所以年过花甲的乾隆最终选择了他。乾隆三十八年冬至,六十三岁的老皇帝亲书密旨,秘立十四岁的永琰为储。

秘立之后,乾隆当然一直在观察这个孩子,看他能不能担当大任。随着时间的流逝,这个孩子的表现也越来越得到乾隆的肯定。在乾隆心中,他为这个接班人打了八十分。

---

① 吴晗辑《朝鲜李朝实录中的中国史料》(第十一册),中华书局,1980,第4840、4881页。

让乾隆皇帝满意的有四点：

首先，从性格上看，皇十五子少年老成，自制力强，富有恒心和毅力。他起居有常，举止有度，学习勤奋，办事认真，从不逾规矩一步。这是最让乾隆欣赏的。

其次，此人品质"端淳"，待人真挚，富有同情心，善于为他人着想。

第三，从学业上看，永琰的成绩非常突出。经历了二十多年严格、系统、高质量的帝王教育，永琰对儒家心性之学颇有心得。他的修养是建立在学养的基础之上，因此根基牢固。武功骑射成绩虽然比不上他的父亲和曾祖父，但在兄弟当中也是首屈一指的。

第四，从外表看，他也是清朝历代皇帝中长得最端正、最上相的一位。我们看画像，永琰中等身材，不高不矮，不胖不瘦。他皮肤白皙，五官端正，骨肉均停，一副雍容华贵的相貌。脸型介于方脸和圆脸之间，显示出他性格的平衡和理智。经过从小就开始的仪表训练，他在出席隆重的场合时，总是举止高贵，镇定自如。

在传位的这一年，嘉庆三十七岁。这个年龄，既精力充沛，又富于经验。生命由青春期的青涩、青年期的热烈，转为中年前期的稳健有力，正是主掌一个庞大帝国的最佳年龄。

让乾隆担心的只有一点，那就是这个孩子性格过于老实端方，似乎缺了那么一点机智圆滑，或者说缺了一点就通的那么一点"灵犀"。比如，在当上"皇帝"之后，是否知道如何处理与他这个"太上皇"的关系，乾隆就不是十分有把握。不过，凡事不能求全，在成功统治了六十年之后，能够找到这样一个让他基本满意的接班人，乾隆认为自己这一生已经称得上完美了。

直到真正禅让了皇位之后，乾隆才发现，他选的这个接班人其实是应该给打一百分的。

对于退休之后的生活，乾隆本来十分担心。因为自古及今，还没有一个太上皇是幸福的。唐高祖李渊还没当够皇帝，就被儿子李世民用刀逼下了皇位，当了九年寂寞的太上皇之后，悄无声息地死去。唐玄宗成了太上皇后，日日在儿子的猜忌中胆战心惊地生活，身边的大臣和朋友一个个被流放，最终自己被儿子软禁，郁郁而终。中国历史上的另外几个太上皇，比如宋徽宗、宋高宗、明英宗，也无一不是悲剧人物，下场都十分悲惨。因此，在举行禅让大典的同时，乾隆皇帝已经为保证自己不落入囚徒境地做了无数准备。

在退位之前，他就明确宣布，自己只将那些接待、开会、祭祀、礼仪之类的日常工作交给皇帝，至于"军国大事及用人行政诸大端"，他"岂能置之不问，仍当躬亲指教，嗣皇帝朝夕敬聆训谕，将来知所秉承，不至错失，岂非国家之大庆"①。

在退位之后接待朝鲜使臣的时候，他又明确向各国宣称，虽然归政，但大事还是他来办。

他规定，退位之后，他仍称"朕"，他的旨意称"敕旨"，文武大臣进京陛见及高级官员赴任前都要请示他的恩训……

虽然在退位前花费巨资修建了宁寿宫，可是真正退位之后，他并没有从象征着皇权的养心殿搬出来，用他的话说："予即位以来，居养心殿六十余载，最为安吉。今既训政如常，自当仍居养心殿，诸事咸

---

① 于敏中等：《国朝宫史·续编》卷七《典礼一·盛典一》。

宜也。"①

一句话，虽然退了位，他还是处处昭示自己仍然是一国之主。

握了一辈子权柄的老皇帝对权力爱如自己的眼睛，防卫过度，眷恋到了近乎失态的程度。

事实证明，老皇帝过虑了。正当盛年、血气方刚的嗣皇帝比他想象的要聪明乖巧，十分清楚自己的地位和角色。他十分恭谨地做着大清国的皇帝，每天早睡早起，认真出席每一个他应该出席的活动，却从来不做任何决定，不发任何命令，不判断任何事情。他十分得体地把自己定位为老皇帝的贴身秘书，对于所有的事情，他都是一个原则："听皇爷处分。"

朝鲜使臣的记述，把嘉庆韬光养晦的状态描绘得跃然纸上："（嘉庆帝）状貌和平洒落，终日宴戏，初不游目。侍坐太上皇，上皇喜则亦喜，笑则亦笑。于此亦有可知者矣。"赐宴之时，嘉庆"侍坐上皇之侧，只视上皇之动静，而一不转瞩"。②《清史稿·仁宗本纪》也记道："仁宗初逢训政，恭谨无违。"

儿子如此"懂事"，乾隆的心很快放了下来。他一如既往地继续着他六十年的柄政生涯，生活几乎没有任何变化。整个大清朝也很快明白，所谓"嘉庆元年"，不过就是"乾隆六十一年"。

---

① 《新正乐寿堂》，见《清高宗御制诗》。
② 吴晗辑《朝鲜李朝实录中的中国史料》（第十一册），中华书局，1980，第4918、4916页。

## 第二节

## 诛和珅初显身手

嘉庆三年（1798年）腊月底，八十九岁的太上皇得了轻微的感冒。新年将至，朝野上下，谁也没有在意。不料，初二日，病情转剧，身体各器官出现衰竭征兆，人陷入昏迷状态。初三日上午七时，太上皇停止了呼吸。

正在欢天喜地过年的大清国臣民们不得不穿上丧服，进入全国性的哀悼期。不过，没有多少人真正悲痛欲绝。让大家真正感兴趣的，是新皇帝到底是怎样的一个人。

虽然已经当了三年皇帝，可是嘉庆在全国人的心目中还是一个谜。除了几篇例行公事的圣旨，人们对他一无所知。不过，新皇帝的种种表现似乎表明他是温和、稳健之人，朝廷大政短时间内不会有什么大的变动。

然而事情的发展出乎所有人的预料。乾隆去世的第二天，也就是初四日上午，嗣皇帝就发布了一条让全国人都大吃一惊的谕旨：免去乾隆皇帝驾前第一宠臣和珅兼任的军机大臣和九门提督之职，命令他和福长安二人守在太上皇帝灵前，一心办理丧事，不得任自出入。朝廷上下，一片惊疑。

初四日下午，皇帝又下了一道意味深长的谕旨，谈到太上皇帝晚年，白莲教起义之所以迟迟不能荡平，是因为有奸臣当道，做贪腐官员的总后台。

初五日，王念孙、广兴、刘墉等先后上疏，举报和珅种种不法之事。

初八日，皇帝宣布逮捕和珅，对他进行审查。同时，一场规模巨大的抄家行动展开，令人惊愕的巨额财宝在和府地窖中显露出来。

仅仅十天之后，审判完毕，正月十八日，皇帝发来一条白练，赐和珅自尽。

一切如同一部情节紧张、环环相扣的电影，让人目不暇接。一场重大的权变，在新皇帝的谈笑之间就完成了。康熙爷当初诛鳌拜，尚且准备了七七四十九天，嘉庆帝诛和珅，却只动了动小指头。古往今来，完成得这样干脆、迅速、漂亮的权力战役，并不多见。

举国上下，对这个影子一样悄无声息的皇帝刮目相看。可以说，诛和珅是新皇帝处理政治危机能力的一次成功展示。

其实，嘉庆皇帝对这场战役，已经准备了太长时间。

嘉庆与和珅之间的恩怨情仇，并非如一些史书所言，是因为和珅聪明反被聪明误，送给嘉庆的那柄如意，也不仅仅是嘉庆忌妒和珅手中拥有的朝珠比皇帝的还多。

嘉庆对和珅的痛恨，是基于大清王朝的责任感。他对和珅的不满，实际上代表了他对乾隆后期朝政的不满。在嘉庆看来，和珅是乾隆晚年以来朝政日非、腐败日盛的一个标志。

确实，乾隆皇帝在统治前期，勤于政事，能谋有断，在康熙雍正两朝余烈的基础上，把大清王朝推向了中国历史上前所未有的极盛。然而，中期以后，乾隆皇帝志得意满，放松警惕。特别是到了晚年，他生活越来越豪奢，吏治越来越宽纵，为腐败的滋长提供了巨大空间。与此同时，乾隆年间大清经济的高速成长，也为腐败提供了充分的物质基础。

由于官员集体腐败，百姓民不聊生，嘉庆元年（1796年）正月初七，就在乾隆得意扬扬地举办传位大典七天之后，川楚两地爆发了白莲教大起义。起义席卷五省，大清王朝一时岌岌可危。

当太上皇这三年，乾隆几乎只做了一件事，就是忙于镇压白莲教起义。然而，太上皇虽然"犹日孜孜"，一日不停地调兵遣将，起义的烈火却越烧越旺。原来，上至军机大臣和珅，下至小小吏员，参与这场战争的每一个人，都把战争当成了捞钱的机会。特别是和珅，精力充沛、欲望无限的他一天二十四小时都张开着鼻孔，嗅着从权力缝隙中传过来的任何一丝利益的味道。他利用太上皇的宠信，不停地"弄权舞弊"，大肆聚敛钱财。他的所作所为，无疑大大加重了官场贪风。

虽然取消了"嘴巴"的功能，但是嘉庆的眼睛和大脑一分钟也没有停止工作。乾隆皇帝后期的昏聩之举，他看得一清二楚。然而，由于身份特殊，他只能眼看着和珅等人大肆贪污，眼看着政局一点点腐烂，眼看着大清王朝这驾马车向万劫不复的深渊越来越快地奔驰，却不能发一言，采取任何行动。焦虑之火，三年之中，几乎把他的五脏六腑烤成了炭灰。父亲刚刚咽气，他就十万火急地冲向"驾驶台"，拉动了"刹车手柄"。

应该说，诛和珅这步棋，是非常高明的一着。面对如火如荼的起义烈火，乾隆帝只知一味愤懑和仇恨，而嘉庆则能冷静分析出大乱之源是"官逼民反"。正如嘉庆自己所说，白莲教的起因，乃在于官吏多方搜刮，竭尽民脂民膏，因而激变如此。然而州县官员剥削小民，不尽是为了自肥，大半也是为了趋奉上司。而督抚大吏勒索属员，也不尽为私贪，无非结交和珅。"是层层朘削,皆为和珅一人。而无穷之苦累,则我百姓当之。"(《清仁宗实录》卷三八)嘉庆看得很清楚,腐败已经成了关乎大清王朝生死存亡的问题。如果要熄灭起义的烈火,必须刹住朝廷上下贪腐相尚的风气,而要刹住腐败之风,就要从和珅抓起。这高屋建瓴的一招,充分显示了皇帝把握和处理复杂政治局面的政治智慧。

以诛和珅为开端,一缕缕政治新风绵绵不断地从紫禁城吹出来。

亲政后第二个月,皇帝发布谕旨,今后皇帝出宫祭天及谒陵,随行仪仗减半,皇后和嫔妃不必随行,以减少出行费用。

这道谕旨显示了新皇帝与老皇帝截然不同的务实作风。

几天之后,皇帝再次发布谕旨,禁止大臣们向他进贡古玩字画。大臣们向皇帝进奉贡物以邀宠,这一不良风气是乾隆晚年迅速发展起来的。从乾隆六十大寿开始,各地大臣争相向皇帝进贡奇珍异宝、名贵字画,以博皇帝欢心。嘉庆直言不讳地说,大臣向皇帝进贡古玩,除了助长贪风,别无益处。这些古玩"饥不可食,寒不可衣,真粪土之不若",却又价值高昂,名义上是官员贡献,实际上羊毛出在羊身上,搜刮自民脂民膏,"下而取之州县,而州县又必取之百姓,稍不足数,敲扑随之,……民何以堪"。(《清仁宗实录》卷三七)从今而后,谁再贡献,不但不收,反而还要严惩。

这道谕旨发布不久之后,他接到大臣的汇报,说上年底从叶尔羌采解入京的一块特大块玉石正在运送途中,因为道路难行,难以按规定时间抵达京城,请皇帝批准延期。皇帝发下了一道让全国人都目瞪口呆的谕旨,他命令各地方官,一接此谕,不论玉石行至何处,即行抛弃。因为玉石虽美,无益民生,皇帝并不喜爱。

撰写圣旨的军机大臣简直不敢相信自己的耳朵,看来皇帝还真动真格的了。通过这道谕旨，新皇帝的节俭形象一下子树立起来了。

嘉庆所做的这些，不过是小小的铺垫而已，实质性的举动还在后面。

第一件是"求直言"。

在专制社会，统治者了解情况最主要的方式就是依靠臣下的进言。乾隆皇帝晚年刚愎自用，拒谏饰非，真实情况不能上达，眼皮子底下的问题不能发现。嘉庆深知此弊，他决心在自己的任内充分发挥建言和进谏的作用。

刚诛了和珅，皇帝就下诏鼓励官员直言，揭露朝中弊政。皇帝说："求治之道，必期明目达聪，广为咨取，庶民隐得以周知。"[1]在皇帝的鼓励之下，大清王朝一时间出现了"下至末吏平民，皆得封章上达，言路大开"[2]的局面。虽然大多数奏折见解平庸，但也确有有识之士，向他指陈了朝廷用人行政中存在的一系列严重问题，揭发了一批贪官，让他对大清政局有了更深入、更全面的了解。

第二件是掀起反腐浪潮。

诛和珅的根本目标是遏制腐败。在广泛听取官员意见的前提下，一批乾隆时代即以廉洁著称的大臣进入了朝廷中枢，而和珅掌权时的大部分高官被撤换。"1799年（嘉庆四年）初尚在其位的十一个身居要职的官吏中，六个被迅速撤换：他们是驻南京的总督、陕甘总督、闽浙总督、湖广总督和云贵总督，以及漕运总督。次年又撤换了河道总督二人。"[3]

---

[1] 王先谦：《十二朝东华录（嘉庆）》卷五。

[2] 赵尔巽等：《清史稿（三）》卷三五六，列传第一四三，中华书局，1998，第2907页。

[3] 费正清编《剑桥中国晚清史（1800—1911年）》（上卷），中国社会科学院历史研究所编译室译，中国社会科学出版社，1985，第123页。

借诛和珅的东风，一次反腐浪潮在全国兴起。一大批贪官受到严惩：湖南布政使郑源琦公开卖官，并且定下官职售价，被定罪斩首；漕运总督富纲在任内索贿，被判绞刑；湖北安襄郧道胡齐岺在镇压白莲教过程中，贪污军需银三万两，被抄家处绞；武昌同知常丹葵，借办匪案为名，任意勒索百姓，被人举报，丢官罢职……

当然，大事中的大事，还是白莲教起义。自从皇帝登基以来，熊熊燃烧的起义烈火一刻不停地灼烧着他。太上皇乾隆调集了十七省的兵力，三年间先后花费军费七千万两，可是起义烈火不但没有被扑灭，反而有越烧越旺之势。嘉庆深知，这是关系大清王朝生死存亡的大搏斗。事实上，他之所以不惜冒违反"三年无改"之教的风险，雷厉风行地全面扭转父亲的政策，核心目标就是为了除掉白莲教这个大清王朝的心腹大患。求直言、惩腐败，也都是围绕这一核心而展开的布局。

通过惩办贪污和人事调整，一个更强有力的后勤保障体系初步建立起来。通过百官的直言进谏，皇帝对军队中长期存在的腐败、权力分散、战略失当、军纪涣散等问题有了更深入的了解。川楚军营的腐败在此时已经发展到了几乎不可收拾的地步。统兵将领无不滥支军费，纳入私囊。由于军费被大肆侵吞，士兵甚至到了难以存活的程度。赴陕的豫兵，因四十五天不发粮食，集体逃回河南。湖北巡抚长期克扣兵粮，士兵只好靠抢劫百姓为生。

嘉庆皇帝整顿军事，首先从治理贪污开始。亲政不久，他就把阵前最高统帅经略大臣勒保撤职查办。据人举报，这个统兵大员居然在阵前带着戏班子，成天喝酒唱戏。嘉庆怒不可遏，勒保被判死刑，他手下的一批贪污不法的亲信也被从重治罪。

在深入调查研究的基础上，朝廷的战略方针也发生重大转变。在太上皇的指挥下，官兵的作战方法是一味追击，往往陷于被动。皇帝则命令各省推行"坚壁清野"政策，切断起义军的后勤保障来源，削弱了起义军的战斗力。另外，皇帝还对起义军实行"剿抚兼施"的政策。一方面实行严厉镇压，另一方面只惩首义者，其他人以抚为主。

经过不懈努力，镇压白莲教的军事战争终于出现了重大转机。嘉庆七年（1802年）底，额勒登保、德楞泰与四川总督、陕甘总督、湖广总督等联名，用黄绫表外、里内朱红的折子，六百里加急驰奏："大功底定，川、陕、楚著名首逆全数肃清。"[①]镇压白莲教的关键战役取得了胜利，嘉庆帝激动万分，热泪盈眶。他的初政，终于取得了重大成果。他做的第一件事当然是拜祭祖陵，向乾隆皇帝汇报这一消息。

回顾历史，正是在平定三藩后，圣祖康熙励精图治，把被战争破坏得千疮百孔的江山经营得井井有条，开启了百余年的康乾盛世。那么平定白莲教之后，等待着嘉庆帝的将是什么呢？消灭白莲教不过是他登基之后的第一个任务，他接下来要做的事还有很多。

---

① 《剿平三省邪匪方略·正编》卷三五二。

## 第三节

# 面对腐败该何去何从

带着初政成功的喜悦，嘉庆七年（1802年）秋，嘉庆帝骑着骏马，英姿飒爽地出现在了坝上。小时候，他曾经多次随着父皇来这里围猎。

"敬天法祖"是清代的最高政治原则，从即位那天起，嘉庆皇帝在每一个政务细节中都注意继承先祖们的传统。他相信，只有把爱新觉罗家族与众不同的雄武强毅的特点保持下去，大清王朝才不会陷入汉族王朝帝王们"一蟹不如一蟹"的规律。因此，在镇压白莲教战争取得决定性胜利之后，他马上把"木兰秋狝"提上了议事日程。圣祖康熙开创的这个旨在联系外藩、保持武备的传统活动，在自己即位后还一直没有来得及举行。今天，他终于可以一偿夙愿了。

然而，离木兰围场越近，看到的情景就越让嘉庆皇帝震惊。围场周围的木栅东倒西歪，缺口处处。围场里参天的古木不见了，砍剩的木墩如同一个个惊心的伤口在地上呻吟。地上纵横着运木大车的车辙，有的地方因为车辆往来过频，俨然成了光秃秃的大路。处处是盗木者搭建的窝棚，地上经常出现燃剩的树枝，有的还冒着微弱的青烟。很显然，这是盗木者们生火做饭的痕迹。皇帝后来回忆他感觉到的震惊时说:"百余年秋狝围场,竟与盛京、高丽沟私置木厂无异。"①皇家猎场居然成了盗木贩子任意横行的木材产地,管理人员的失职一目了然。

修养极佳的嘉庆没有立刻发火。他强抑怒火,按着父皇行围的路线,中规中矩地带领一万骑兵,打了一天的猎。过去,父皇每次出猎都能打到几只老虎、黑熊等猛兽,狐狸、麋鹿、獐子等小动物更是数以十百计。可是他辛辛苦苦寻找了一整天,只打到了两只小小的狍子!不是他射术不高明,也不是骑兵们不听指挥,而是猎物太少了。一方面是林场被破坏,猎物逃散;另一方面,盗猎者趁皇帝不来的这些年,一直在与皇帝分享这个皇家猎场。十分之九的麋鹿、生獐等物,都成了他们的口中餐。

回到热河行宫,皇帝按旧例把这两只狍子中的一只供奉在后楼祖宗御像前。过去,这张宽达三米的巨大供桌上往往会摆上十多只野兽;而今,却孤零零只摆着一只小小的狍子。不知道列祖列宗看了会是什么感想?大清王朝毕竟是今不如昔了。全盛局面已经一去不复返,朝政的败坏远比皇帝想象中要严重。从努尔哈赤到乾隆,谁的治下会发生这种荒唐可笑的事情?要恢复旧日的辉煌,看来不是一日两日之功。

嘉庆第二天停止了行围,开始彻查围场管理失职之事。以内务府有关官员庆杰、阿尔塔为首的十数名官员被处以降职、罚俸等惩罚。

这仅仅是众多让嘉庆皇帝惊讶的事情中的第一件,还有更大的意外在后面等着他。

嘉庆八年(1803年)闰二月二十日,皇帝由圆明园起驾回宫办事。皇帝的车驾刚进神武门,一名衣衫褴褛的男子不知从哪里冲了出来,直奔皇

---

① 《承德府志》卷首三,诏谕第十六,嘉庆九年七月。

帝的御轿，手里还握着一把明晃晃的短刀！事发仓促，皇帝身边庞大的扈从部队居然没有人做出反应，还是轿边的定亲王绵恩下意识往前一挡，用自己的袖子缠住了利刃。身边的侍卫这才一拥而上，拿获了这名男子。

这是大清开国以来的第一起皇帝被刺案。在中国历史上，这样的重案也屈指可数。按常理，这绝不是一个简单的刺杀案。一个庞大的审问集团立刻组成，要揪出这个男子背后的黑手。各种酷刑都用尽了，审问的结果却出人意料。

原来，这个案子还真是十分简单，背后没有任何主使。凶手陈德，早前曾在内务府做过厨子，后来失业了，生活穷困潦倒。他妻子于去年去世，上有八十岁的瘫痪岳母，下有两个未成年的儿子，找不到生计，受尽欺凌，遂对社会产生仇恨，精神也有点不正常，时常喝酒，在院里歌唱哭笑。这一天他突发奇想，既然生不如死，为什么不死得惊天动地？于是怀揣一把小刀，直奔皇宫而来。连他自己也想不到的是，皇宫卫兵并没有按规定出现在岗位上，他得以顺利潜进神武门西厢房里，差点完成了这一壮举。

这一行刺案反映了两个问题：一个是包括皇家守护部队军纪在内的官僚体系的政务废弛，已经到了直接威胁皇帝生命的程度；另外一个，失业者的大批出现，说明社会已经无法承受人口的迅速增长，百姓的生计问题，成了威胁大清朝稳定的根本政治问题。

成功平定白莲教的兴奋，因为这两桩意外事件而消失得无影无踪。亲政以来，皇帝的注意力全部集中在战场上。现在他终于有时间细心俯瞰一下大清政治的全局。仔细审视之下，嘉庆皇帝发现，白莲教起义不过是大清王朝躯体上的一个疮口，体内的病症比外在表现出来的要沉重得多。

最严重的问题，当然是腐败。

只要没有蔓延开来,腐败就并非不治之症。局部的、零星的腐败现象,在任何时候、任何体制下,都会存在。然而,一旦蔓延开来,成为普遍现象,治理难度就呈几何级数增加。

而乾隆中后期,腐败早已经呈现集团化的趋势。

嘉庆亲政抓的第一件事就是反腐败。虽然早就认识到这个问题关乎大清的生死存亡,然而他还是大大低估了反腐战争的艰巨性。他以为,如果"掐断了和珅的庇护制网络结构的花朵,它的根株便会自然枯萎"①。杀掉了和珅,清除了和珅的党羽,再掀起一个惩贪高潮,腐败的势头就会应声而止。

可是形势的发展远远出乎他的意料。

虽然杀了和珅,虽然在十一个全国总督当中,六个被他撤换,虽然在他为配合镇压白莲教战争发起的惩贪浪潮中,官场贪风一时有所收敛,然而,高潮过后,一切如旧。各地官员,从上到下,从大到小,仍然无人不在收礼送礼,买官卖官;各地衙门仍然无处不懈怠昏庸,除了部门利益,对一切民间疾苦都漠不关心。官僚集团对腐败已经不以为耻,反以为荣。甚至嘉庆皇帝亲手树立起来的廉政模范,时间稍长,也一个接一个地陷入腐败之中。最典型的是当初率先揭发和珅的谏官广兴。此人因为揭发和珅,深得嘉庆信任,被委以掌管四川军需的重任。他不辱使命,清正自持,扫除贪风,每年为国家节省数百万两白银,嘉庆帝多次号召全国官员向他学习。然而,就是这样一个人,在就任兵部侍郎之后不久,也陷入贪污的泥淖,短短一年,就贪污了四万两之多。

---

① 费正清编《剑桥中国晚清史(1800—1911年)》(上卷),中国社会科学院历史研究所编译室译,中国社会科学出版社,1985,第123页。

白莲教军报刚刚从他的案头搬走,数不清的贪污案卷又已堆满了他的书桌。乾隆时期已经花样百出的腐败,到此时又呈现出许多新特点:腐败向底层全面扩散,所有的基层吏员都成为权力寻租者,小官巨腐现象明显;潜规则变成了明规则,社会上所有大事小情,都需要用钱开路,否则寸步难行。嘉庆十年(1805年)前后发生的一些案件,实在令人触目惊心:

直隶省布政使司承办司书王丽南,是直隶省财政厅的一个小小书吏,按理说并没有什么权力。可是从嘉庆元年(1796年)起,数年之间,居然贪污了三十一万两白银。他贪污的手段非常简单,那就是私刻了布政使(主管一省财政的主官)以下的一整套公章,然后任意虚收冒支,把国库银两大把装入私囊,近十年间,居然没有受到任何怀疑和调查。大清王朝的监督体系这张破网已经烂得形同虚设。甚至湖北布政使司的一个银匠,利用官长的糊涂马虎,不断私藏银两,几年下来,居然也贪污了五千两之多。

自从嘉庆亲政开始,黄河几乎年年决口。每年朝廷下拨相当于全国财政收入四分之一的巨额财政经费用于治河,可是成效甚微。那些治河的官员,每天公然在河督衙门里喝酒唱戏,一桌酒席居然所费千两。治河经费大多数都落入了这些官员的腰包,至于治河的工程,则处处偷工减料。应该用麻料的地方,掺杂了大量沙土;应该建造秸垛填石,秸垛建好了,却根本不往里放石头。结果,洪水一来,处处决口。

嘉庆年间,各地还出现了一种奇怪的现象,那就是大量"编外衙役"充斥基层。各县级部门借口人力不足,大量招聘"临时衙役",不占编制,不开工资,利用他们处处设卡,到处收费,以弥补财政经费的不足。他们的数量往往超过正式编制数倍,甚至数十倍。比如直隶省正定县，"编外衙役"多达九百多名，而浙江省的仁和、钱塘等县，居然多达一千五六百人。他们横行乡里，巧立名目，一遍遍向农民收取各项税费，如果谁不交，就关入私牢，严刑拷打。

从乾隆晚期开始，有些地方就出现了财政亏空，地方政府财政收入不敷支出，不得不负债经营。到了嘉庆年间，这已经成了各地的普遍现象，几乎每省每县，都出现了财政亏空……

除了腐败，大清王朝还有太多难题没有答案。乾隆皇帝带着"十全老人"的荣耀，光荣地进入了历史，他积累起来的一系列深层次的结构性矛盾，却像定时炸弹一样，在嘉庆任内一个接一个地爆炸。

首先，大清王朝面临着前所未有的人口压力。

前面说过，清以前的历史上，中国人口一直在一亿以下徘徊。乾隆六年，第一次全国规模的人口普查结果是共有人口一亿四千万。由于经济繁荣，农业发展，到乾隆六十年（1795年），人口已突破了三亿大关，远远超过中国历史上任何一个时期。乾隆之后，虽然国力大衰，但是人口还是沿着它固有的惯性规律发展下去。嘉庆十七年（1812年），人口达到了三亿六千万。

这么多人的吃饭问题，是中国历史上从来没有遇到过的。人口增长使得人口与耕地的矛盾激化，越来越多的底层人口陷入了绝对贫困化，大批人口脱离土地，四处游荡，使得社会处于不安定的边缘。数十年来聚集在楚、粤、赣、皖、黔等省的数以百万计的无业流民，正是白莲教起义的主因。白莲教起义被镇压了，可是流民问题仍然没有解决，起义随时有可能再次发生。陈德行刺案是这个问题的最佳注解。

其次，与人口问题相伴的，是大清王朝严重的财政危机。

由于人口增长，粮食紧缺，加上美洲白银大量涌入，嘉庆年间，物价已经比乾隆初年上涨了三倍。然而，由于固守康熙皇帝做出的"滋生人丁，永不加赋"的承诺，清王朝的财政收入却没有同比例增长。也就是说，到了嘉庆时期，政府的财政收入比乾隆初年实际上是减少了的。这是各级政府出现巨额财政亏空的一个重要原因。

而财政危机又导致了乱收费问题的加重。为了弥补财政缺口，各地政府只能拼命向老百姓层层加码，于是各种千奇百怪的收费项目都出现了。虽然康熙规定不加赋，雍正规定"火耗"归公，不得多收，各地政府却利用各种借口，不断加收"火耗"，加重农民负担。农民承担的额外税赋比正税要多出数倍、十数倍。各地百姓上访的案卷堆积如山，然而官员们根本不以为意，因为"州县亦熟知百姓之技俩不过如此"[①]，民与官斗，民永远是输家。大清王朝社会矛盾处于激化边缘，轻则民众聚集，演成暴力事件；重则揭竿而起，"是以往往至于激变"[②]。

---

① 赵尔巽等：《清史稿（三）》卷三五六，列传第一四三，《洪亮吉传》，中华书局，1998，第2905页。
② 同上。

## 第四节

# 改革当口举起保守大旗

责任心极强的嘉庆皇帝非常焦急。他坚持厉行惩贪,对贪官发现一个撤换一个,绝不手软。从嘉庆七年到嘉庆十年(1802—1805年),大大小小的贪官又查出了几十个。可是腐败的势头,仍然没有丝毫减弱。各地基层政府的财政亏空,仍然越来越多。

很显然,自上而下的惩贪,到了嘉庆时期已经不能起到实质性的作用。原因之一,与腐败官员的总数比起来,被发现和惩处者不到百分之一甚至千分之一,腐败收益实在太高,而腐败风险实在太低。原因之二,腐败已经成了官僚体系的常态,贪污成了官员生活的主要来源。一个人如果不贪污,则无法打点上司,结好同级,甚至无法在官僚体系中生存下去。在这种情况下,朝廷"打老虎"已经演变成"水过地皮湿",震慑力越来越低。事实上,举朝官员从乾隆晚年开始,对惩贪风暴的反应就已经十分麻木了。乾隆皇帝生前就曾经多次哀叹,外省总督和巡抚们,一见他惩治腐败,当时也未尝不稍稍警惕一下,但是事过则忘,这种痼习相沿成风,官员身陷法网而不知后悔,真是没有办法。而到了嘉庆时期,官员们的腐败热情已经高涨到了"前仆后继"的程度,前任头一天因腐败落马,继任者第二天继续腐败。

耐心极好的嘉庆皇帝也渐渐陷入焦躁。上谕中开始出现连篇累牍的斥责、抱怨甚至痛骂。他自认为已经非常凌厉的手段和措施,经过"死猪不怕开水烫"的官僚体系的层层减震,到了基层,竟然已经如同抚摸般温柔。他发现自己面对的是一个巨大的混沌,自己的记记重拳打上去,都如同打在了棉花团上。他不知道自己应该何去何从。

嘉庆十年九月,嘉庆皇帝率领宗室及重臣,经过艰苦跋涉,来到满族的龙兴之地。在祭奠了新宾永陵之后,他们向西直抵盛京(今辽宁省沈阳市),祭奠了福陵(清太祖努尔哈赤之陵)和昭陵(清太宗皇太极之陵)。

在陵寝的隆恩殿、启运殿中,嘉庆皇帝认真参观了先祖们留下来的遗物。努尔哈赤用过的桌椅,看起来是那么简陋,皇太极用过的鞭子,也不过是普普通通的牛皮鞭,没有任何装饰……这些珍贵的文物,昭示着祖先创业的艰难历程。嘉庆皇帝在这些遗物前久久驻足,常常陷入沉思。

嘉庆这次东巡,因为体制所关,皇帝的随行队伍至少万人,一路的物资供应花费巨大。虽然嘉庆宣布此行不带任何嫔妃,一切从俭,可内务府的初步预算仍需要耗银二百万两。镇压白莲教耗光了大清的家底,要凑齐这两百万,实在是太难了。

为什么异常节俭的嘉庆这次却一反常态,坚持出巡呢?因为在他看来,这次东巡意义十分重大:他要向祖先寻求政治智慧。要做好一个"守成"之君,他必须进一步"法祖"。在东巡中,皇帝一路作了许多诗文,一再强调大清江山来之不易。皇帝在《御制盛京颂并序》中写道:"敬观弓钺,垂训谆谆。莅清宁宫,遍抚旧迹,艰难祖业,永守毋忘……"

皇帝在《守成论》中说,他多次阅读中国历史,感慨良多。他发现,一个王朝在建立之初,往往都建立起了十分完美的规章制度。但是到了王朝中叶,往往有大胆的子孙自作聪明,任意变乱成法,想拆了祖先建起的大厦,自己另起炉灶。结果,旧房子拆掉了,新房子也没建起来。国家往往因此埋下了灭亡的原因,"亡国之君,皆由于不肯守成也"。他认为,对比以往的历代王朝,有清以来的历代君主,每一个都可以称得上雄才大略,成就显赫。他们树立了一系列良好的作风,建立起了一系列"良法美意",事无巨细,所有问题都给出了如何处理的先例。大清政局现在之所以萎靡不振,关键的原因就在于"庸碌官僚,因循怠玩,不遵旧制"。这些官僚沉溺于私欲,把列祖列宗"勤政爱民"的教导忘于脑后。八旗官兵,当常思当初满族军队是如何吃苦耐劳、奋发进取的,以力改"武务不振,军务废弛"的现状。全体文臣,当清廉自持,俭朴为政。这样,才能永远保持大清的统治。

嘉庆皇帝的这一思路,在今天的读者看来似乎不好理解。站在今天的历史高度回望,我们可以清晰地看到,嘉庆面临的问题,用"祖制旧法"是不可能解决的。

站在康乾盛世肩膀上的嘉庆所遇到的社会问题,已经超出了几千年间中国所有政治经验的范畴。康乾盛世是中国历史上最后一个,也是最大的一个盛世。这个盛世,几乎在所有方面都达到了传统政治治理水平所能达到的极限:无论是从权力制度的稳定性,物质财富的丰盈程度,还是国家疆域的最大化上,都已经达到了传统政治的理想化境界。这一传统盛世的形成,已经耗竭了传统社会的所有动力。

与此同时，这个史上最大的盛世，也带来了史无前例的一系列问题，最主要的就是，经济总量和人口总量的猛增使传统社会机制的承受能力达到临界点。要把这个盛世延续下去，唯一的可能就是突破传统政治经验的范畴，在"祖制旧法"之外寻找全新的出路。事实上，任何挑战同时都是机遇，比如人口问题。

人口问题当时不仅困扰中国一国，也是世界各国遇到的普遍现象。自地理大发现之后，玉米、番薯、土豆、花生等新品种由新大陆向旧大陆传播，导致了一个多世纪时间里世界人口几乎同步增长。十八世纪，世界人口从6.41亿增至9.19亿，增幅为43.37%；中国人口则从1.5亿增至3.13亿，增幅为108.67%。

亘古未见的人口问题对世界各国提出了严峻挑战。然而，正是这种挑战推动了发展。世界许多国家的历史表明，人口与资源的紧张往往是推动农业文明迈向工业文明、传统社会迈向现代社会的第一步。欧洲国家正是通过大力发展工商业来吸纳过剩人口，以工业化和城镇化来解决人口压力，从而逐步走上了现代化的道路。如果中国能够顺应历史潮流，把发展对外贸易、发展工商业、发展海外殖民作为解决人口问题的方法，那么中国完全有可能搭上刚刚开动的全球化之车，主动从传统走向现代的大门。

因此，历史对嘉庆帝提出的要求，不是全面退守传统，而是主动大胆出击，全方位地对传统政治框架进行改革。那么，为什么亲政之初作风清新的他，却比任何皇帝都坚决地举起了"守旧"的大旗呢？

这是因为独特的性格。漫长的接班生涯，塑造了嘉庆过于谨慎的性格。从十四岁那年被秘立为储君，到三十七岁那年从父亲手中接过传国玉玺，这二十三年间，我们不知道嘉庆是何时知道自己已经成为大清帝国的继承人的。唯一可以肯定的是，和其他几个兄弟一样，自始至终在表面上他都装得淡泊无比。因为储位既是天下最诱人的位置，也是世上最危险的地方，更何况自己有这样一个精明、敏感、犀利、苛刻、强大的父亲。一个过于英明的父亲的羽翼下，不可能出现同样锋芒毕露的儿子。在自己盯着皇位的同时，他深知，老皇帝也在紧紧地盯着自己，观察着自己的一举一动。只要他表现出一点点对皇位的渴望，立刻就会被老皇帝侦知。

从父皇的种种举动中猜到自己已经被确定为接班人后，嘉庆肯定更加小心翼翼，如履薄冰。风险与收益共存，这是永恒的真理。太子这个职位，因为预期收益最大，所以现实风险也就最大。从古至今，一帆风顺的太子屈指可数。担惊受怕，险象环生，几上几下，身陷囹圄，甚至身首异处的，倒是比比皆是。这样的例子实在不胜枚举，就以大唐王朝的太子们为例：大唐王朝第一个太子李建成死于弟弟李世民之手；李世民的太子李承乾也与父亲反目成仇，谋反被废，幽禁致死；唐高宗和武则天所立的前三个太子李忠、李弘、李贤，都被武则天杀掉；唐玄宗的太子李瑛先是被废为庶人，随即赐死；自宪宗以后，皇帝生前所立太子几乎无一能即位，大抵老皇帝一死，太子就被宦官杀害……

有清一代的权力交接，虽然不如唐代一样血腥，但也同样问题多多。祖父雍正皇帝那辈，不正是因为争储而兄弟阋墙，血流成河？在自己的兄弟辈里，因为这个太子之位，也已经有两个人身亡：大阿哥永璜因为年龄居长，又不够聪明，在乾隆的嫡子早夭后表现得不够悲痛，因此被多疑的乾隆皇帝指为"图谋大位""幸灾乐祸"，于是便忧惧过度，在二十三岁时一病身亡。虽然一句话吓死了大儿子，乾隆也心有内疚，但是他严防皇子皇孙觊觎权力的决心并不因此稍衰。乾隆四十一年（1776年），他非常喜爱的皇长孙绵德与一京官互送礼品之事被他得知，他立刻削去绵德的王爵，罚他去守泰陵。同年七月，一个山西小吏向出继出去的四阿哥投信，被凌迟处死，四阿哥也因此背了个黑锅，于几个月后忧惧而死。乾隆皇帝不断地通过强硬的举动向所有人证明，任何歪门邪道、阴谋诡计都是自取灭亡。

嘉庆深知，通往皇位的路是一座独木桥，一失足就粉身碎骨。对一个接班人来说，不犯一个错误比做一百件正确的事情更重要。历史上无数太子的悲惨命运提醒他，必须把自己脾气中的火气磨去，把性格中的冲动束缚住。漫长的"接班人"生涯，对嘉庆皇帝的性格造成了不可逆转的伤害。在二十多年的储位生涯中，他养成了凡事四平八稳、面面俱到的性格，做事信条是不犯错误、不留"辫子"，做人风格是中庸平和、不标新、不立异、不出格。换句话说，总是瞻前顾后，畏狼怕虎。任何一方政治势力的态度，他都会考虑和权衡。"稳健"，他自以为是自己的最大优点，实际上也是他最重的枷锁。

除了"安全第一"的性格局限，头脑和观念也是重要的原因。作为一个从书斋中成长起来的皇帝，一登上帝位，他手中除了"圣人心法"和"祖宗旧制"，没有任何新的利器。

大巧若拙，大智若愚。永琰知道，在这个能洞察一切的老皇帝的时代，通向皇帝之位的唯一道路是"只问耕耘，莫问收获"。修身养性，克己制欲，他只能用自己的道德表现和学业水平来做唯一的通行证。

所以，自从懂事起，永琰即以"勤学"闻名。皇十五子自认为天赋平常，所以学起习来异常用功，数九寒冬，深更半夜，还经常手不释卷。在他的诗集中每有这样的诗句："夜读挑灯座右移，每因嗜学下重帏。""更深何物可浇书，不用香醅用苦茗。"①

乾隆时期的皇子教育被后人称为是最严格、最系统也最成功的。乾隆曾经说过："皇子读书，惟当讲求大义，期有裨于立身行己，至于寻章摘句，已为末务。"②嘉庆的读书生活，主要是一个"讲求大义""修身养性""存天理灭人欲"的过程，也就是说，是一个建立"正确世界观"，使自己成长为一个中规中矩的儒家圣徒的过程。

按照传统的标准，对嘉庆皇帝的教育是非常成功的。在乾隆的严厉督责和师傅严格要求下长大的永琰，品格端方，为人勤勉，生活俭朴，待人宽厚。标准化的教育，成功地一点点锤炼出他体内的种种杂质，成功地封闭了嘉庆皇帝的头脑，使他形成了静态的中世纪的思维方式。"道之大原出于天，天不变，道亦不变。"（《汉书·董仲舒传》）世界上所有现象，都已经被圣人解释了。一个人活着，只要按照圣人和祖宗指示的无所不包的道理，一丝不苟地执行，则一切问题都会迎刃而解。他顺利成长为一部"正确格言"的词典，什么"亲贤臣，远小人"，什么"成由勤俭败由奢"，什么"由俭入奢易，由奢返俭难"，什么"成人不自在，自在不成人"，什么"只要功夫深，铁杵磨成针"，什么"生于忧患，死于安乐"，什么"一动不如一静"，什么"其身正，不令而行；其身不正，虽令不从"……

清代皇子的教育，除了圣人心法，还有一个非常重要的内容，就是"祖宗旧制"。三十年间，嘉庆熟读了历朝实录，那些被史臣们不断圣化甚至神化，显得无比高大的祖先的雄才大略、丰功伟绩让他心仪不已，他

---

① 转引自张之铸、向斯：《清代皇帝读书生活》，华艺出版社，2007，第222页。
② 于敏中等：《国朝宫史·续编》卷六《训谕六·皇上谕旨》。

衷心钦佩他们的聪明、坚毅、敏捷、气魄。他认为,祖先们留下的一卷卷实录和圣训,就是放之四海而皆准的真理,是永远取之不尽、用之不竭的智慧宝藏,一切问题都可以从中找到答案。乾隆四十八年(1783年)他随父皇东巡福陵时,所写数篇诗词都以"守成"为主题。如:"守成继圣皇,功德瞻巍峨。永怀肇造艰,克勤戒弛惰。"①如:"尝祭思开创,时巡念守成。待瞻幽洛地,大业缅经营。"②

嘉庆即位之时,已经三十七岁。人类的悲哀就在于,他不是一种能永远自我更新的动物。一个人的基本构成,永远是青少年时期的教育和经验。只有蓬勃的青春期是一个吸收、消化和成长的黄金时期。过了这个时期,即使学习的欲望再强烈,外界刺激再鲜明,他的接受能力也已经大打折扣。

虽然他亲政之后接触到的事实和他头脑中的经验是那么不同,他却已经丧失了重新思考的能力。刻板的儒学教育如此成功地塑造了他,使他不论遇到什么事情,都只会按着固定的模式去思考和处理。他的思维创造力早已经处于抑制状态,直觉能力和想象力已经大大衰退,已经没有可能再像青年时期那样心灵洁净,如明镜一般地反映现实。

作为一个锦衣玉食中成长起来的接班人,嘉庆皇帝虽然足够聪明、足够敏捷,也足够有耐心,却缺乏两样成为伟大帝王所需的根本性的东西:勇气和魄力。事实上,在父亲尸骨未寒之际诛了和珅,对他来讲,完全是为了镇压白莲教这个火烧眉毛的任务而在重压下采取的非常措施。实行一些有悖于父亲方针的"新政",也是危急情况下不得已而为之的"特殊政

---

① 颙琰:《味余书室全集》卷一五《恭和御制抚顺城元韵》。(嘉庆继位后,改"永琰"为"颙琰"。)
② 同上书,《恭和御制启跸往盛京之作元韵》。

策"。出如此重手，支撑他的心理能量是在漫长的储位生涯中积累起来的焦虑感和危机感。当白莲教危机过去，他身上优柔寡断、忧谗畏讥的老毛病立刻复发了。

他不是不想改革，而是不敢改革。在中国的文化背景下，改革是一项困难很大的选择。北宋王朝的变法、明朝中期的改革，由于方法不当，不仅没有解决好问题，反而使既存的矛盾进一步激化，加快了王朝的垮台。

不但大规模的改革不是他所敢于承担的，甚至连小规模的"新政"都已经让他惶恐不安。

《康熙帝遗诏》有云："从来帝王之治天下，未尝不以敬天法祖为首务。"清代历代皇帝施政原则的第一条都是"敬天法祖"。他们用人行政总是"上天""皇考"不离口，动辄引据"成宪"，连最著名的"改革皇帝"雍正也从来不承认自己是改革家，而是自诩"惟以皇考之心为心，以皇考之政为政，宅衷图事，罔敢稍越尺寸"（《清世宗实录》卷二八）。

当嘉庆"新政"推行到末尾时，他的一系列政策被证明对扭转大清王朝的现状并无多大作用，于是嘉庆开始不断自我怀疑，而"洪亮吉事件"更让他惶恐不已。

洪亮吉是乾隆五十五年（1790年）的进士，也是一个声名远播的才子。早在乾隆时期，他就以大胆敢言闻名。在嘉庆求直言的鼓励下，他通过成亲王给皇帝上了一个言辞激烈的建议书。在建议书中，洪亮吉批评了朝政的方方面面，认为今天的大清国政治之败坏，已经百倍于十年二十年以前，大清王朝已经越来越近地滑向了悬崖边缘。洪亮吉描述当今的社会现实是，国家"风俗则日趋卑下，赏罚则仍不严明，言路则似通而未通，吏治则欲肃而未肃"①。此时的大清王朝，绝大多数官员现在都是坏的或者比较坏的。各省官员，贪者十居其九。腐败之癌已经到了晚期，癌细胞扩散到了全身。天下大乱，为时不远。

洪亮吉说，嘉庆皇帝的初政看起来很有成效，其实改革力度太小，根本达不到扭转颓风的作用，"今天子求治之心急矣，天下望治之心孔迫矣，而机局未转者"，原因在于"用人行政，当一改权臣当国之时，而尚未尽改也"。②

洪亮吉批评说，嘉庆皇帝的新政，手段过于"仁柔"。由于监督体系实际上已经失灵，国法对于贪官们已经没有什么约束作用："国法之宽，及诸臣之不畏国法，未有如今日之甚者。"③

他批评皇帝"处事太缓"，拨乱反正速度过慢。自从乾隆五十五年以后，八年之中，权臣营私蒙蔽皇上，造成的错误和冤案数不胜数。这些冤案，千百万中连一两件能够上达天听都做不到。即便侥幸上达皇帝，也未必能够立刻处理。有的案子，即使皇帝亲自处理，也没有结果，比如江南洋盗一案，以圣天子赫然独断，决心平反，结果仍然是一笔糊涂账。皇帝亲自要平反一案尚且如此，则此外沉冤之人更从何而能自雪？

他指出，当今天下人才消磨已尽，朝中几乎没有一个肯负责任的大臣。数十年来，大臣们都以遇事模棱两可为处世之法，以处理问题不得罪人为好办法，以钻营为升官的唯一途径，以苟且图安为当官之道。按这个办法做官，结果都非常成功，所以大臣们以此衣钵相承，此风遂牢结而

---

① 赵尔巽等：《清史稿（三）》卷三五六，列传第一四三，《洪亮吉传》，中华书局，1998，第2904页。
② 同上。
③ 同上书，第2905页。

不可解。京中各部的大臣本事不多，还总说多一事不如少一事。在各省督抚之中，贤者不过是能不做坏事，不贤的则成天营私。没有人考虑国计民生，无论做什么事，都是为了应付目前，保住官位。如果偶有人想要改革，大家就会认为他没事找事。

他批评皇上虽然抓了和珅，但是对和珅时期的方针路线、政治运行习惯，并没有下气力去纠正。十余年来，和珅破坏国家成例，扶植自己的私人势力。皇帝登基之后，没有进行认真清理。到底现在国家政策，哪些是国家成法，哪些是和珅所改，朝中各部门的官员，哪些是正常途径升上来的，哪些属于和珅的私人势力，居然一直没有认真甄别过。这样大的事都不抓，你皇帝成天在抓什么？

因为朝中风气不正，整个国家风气也不正："士大夫渐不顾廉耻，百姓则不顾纲常。然此不当责之百姓，仍当责之士大夫也。"[1]依他所见，十余年以来，有尚书、侍郎甘为和珅卑躬屈膝；有大学士、七卿之长，年纪比和珅大一倍，求着拜为和珅的门生，求着成为和珅的亲信；朝中重臣，居然去结交和珅的仆人，与仆人称兄道弟。如此这般，天下风气能好吗？

最关键的是，吏治仍然没有起色。十余年以来，总督、巡抚、藩司、臬司中贪欺害政之人，比比皆是。虽然皇上亲政以来，处理多人，比如"李奉翰已自毙，郑元琦已被纠，富纲已遭忧，江兰已内改。此外，官大省、据方面者如故也"[2]。

但洪亮吉还是指出了陋规横行的情况："出巡则有站规、有门包，常

---

[1] 赵尔巽等：《清史稿（三）》卷三五六，列传第一四三，《洪亮吉传》，中华书局，1998，第2905页。
[2] 同上。

时则有节礼、生日礼，按年则又有帮费。升迁调补之私相馈谢者，尚未在此数也。以上诸项，无不取之于州县，州县则无不取之于民。钱粮漕米，前数年尚不过加倍，近则加倍不止。督、抚、藩、臬以及所属之道、府，无不明知故纵，否则门包、站规、节礼、生日礼、帮费无所出也。州县明言于人曰：'我之所以加倍加数倍者，实层层衙门用度，日甚一日，年甚一年。'究之州县，亦恃督、抚、藩、臬、道、府之威势以取于民，上司得其半，州县之入己者亦半。初行尚有畏忌，至一年二年，则成为旧例，牢不可破矣。诉之督、抚、藩、臬、道、府，皆不问也。"①

因此，洪亮吉提出乱世须用重典，人心懈怠之极的情况下，要进一步加大惩贪力度：要将全国各省贪污的督抚全部换掉，将镇压白莲教起义过程中那些暴露出问题的将军都抓起来按律处理；要向雍正皇帝那样大力兴革，对财政体制进行深入改革。

内心深处，嘉庆皇帝也许觉得洪亮吉的许多话说得不无道理。可是，他当然坚决不能同意洪亮吉对大清政局的整体判断。在嘉庆皇帝看来，大清社会现在确实是面临许多严重的问题，但这些问题毕竟是局部的。即使从乾隆晚期算起，大清的统治成绩仍然是可观的，老百姓的生活基本上达到温饱程度，否则就解释不了为什么大清王朝能够平定白莲教。洪亮吉这个奏折的最大错误，是认为大清政局的腐败已经到了让老百姓无法生存的地步，要改革一系列祖制旧法。这个建议书表面上慷慨激昂、正义凛然，实际上是一个极为危险的信号，因为它已经接近于否定爱新觉罗家族统治的合法性。洪亮吉在递交这个建议书之前，已经把底稿广为传抄和散发。

---

① 赵尔巽等：《清史稿（三）》卷三五六，列传第一四三，《洪亮吉传》，中华书局，1998，第2905页。

这在皇帝看来，无疑不是一个善意的举动。在传统政治中，有些话，皇帝可以说，大臣们不能说；有些事，皇帝和高层可以知道，普通百姓不能知道。虽然皇帝比任何人都清楚大清王朝的腐败已经到了什么程度，但是他绝不愿意把大清的病状向世人公布。洪亮吉的这一建议书，无疑是一份着意制作的政治宣言书。

作为一个成熟的政治家，嘉庆皇帝对这样的苗头当然不能放任不管。他"怒其语戆，落职下廷臣会鞫"①，从洪亮吉上书中的措辞错误入手，抓他的小辫子，把他发配到了新疆。

洪亮吉案的发生，实际上标志着"嘉庆新政"的终结。这一案件的发生让嘉庆十分警醒。他认为，正是他"不自量力""妄更成法""自以为是"，才导致了这个危险苗头的出现。如果按照"新政"之路走下去，最终的结果势必是洪亮吉这样的"全盘否定派"得势，大清王朝必然会遇到极大的危险。

痛定思痛，与洪亮吉建议的大动干戈相反，他最终选择了中国传统式的"气功"加"太极"的保守治疗方式。他采用东巡的方式来宣布"守成"思想，就是要告诫满朝大臣，对于大清这样一个奄奄一息的病人，千万不能乱搬乱动，乱下药方。这样的重病病人，唯一可取的治疗方案就是"徐徐进补""固本培元"，用温和的药物一点点滋润这具干枯的病体。这种疗法一需要极大的耐心，二需要对症的补品。耐心、自信是他的长处，而补品他手中也有，那就是用来"培植正气"的一系列"祖宗心法"和"圣人之道"。

---

① 赵尔巽等：《清史稿（三）》卷三五六，列传第一四三，《洪亮吉传》，中华书局，1998，第2905页。

## 第五节

# 全面守成

"守成"的大方向一定，那么，各种具体措施就应运而出。它们就像一套套早已经准备好的工具，整整齐齐地摆在祖宗留下的工具箱里。

嘉庆每日早起洗漱之后，别的事放在一边，恭敬端坐，阅读先朝实录一卷。除巡狩斋戒外，天天如此，寒暑不间。

针对腐败问题、财政问题、人口问题，他一一根据祖先们的遗训，提出了一套中规中矩的治理方案。

在运动式惩贪失败后，嘉庆皇帝认识到，仅仅靠杀头已经解决不了问题。他把反腐的重心放到了教育上。皇帝扭转官场风气的主要办法是选拔清官，通过榜样的力量来引导人、教育人，启发人的天良。

他在自己所作的《才德说》中明确宣布了他选择人才的标准："夫才德全备者上也；德优于才者次也；才过于德者又其次也。德优于才犹不失为君子，若才过于德，终恐流为小人矣。……宁可使才不足，不可使德有歉也。"

嘉庆皇帝同意洪亮吉的说法，即现在官场作风非常之坏。但是，皇帝认为，通过思想教育可以扭转风气。小民皆有天良，官员自然也不例外。之所以有"恶者""贪者"，根本原因在于"教化不行，不明正道"①。抓好教育，官员们就能保持住"天良"或使人性重新归善。因此，选好朝廷的中枢大臣，树立一系列良好的榜样，上行下效来带动整个朝廷政治风气的转变，是他整顿吏治的核心思路。

嘉庆一朝的中枢大臣们，突出的特点是道德操守不错，办事谨慎小心。乾隆留下的老臣王杰因"忠清直劲，老成端谨"（《清仁宗实录》卷一三九）被嘉庆十分欣赏，称赞他"直道一身立廊庙，清风两袖返韩城"②。刘墉也因向称"清介持躬"而得到重用。另一名重臣董诰也是勤慎持正的人，史书称其"父子历事三朝，未尝增置一亩之田、一椽之屋"③。戴衢亨则"性清通，无声色之好"，办事"谨饬清慎"④。

然而，他们还有另一个共同的特点，那就是缺乏杰出的政治才华，少有远大的政治目光和创新精神。对于嘉庆一朝严重的社会问题，他们没有一个人能提出略有新意的解决办法。

教育式的反腐，效果并不昭彰，因为大清王朝此时的腐败已深入骨髓。

僵化的财政制度、失灵的监督体系、贪渎的文化传统，是嘉庆时政治腐败的三大原因，其中最主要的则是财政制度。如前所述，从雍正时期

---

① 《光绪朝东华录》，光绪三年正月。
② 赵尔巽等：《清史稿（三）》卷三四〇，列传第一二七，《王杰传》，中华书局，1998，第2849页。
③ 同上书，《董诰传》，第2850页。
④ 同上书，卷三四一，列传第一二八，《戴衢亨传》，第2852页。

到嘉庆时期，由于美洲白银大量流入，大清物价上涨了三倍。按道理，物价上涨之后，官员俸禄起码也应该同步上涨，然而自雍正"养廉制"制定之后一直到嘉庆年间，乾隆和嘉庆以"守祖制"为由，没有给官员们加过一次薪。乾隆五十八年（1793年），马戛尔尼使团的副使英国人斯当东对此看得很清楚，他说："最近一个世纪以来，大量白银从欧洲流入中国，因此中国物价显著提高。物价提高了，但官吏们的薪金仍然是固定的，这就使他们的收入同应有的开支比例失调。""中国官吏的薪金不高，使他们容易接受礼物引诱。""据说大部分衙门里都还有贪污。中国官吏薪俸很低，但许多贪官污吏可以弄到巨大家产。"[①]因此，要解决腐败问题，就要与财政改革结合起来，摆脱祖制"不加赋"的桎梏，大幅增加财政收入，通过给官员加薪，把灰色收入变成白色收入。

然而，嘉庆皇帝坚决反对财政改革。他害怕增加税收会造成社会不稳定。明代万历皇帝为了战争加派"三饷"，剜肉补疮，动摇了大明帝国的根基，所以清朝历代皇帝一再强调，明朝不是亡于崇祯，而是亡于万历。对于这一点，嘉庆印象非常深刻，所以他决心凛然恪守"不加赋"的祖训。不但不加赋，甚至由于经常豁免灾荒地区的税收，嘉庆年间的税收比祖制还有所减少。虽然人口增长了近一倍，但嘉庆十七年（1812年）的田赋、盐课、杂赋收入只有4004.4万两，同乾隆十八年（1753年）相比，前后六十年间只增加了6.3%。财政收入严重入不敷出。

关于"陋规"改革，不但洪亮吉提过，另一位大臣尹壮图也提出来

---

[①] 斯当东：《英使谒见乾隆纪实》，叶笃义译，上海书店出版社，1997，第481、505页。

过。他建议嘉庆效法雍正，大力兴革，派重臣往各省与督抚对"陋规"项目逐一清查，以乾隆三十年（1765年）为限，旧有者多少，以后增加者多少，定为标准，续增科派者全部革除。

但嘉庆不同意尹壮图的主张，理由是：第一，从表面看，这个建议似乎是让"陋规"合法化，很容易引起社会的非议，所以嘉庆批示，"陋规"问题，根本就不应该向他奏明，不应该送给他来处理；第二，"陋规"系积习相沿，由来已久，只可将来慢慢整顿，不可概行革除，以免引起纷扰。

治理财政困难，嘉庆皇帝的方针是大力提倡节俭。他在嘉庆十年（1805年）说道："朕惟厚生之道，在乎节俭。国家重熙累洽，生齿日繁，日用所需，人人取给。而天之所生，地之所长，只有此数，……若再性好奢华，不思撙节，势必立见匮乏，何以保生聚而庆盈宁？……当自知谨身节用，崇尚俭朴……"（《清仁宗实录》卷一七二）也就是说，大地上所能出产的物品是有数的。人口比以前增加了，能分到每个人身上的物品就减少了。所以道理很简单，在人口增长的形势下，每个人都必须以节俭为尚，社会才不至于起冲突。他以身作则，希望文武百官能够效仿，使百姓的生存之资不被过分地剥夺，留有一线生机。所以，他的节俭不只是私德，而且是治国大法。

可惜，这种做法后来被证明对解决财政困难作用不大。

解决人口问题，一个重要的手段就是发展工商业，可是嘉庆皇帝却毫不犹豫地掐断了出现在他眼前的任何一根工商业之苗。

其实，康雍乾时代几任皇帝除了鼓励垦荒等传统型政策，已经在东南沿海某些省份采取了一些富有近代性内涵的新政策。

雍正年间，中国人口压力最大的地区之一是东南沿海福建和广东两省。为了解决百姓生计问题,雍正解除了南洋贸易之禁。闽广等沿海省份华商前往巴达维亚(今印度尼西亚雅加达,当时为荷兰统治)的贸易重新兴旺起来,从而解决了与外贸有关的那部分人口的生计。同时,对南洋贸易又带动了东南沿海地区外向型手工制造业的发展,也吸纳了部分过剩人口。

乾隆则在雍正的基础上,解除了广东的矿禁,让民间力量可以开采铜矿,以吸纳剩余人口。广东解除矿禁,标志着清代国家产业政策一次具有某种崭新意义的重大调整,其影响远远超出广东一省。十八世纪初期中国闽广地区在人口压力下最先出现的解除海禁和矿禁,从某种意义上讲,可以看作农业社会的中国迎来工业文明的一抹熹微曙光。

如果嘉庆能在雍正、乾隆的基础上继续"解放思想",这一抹曙光也许会演变成朝晖。然而,嘉庆帝是坚定的禁矿者。稳定是他心中的头等大事。在这个问题上,他是毫不动摇的。

嘉庆四年(1799年)四月十九日,皇帝下旨说,宛平县人潘世恩和汲县人苏廷禄向地方官要求在直隶邢台等县开采银矿,这个事可不可办,今天我表个态。

皇帝认为,开矿不是小事。开矿需要聚集众人,经年累月。以谋利之事,聚集游手之民,聚众闹事,势在必然。即使是官方经营,也难以约束这么多人。如果听任一两个老百姓集众自行开采,更是非常危险。

皇帝说他广开言路,不是要开言"利"之路。国家经费自有来源,怎么可以穷搜山泽之利呢?潘世恩、苏廷禄这两个人,以开矿为由,思谋其利,实属不安本分,俱令押送原籍地方,交地方官严行管束,不许出境闹事。给事中明绳身为官员竟然把这样不合规矩的事上报给朝廷,明显是受了这两个人请托,希望事成之后分肥利己,实在卑鄙,必须严加惩处。

凡事以稳定为最高目标，导致嘉庆做出了这个错误决策。这一决定是对雍正、乾隆时期新政策探索的开倒车，它堵死了大批剩余劳动力的出路，加剧了社会动荡。

## 第六节

# 从伟大到尴尬

如果综合评价起来,嘉庆帝可能是清代帝王当中私德最好的。

他是个禁欲主义者,不给个人享受留一点空间,甚至到木兰围场围猎,都完全是"遵守祖制"的需要,而不是因为自己喜欢打猎。他严格按照先祖们的时间、路线,一点也不走样,打上两件东西,就立刻赶回去看奏折,绝不因景致优美而多耽搁一刻。"欲望"在他看来是最危险的东西。他的一生,从没有被声色、珍玩、不良嗜好所迷。

他也是清代除了康熙以外最有人情味的皇帝。他心地确实很善良,也很善于用小细节表现自己的爱心和温情,为自己营造一个"亲民""仁慈"的皇帝形象。

每次出巡路上,只要遇到百姓拦轿喊冤告状,他一定停下来,细细询问,批示有关部门迅速办理。他说老百姓敢于拦御轿,那么一定是有比较大的冤屈,他再劳累也要及时处理。东巡盛京时,他甚至还亲自审问民案,为百姓做主。

他待人非常平易。有一年提督湖北学政杨怿回京觐见皇帝,正值酷暑，皇帝正挥扇不止。一见杨怿进来，皇帝立即将扇子放在一边，非常详细地向他问起地方上的种种情况。虽然汗出如雨，浸透纱袍，皇帝却没再拿起扇子。因为按体制，大臣在皇帝面前不可以挥扇，所以皇帝宁愿与大臣同甘共苦。杨氏晚年在回忆录中写到此事时，仍然感动得痛哭流涕。

嘉庆皇帝的心非常之细。乾隆皇帝曾赐一些功高的大臣紫禁城骑马的特殊待遇。然而，满汉大臣有所不同。满洲蒙古大臣平常习惯骑马，汉大臣却很少有会骑马的。所以，新政不久他特意下旨，规定享受紫禁城骑马待遇的汉大臣，特别是那些年迈力衰或体弱多病之人，可以乘车到紫禁城。

甚至在他最粗暴的一次表现中，仍然含有温情的成分。虽然他对洪亮吉的建议书十分恼怒，但是在洪亮吉被关进刑部大牢后，他不忘专门派太监到刑部传达一句"读书人不可动刑"，让刑部善待这个政治犯。这句话让洪亮吉感动了一辈子。

在他去世后，朝中大臣们无不对他充满怀念。

在二十多年的统治中，嘉庆皇帝一直保持着良好的政治作风。

嘉庆即便不是清代最勤政的皇帝，也得说是最勤政的皇帝之一。他深得乾隆皇帝真传，生活起居如同钟表一样精确。在位二十五年，没有一天不早起。读完实录后，天往往还没亮，他就秉烛批阅奏章。他事事躬己总揽。早膳后召见大臣，往往多达十余人，披览奏折几十件，常常是忙得忘记吃午饭。遇到外出巡视时，更要早起数刻，提前把一天公事办完。在这点上，他颇有祖父雍正皇帝"事业狂"之作风。

从皇子期间养成的每天进行大量脑力劳动的习惯，使工作已经成了他的第一需要，一天不办公、不理政，他就浑身不舒服。嘉庆中期的一天，他早起参加一个祭祀典礼。典礼完成后，才上午十点钟，他决定回到乾清宫接见大臣。不料一问御前侍卫，侍卫说今天没有官员请求接见。皇帝有些怀疑，为何今日如此空闲？一问军机处，这才知道，本来是有几名大臣要奏事的，可是睿亲王考虑到皇帝参加典礼，已经很累，况且天气十分炎热，为了让皇帝节劳，私自把他们安排到第二天引见。

得知此情，嘉庆皇帝勃然大怒。他申斥睿亲王，说朕年方四十，虽日理万机，但从不以此为劳，引见这么几人，本来也不足为劳，睿亲王如此大胆，擅自改动官员引见日期，意欲何为？一番训斥之后，将他交宗人府严加议处，睿亲王好心没好报，被降职罚俸。

和其他皇帝不一样的是，别人是"靡不有初，鲜克有终"（《诗经·大雅·荡》），而嘉庆帝从来没有出现"倦勤"的情况。他的耐性、毅力古今无二，天下无双。一直到临死时，他还是保持这样的敬业精神，没有出现过任何懈怠。嘉庆十年（1805年）十二月，他依照惯例到中南海的瀛台观看冰技。碰巧那日没有奏折递进来。皇帝回宫后，无公事办，十分生气，下旨给大臣们说，朕每日孜孜不倦，勤求治理，即使外出，也必早起数刻，办完事才出去。你们这帮大臣，怎么能上行而下不效呢？我去看冰技，也是祖宗传下来的规矩，大冷天有什么好看的？你们倒趁机在家睡懒觉，畏避早寒，年长者尚可宽恕，年少者就大可恨。于是传旨，将满汉文武、大小衙门的官员，一概严行申饬。

节俭也是嘉庆坚持一生的品质，他牢记父亲晚年的教训，对奢侈浪费一直深恶痛绝。嘉庆十六年（1811年），嘉庆五十二岁寿辰时，御史景德奏请依照前代皇帝做法，在皇帝万寿时，于京城演剧十日，并请以后每年都以此为例。嘉庆览奏，勃然大怒，说朕亲政以来，唯以民生休戚为念，从无崇尚浮侈之事。况且朕就是真想大办庆典，你作为言官也该劝阻才是，而你反以这种事上奏，实在太可气了。于是将景德以"溺职"罪革职，发往盛京去充当苦差。这个马屁重重地拍在了马脚上。

嘉庆皇帝二十余年中，始终未曾仿效其父南巡，也没有极尽奢华筹办寿筵，他展示给臣民的只有一道道崇俭去奢的谕旨。嘉庆的节俭在历史上留下了深刻的印记，名声已经达于外国。出使清朝的朝鲜使臣徐龙辅记载，嘉庆朝"大抵以勤俭见称。观于宫殿之多朴陋，可谓俭矣"①。

朝鲜使臣对嘉庆帝的行政评价很好，例如"平居与临朝，沉默持重，喜怒不形。及开经筵，引接不倦，虚己听受""御极以后，锐意图治，早朝晏罢，屏退奸党，升庸名流，惩于和珅，权不下移"，又如"正月亲政以后，总揽权纲，振刷风俗，发号施令，多有可观"②。

然而，就是这样一个仁慈圣明的皇帝，御极二十多年，除了亲政初期意气风发过一阵，越到后来，就越深陷无奈、愁闷、苦恼之中。他自以为稳妥的"守成之法"，并没有如他所期望的那样使大清帝国慢慢恢复元气，重现荣光，反而越来越积重难返，不可收拾。在他统治的后期，令他尴尬不已，甚至羞愧落泪的事，不止一件。

嘉庆十八年（1813年）九月十六日黄昏，皇帝正在由避暑山庄返回北京，抵达北京城外的白涧时，接到了一个惊人的消息：二百多名天理教教徒，兵分两路，于昨天上午攻进了紫禁城。他们与一些信教的太监里应外合，一直攻打到皇后寝宫储秀宫附近。幸好皇子旻宁带领守卫部队全力抵抗，最终全歼起义军。

嘉庆在行宫中看罢皇子旻宁草成的汇报，泪流满面，一夜不眠。邪教教徒攻入皇宫之内，并且差一点攻到了皇后面前，这在中国历史上的承平

---

① 吴晗辑《朝鲜李朝实录中的中国史料》（第十二册），中华书局，1980，第5060页。
② 同上书，第4953、4990、5001页。

年代，是从来没有出现过的。嘉庆很清楚，这样天大的丑闻一定会在历史上永远记载下去，这个污点是永远洗不掉的。自尊心极强的皇帝深受刺激。第二天，皇帝向全国臣民下发了朱笔亲书的《遇变罪己诏》。

皇帝说：我大清国一百七十年来，列祖列宗爱民如子，深仁厚泽，我虽然能力平庸，却也没有做过害民之事。然而，这汉唐宋明未有之奇耻大辱，却发生在我的任内。细细思量，问题还出在大臣们因循怠玩，不能体我的苦心，悠忽为政，怎么教育都不能清醒！从今以后，我当然要自我反省，改正自己身上的不足之处，上答天命，下解民怨。诸大臣们，如果你们愿意做大清国的忠良，就请你们赤心为国，竭力尽心，以匡正我的失误，纠正不良的社会风气。如果你自甘卑鄙，那么就请你挂冠致仕，回家养老，千万别再尸位素餐，增加我的罪过！《遇变罪己诏》最后八个字是："笔随泪洒，通谕知之！"（见《清仁宗实录》卷二七四）

古今中外，如此动情、如此委屈的圣旨，独一无二。此后数月间，他的诏书中一再出现抱怨、悲叹、感慨之词。他为此作了许多诗，《有感五首》有句云："从来未有事，竟出大清朝。"深感自己对不起列祖列宗。他在《报天恩肃吏治修武备谕》中感慨地说："为君难，至朕尤难！"

紫禁城之变是大清衰势的一个特殊表征。在它的背后，是大清深层次问题的不断恶化：人口压力没有丝毫减轻，流民越来越多，土匪四起，邪教横行。除了天理教，什么静空天主、老佛门、一炷香、红阳教、清茶门、大乘法门等教门，接踵而至，目不暇接……

嘉庆皇帝实际上已经做到了他的观念范围内最大的努力。他对每一个问题的处理都是尽心尽力，既耐心，又坚决。二十多年中，他就犹如堂吉诃德，一刻不停地和风车搏斗，然而丝毫于事无补。腐败问题没有丝毫好转，政令出不了紫禁城。政府工作作风昏庸懈怠至极，种种离奇之事一再出现。

嘉庆晚期的一年，他去祭扫东陵，路上兵部尚书突然向他奏报，带在身边的兵部大印不知道被谁偷走了。皇帝大为震怒，部印失盗，不但不成体统，而且也极为危险。试想皇帝外出期间，如果发生意外，皇帝都没办法调兵遣将。皇帝下令调查，调查的结果更让人吃惊：大印居然是三年前就丢了，一直被随从的司员隐瞒到此时。虽然百般鞫问，但此事仍然没有结果，最后不了了之。

嘉庆二十三年（1818年）武科考试后，皇帝按惯例为武进士举行传胪大典。这一天皇帝起了个大早，早早就位，隆重的典礼按时开始，可是第一名和第三名，也就是武状元和武探花却怎么等也等不到，大典只好中止。事后一调查，原来是太监忘了开宫门，武状元和武探花四处找门，也没找到……

虽然一再发生行刺皇帝、杀入皇宫的事件，可是宫门门禁这个小小问题却怎么也解决不了。嘉庆二十四年（1819年）四月，又有一名普通老百姓乘守门者不当班潜入紫禁城，一直走到内右门，深入大内，才被太监发现。

有一次嘉庆出门散步，发现大宫门外居然有人放羊，这些羊就在皇帝眼皮子底下悠然自得地漫步，吃着"御草"。宫门鹿角之上，有人乘凉闲坐，不远处树林里有小贩们举行野餐，席地喝酒吃肉。皇帝一追查，原来这些羊是太监们养来换外快的，那些小贩都是太监们的朋友，想来看看皇帝住的地儿是什么样。

乾隆以前，对皇室宗亲要求极严，约束极细，天皇贵胄们是整个大清社会素质最高、修养最好的一个群体。嘉庆中期之后，八旗子弟已经彻底腐化，宗室队伍中出现越来越多的败类。在清查天理教起义的过程中，嘉庆皇帝惊讶地得知，宗室之中竟然也有加入邪教者！宗室奉恩将军庆遥、宗室举人庆丰、宗室海康，都是天理教的外围组织红阳教的成员。天理教徒进攻紫禁城的计划早就通知了他们，他们欣然决定参加，以便在起义成功后当上大官。只不过当天由于意外，没能共襄此盛举。

后来导致了一场重大战争的鸦片，在嘉庆时期就已经成了重要社会问题，宗室之中，吸食此物者极多。嘉庆二十四年朝廷举行大典，宣布这一年科举考试成绩。按理，充任导引官的贝子德麟应该早早来到太和殿前带领新科进士们站排行礼。可是太阳已经三丈高，他还没到场，导致大典无法按时进行。皇帝很奇怪，命人查找，结果发现此人正躺在家中吸食鸦片，飘飘欲仙的快感让他忘了自己身上的这个要差。

皇帝大怒，当即把他拉到宫门外，重责了四十大板，革去爵位。

可是就在这事发生几天之后，又有人重蹈覆辙。御前侍卫安成出任庶吉士考试的监考。由于没过足烟瘾，考试快结束了他才来，被皇帝革去了御前侍卫之职。

除此之外，宗室之中开赌场的、嫖娼的、依仗宗室身份四处招摇撞骗的，到处都是。甚至那些被皇帝宣布圈禁起来的有罪宗室，居然能找到门路，让人把妓女送入监狱里供他们享受。凡此种种，严重败坏了爱新觉罗家族的声誉。

嘉庆忧心不已。为了扭转这种局面，他煞费苦心，花了好几天时间，写成了一篇鸿文《宗室训》，发给每个宗室。这篇御制文章说，宗室风气败坏已极，许多宗室"所为之事，竟同于市井无赖"。和以前一样，皇帝的这篇教育文章不过是重复了一系列道德教条，说什么"若问予立身之要，曰孝弟忠信礼义廉耻；若问予应为之事，曰国语骑射读书守分"。

皇帝命令，每个宗室都要有一份《宗室训》，让他们好好学习，改造思想。为了保证学习效果，皇帝还命令宗人府组织了一次考试，考试内容就是默写《宗室训》。据宗人府报告，考试成绩不错。

可是这一教育运动开展了很长时间，宗室风气竟无一点好转。嘉庆皇帝很奇怪，有一天特意召见散秩大臣，宗室奕颢、成秀、敬叙三人，问他们学习《宗室训》的心得。不想这三人瞠目结舌，居然不知道有学习《宗室训》一事，更没读过一个字！

嘉庆大吃一惊，实出意想之外。然而除了痛骂宗人府官员"丧尽天良"，他再也不知道该做什么了。

嘉庆皇帝的二十多年统治，就在这一日日抱怨、迷惑、痛苦、尴尬中过去了。

二十多年间，虽然经常心灰意冷，但是他从来没有放松过权柄，一直到去世前一天，还在不倦地处理政务。

其实，这种勤奋已经成了一种惯性，成了一种"懒惰"着的勤奋。他弄不明白为什么他越努力，形势就越糟。他不明白他已经在中国历史上找遍了所有药方，为什么还是不见效。越到后来，皇帝越对扭转社会大势丧失了信心。他做皇帝已经成了做一天和尚撞一天钟。表面上，他一天到晚一刻也不休息，实际上，他已经习惯于不动脑子，让祖宗为自己动脑子。凡事"以皇考之心为心，以皇考之政为政"，只要祖宗说过或做过的，他都依样画葫芦地执行贯彻。

到了晚年，他的"守成""法祖"已经升华到如此高度，那就是每天都死按实录办事。

嘉庆二十一年（1816年），礼亲王昭梿因小事将其属下人等禁押在王府之内，严刑拷打，手段非常残酷。皇帝闻知十分生气，判昭梿革去王爵，圈禁两年。嘉庆二十二年（1817年），皇帝早起恭阅康熙朝实录，看到内有平郡王纳尔图打死无罪人又折二人手足一事，当时康熙的处理方案是革去王爵，免其监禁。礼亲王案远较之平郡王案轻，于是皇帝当日下旨，改变前判，"敬承家法"，将昭梿释放。

嘉庆二十四年十月十九日，宫内文颖馆失火。火势不大，内宫太监鉴于天理教血染紫禁城的教训，怕引来坏人混入宫中，没有开宫门命护兵入内救火，而是由太监们亲自扑灭。按理说这事处理得不能算错，可是嘉庆皇帝在八天之后读乾隆二十六年（1761年）九月的实录，内载乾隆帝规定，凡宫内园庭遇失火等意外之事，即行开门放外边人等进内扑灭。于是皇帝根据这一记载，以违背乾隆指示为由，下旨处罚有关官员。

正是在这种不论时间、地点，一律按实录办事的原则下，大清朝一天天走向了万劫不复的沉沦，皇帝也在迷茫中一天天老去。

嘉庆二十四年，孔子后人、第七十三代衍圣公进京面圣。他回来后把和皇帝的谈话一丝不苟地记录下来，使我们得以直击这位皇帝晚年的精神面貌。嘉庆一见面就说："我想到曲阜去，不能，你知道不？山东的水都过了临清了，这个怎么好，真没法。圣庙新修的，我等到七八年去，又残旧了，怎么了？"过几天辞行，嘉庆皇帝又旧事重提，絮絮叨叨地说："我登基已是二十四年，总不能去（祭孔），是个大缺典，我从前虽然随着高宗（乾隆皇帝）去过两回，到底不算。我到你那里去容易，就是路上难，水路罢亦难走，旱路罢亦难走……""你看河上水这样大，山东民情亦不好，到底怎么好？弄得真没法，了不得……"①

一口一句"真没法""怎么好""怎么了""了不得"，似乎已经

---

① 《孔府档案选编》（上册），中华书局，1982，第23—24页。

成了皇帝的口头语,焦头烂额之态毕显。帝王生涯现在对他来说,简直是一种刑罚。在撒手而去的时候,他的最后一丝意识也许不是留恋,而是轻松。

从亲政初期的伟大,到谢幕时的尴尬,嘉庆的"滑落曲线"如此令人叹息。在全面盘点嘉庆皇帝的统治时,史书给出的词语是"嘉庆中衰"。他二十多年的统治,前面连着"康乾盛世",紧接其后的则是"鸦片战争"。正是在嘉庆皇帝的统治下,大清王朝完成了走向万劫不复的衰败的关键几步:腐败之癌由乾隆晚期侵蚀到国家肌体的几个重要器官,演变成了嘉庆晚期的沦肌浃骨,全面扩散。国困民贫交织在一起,大清帝国已经被掏空了精华,成了风中之烛,所以在他之后,昔日不可一世的大清帝国才那么容易地沦为任人宰割的对象。这个辛苦了一辈子的皇帝,后来是作为一个失败者被载入史册的。

失败的原因,是一直标榜"法祖"的嘉庆却在最核心的地方背离了祖先的传统。

清朝历代雄才大略的帝王们一以贯之的特点,一是现实精神,二是超凡勇气。从努尔哈赤到多尔衮,正是因为他们头脑不受束缚,一切判断从现实出发,因势利导,灵活实用,才成功地从东北走到了北京。从康熙到乾隆,也正是在现实精神的指导下,才出现了连续百余年间多次不拘定式的政治创新。生机勃勃、充满进取精神的政治态势,不断生长、修正、完善的制度演变,才促成了康乾盛世的诞生。他们高举"法祖"之旗,法的正是祖先们的现实主义精神和宏大气魄。

恰恰是从高喊"守成"的嘉庆开始,清代皇帝们丢掉了祖先们的精神内核。对失败的恐惧,已经注定嘉庆是个失败的皇帝,因为一个没有缺点的人,注定是平庸的人。一个不敢承担任何风险的统治者,注定不能成大事。值此之时要想挽救大清朝,最关键的不是勤奋,不是仁爱,也不是节俭,而是眼光、观念和勇气。

可惜,嘉庆皇帝缺乏的就是这样一双能发现问题的眼睛和解决问题的勇气。大清王朝的不幸,就在于当它需要伟大人物的时候,坐在这个位置上的,却是一个平庸的好人。

# 第七章 和珅：清代第一贪官

## 第一节

# 怀才误此身

乾隆朝的历史中,有一个人非常关键:和珅。可以说,他是乾隆王朝从极盛到衰落的最直接的推手。

从表面上看,乾隆发现和珅是一个非常偶然的事。乾隆四十年(1775年)秋天,乾隆出巡山东。在传统时代,交通不便,皇帝出巡其实也是挺没意思的,没有今天国家元首的专车、专机之类,在御轿里没法看书、看报、看电视,一坐就是一整天。所以乾隆一边走着,一边就把大轿的侧帘拉开。往外一看,在旁边骑着马随行的侍卫里,有一张新面孔,二十多岁,白皙清秀,长得挺漂亮,骑在马上,风度翩翩。乾隆就跟他聊起天来了。问他,你多大了,姓什么叫什么,什么时候进的宫,在哪儿当过差。这位侍卫回答他,我二十六岁了,钮祜禄氏,名字叫和珅,进宫当差已经三年了,今年刚刚被选为乾清门侍卫,头一次陪您出差。

这个年轻人回答完,乾隆对他感兴趣了。不是他回答的内容有什么特别,而是这个年轻人的神情态度让乾隆很注意。一般来说,普通人第一次跟皇帝说话,肯定都会紧张得要命,有的人干脆说不出一个完整的句子来。可是这个钮祜禄氏和珅，回答皇帝时，语言流利而得体，态度恭敬又从容，一点也不紧张、不慌乱。乾隆开始对他感兴趣了，又问他，读过书吗？和珅说自己十八岁那年曾参加过一回乡试，没能中举。

乾隆问道："能背汝文乎？"就是问他当年的卷子，还能不能记得几句。和珅于是"随行随背，矫捷异常"[①]，边走边背，一会儿工夫，居然把八年前的卷子从头到尾全背了下来。

乾隆皇帝大为惊异，那心情就像是《红楼梦》中王熙凤初见丫鬟小红的场景一样。乾隆于是就让人查一下，这个和珅是什么出身和背景。一查，这个和珅是满洲正红旗人，也算世家出身，他父亲常保做过福建都统，相当于今天的省军区司令。所以他从小在一个贵族学校，当时叫"咸安宫学"，就是皇帝专门给八旗官员后代办的学校里读书。不过常保去世比较早，所以家道中落，家里一度很穷。乾隆三十七年（1772年），和珅通过自己亲戚的关系，托人进宫当了侍卫，今年已经是第三年了。

乾隆一看，和珅家世清白，背景良好，很满意，就试着派他给自己办了几件事。比如，这次出巡山东，与地方官员接洽、安排食宿、采买物品，都由和珅负责。结果几件事办下来，乾隆发现，这个和珅不一般，善解人意，周到细致。乾隆大喜过望。

到这一年年底，也就是乾隆与和珅第一次见面后三个月，乾隆任命和珅为御前侍卫，兼副都统。这可不简单。和珅原来是三等侍卫，从五品，仅仅三个月就变成了御前一等侍卫，而且还兼副都统。这是一个很大的官。我们刚说了，和珅的父亲常保做过福建都统，相当于今天的省军区司

---

① 陈焯：《归云室见闻杂记》，转引自朱诚如主编，周远廉分卷主编《清朝通史·乾隆朝》（下册），紫禁城出版社，2002，第646页。

令。那么，副都统就相当于今天的省级军区副司令，是正三品的官员。从从五品到正三品，和珅一下子就连升六级。

这还不算完。第二年，乾隆四十一年（1776年）正月，二十七岁的和珅被任命为户部右侍郎，相当于今天的财政部副部长，成为二品大员。三月，又成为军机大臣，相当于今天的政府副总理。四月，兼内务府总理大臣，就是内务府的最高长官，成了皇帝的大管家。

所以和珅的升迁，已经不能说是坐直升机上来的，只能说是坐火箭上来的。在中国古代史上，升迁如此之快的，实在是绝无仅有。

那么，和珅为什么能够如此受乾隆的赏识，一年之内连升十级呢？

这个，在野史上有许多说法。有的说，因为和珅跟乾隆的一个已经死去的妃子长得特别像，乾隆非常宠爱那个妃子，妃子死后仍对她念念不忘，结果遇到和珅，就把他当成了那个妃子转世，宠爱不已。言外之意，就是和珅成了乾隆的好"基友"。

还有的说，是因为和珅投乾隆所好，上学的时候就苦练书法，专门效仿乾隆的笔体，字写得跟乾隆一模一样，所以得到乾隆的欢心。

以上这些野史传说，应该说都是胡编乱造出来的，不着边际。

如果我们从政治心理学分析，"和珅现象"不过是乾隆晚年特殊心理需要的产物。

乾隆晚年有什么特殊心理呢？晚年的乾隆被两个矛盾的问题所困扰：一个是大权独揽的政治信条和每况愈下的健康状况，一个是不断泛滥的物欲和"不增加百姓负担"的承诺。

我们先来看第一个矛盾。我们说过，乾隆政治的第一信条是大权独揽，这个权绝不能给别人夺去。尽管乾隆晚年的健康状况已经越来越难以支撑日常政务，但乾隆从来没想过把大权分给朝中的大学士、军机大臣之类的重臣。因为他深知这些人在朝中经营多年,根深叶茂,社会关系太广。一旦你把大权交给某个人,很容易引来大批依附者,形成朋党,导致混乱。所以为了保证在年老体衰的情况下还能做到大权独揽,乾隆迫切需要一根得心应手的拐杖,或者说,一个有能力的贴身秘书,帮他处理日常政务,执行具体决策。这个人应该具备这些条件:第一,应该在朝中没根没底、没帮没派,没有什么资历,这样才会俯首帖耳,绝对忠于皇帝;第二,更重要的是他必须才华出众、办事利落,能够实际代替皇帝处理一些复杂事务。而和珅,正好符合这些条件。

我们知道,和珅在乾隆死后,被嘉庆皇帝抓起来,赐了自尽。就在死前头三天,和珅在监狱里回顾自己的平生,写下了这样几句诗:

星辰环冷月,缧绁泣孤臣。
对景伤前事,怀才误此身。①

什么意思呢?就是说:天上,寒星伴着冷月,地下,我孤零零地被关在监狱里。看着这样凄凉的景象,回忆自己的一生,我得出一个结论——我的才华,害了我。

应该说"怀才误此身"这五个字,并非完全是和珅对自己的开脱。和珅这个人,确实当得起"才华横溢"四个字。他有三点让乾隆不得不用他。

首先,他知识素养很好。我们说过,和珅年轻时代曾就读于咸安宫

---

① 和珅:《嘉乐堂诗集·上元夜狱中对月两首》,转引自纪连海《和珅:二号人物》,中国民主法制出版社,2013,第283页。

学。这个学校是当时最好的一座贵族学校,以招生条件严格和教育质量出众而闻名。清《文献通考》说:"雍正七年,设立咸安宫学,俊秀学童可以学习者选九十名,令其读书。其教习着翰林院于翰林内选九人。"就是说,这是雍正皇帝亲自下令设立的学校,规模非常小,学生只有九十人。老师呢,非常厉害,都是翰林,九个人。一个翰林带十个学生,你说这质量能差吗?所以能考进这个学校,从某个侧面证明和珅的天资是非常出众的。建立咸安宫学的目的是给朝廷培养高级政治人才,所以课程设置很合理,包括经史、少数民族语言、书画、武功骑射和火器。在这个学校里,和珅是一个品学兼优的学生,学习比别人都刻苦。为什么呢?我们说过,和珅的父亲虽然做过都统,但是在他很小的时候,父亲就去世了,所以家道中落,一度很贫寒。所以他知道,只有把书读好,他才可能出人头地。因此他是学生中最努力的。毕业的时候,他精通满、汉、蒙、藏四种语言,经史典籍无不涉猎,不但文字功夫出众,并且武功骑射基础也相当不错。

这些完全符合乾隆的需要。这样,他就可以给乾隆做一个出色的贴身秘书,替他处理各种文案事务。后来,乾隆五十三年(1788年),清朝派兵镇压了台湾的林爽文起义,在这个过程中,和珅作为机要秘书,给乾隆提供了很有价值的政策建议。起义平定后,乾隆皇帝特意赐诗和珅,大学士三等忠襄伯和珅"承训书谕,兼通清汉。旁午军书,惟明且断"。[1]就是说,和珅作为我的秘书,处理文件出了大力,特别是他精通满语,所以处理起军事文件十分迅速。

"兼通清汉"是和珅的一项重要政治资本。乾隆朝最重要的政治文

---

[1]《钦定八旗通志》卷首六,天章六,《平定台湾二十功臣像赞》。

书，都是用满文写成的，特别是涉及军事机密的。这实际上就把许多汉大臣排斥在了最高决策圈之外。乾隆朝唯一参与最高机要的汉大臣张廷玉也精通满文，因为他中进士后曾经专门学习满语。及至乾隆晚年，大臣中兼通满汉，而且对事情又有眼光、有见解的，只有和珅一人了。

所以乾隆五十六年（1791年），在另一场战争，平定廓尔喀战争后，乾隆又下旨奖励和珅说："去岁用兵之际，所有指示机宜，每兼用清、汉文，此外颁给达赖喇嘛及传谕廓尔喀敕书，并兼用蒙古、西番字。臣工中通晓西番字者殊难其人，惟和珅承旨书谕，俱能办理秩如。"①就是说，去年用兵的时候，我下的指示，有的是汉文，有的是满文。而颁给达赖喇嘛等地方首领的诏书，用的是藏文和蒙古文。汉、满、藏、蒙这四种文字都精通的人，实在太难找了。只有和珅一个人四种兼通，所以帮我把这些事办得都很好。

所以说，和珅是有真才实学的，不是光靠钻营功夫上去的。

以上，我们说的是和珅的智商，符合乾隆的需要。这是第一点。除了智商，和珅的情商还特别突出。和珅这个人，性格很活泛，全面发展，业余兴趣也十分广泛，所以他琴棋书画无所不通，特别是诗写得非常好。

当时的大诗人袁枚曾经这样夸和珅："少小闻诗礼，通侯即冠军。弯弓朱落雁，健笔李摩云。"②就是说他文武双全，特别是诗歌写得好，这样和乾隆能够唱和。

更让乾隆感觉舒服的，是和珅特别善于与人相处，总能使对方感觉愉快。史书记载，和珅"行止轻儇，不矜咸仪，言语便给，喜欢诙谐……

---

① 《钦定八旗通志》卷首六，天章六，《平定廓尔喀十五功臣图赞》。
② 袁枚：《小仓山房诗集》卷三五《答和希斋大司空》。

然性机敏,过目辄能记诵"①。就是说,他身上没有知识分子那种书呆子气,性格外向活泼,还特别爱开玩笑。

第三,就是和珅办事干练,善解人意,凡事从不用皇帝废话。比如乾隆四十五年(1780年),他充任钦差大臣赴云南查办云贵总督李侍尧的贪污案,他办得非常好,分寸拿捏得恰到好处,既迅速地查出了李侍尧的罪证,把他定了罪,又没有涉及其他任何人,保持了当地稳定。这种处理方法非常符合乾隆的心意。

所以和珅这个人很不简单。我们现在一提到他,就只说他是大贪官。事实上,和珅也做过很多正面的事,比如在乾隆后期,他参与主编了《四库全书》《大清一统志》《三通》等大型丛书。因为精通多种语言,所以和珅实际上也充任了当时的外交部部长。英国使臣马戛尔尼在回忆录中评论和珅,说他在谈判中"保持了他的尊严身份",说他"态度和蔼可亲,对问题的认识尖锐深刻,不愧是一位成熟的政治家"②。

所以历史上一些野史把和珅描述成一个小丑式的人物,应该说是不合情理的。和珅这个人,应该说还是有点深度的。和珅后来被赐死那天,是嘉庆四年(1799年)正月十八日。和珅见到皇帝赐的白练之后,一点也没紧张,索要一支毛笔,在上面题诗一首:

五十年来梦幻真,今朝撒手谢红尘。
他时水泛含龙日,认取香烟是后身。③

---

① 《秦鬟楼谈录》,转引自冯佐哲《和珅评传》,中国青年出版社,1998,第33页。
② 斯当东:《英使谒见乾隆纪实》,叶笃义译,上海书店出版社,1997,第362、363页。
③ 转引自冯佐哲:《和珅评传》,中国青年出版社,1998,第21页。

就是说，五十年的生命，如一场梦幻，如今，我就要告别这万丈红尘了。以后当太阳照在河水上的时候，那河上升起的雾霭，就是我的化身。

你看，一个在临死前能写出这样充满禅意诗句的人，应该是个有一点深度、有一点悟性、有一点定力的人。

以上介绍的是和珅经国理政的才能。仅这些才能，已经足以使老皇帝乾隆离不开他了，更何况除此之外，和珅还有另一项天赋，那就是理财。

## 第二节

# 大理财家

我们说过,乾隆晚年面临的两个矛盾之一,就是不断泛滥的物欲和"不增加百姓负担"的承诺。乾隆皇帝晚年越来越感觉钱不够花。因为越到晚年,乾隆就越沉醉于奢侈的生活,可是内务府能提供的钱很有限,所以越到晚年,乾隆越感觉手头紧,钱不够花,需要一个理财专家。因为他既要享受生活,又不想破坏既定的财政制度,给老百姓留下什么话柄。

而和珅恰恰就是一个理财的天才。

可以毫不夸张地说,和珅是中国古代历史上少有的大理财家。

一般来说,中国传统的士大夫往往拙于理财,甚至耻于谈钱,但和珅却有着天生的商业头脑。

传统社会中的财富观念是静态的,人们有了钱,第一选择永远是买地,把流动资产化为固定资产,"入土为安"。而和珅却不这样,他知道要让现金流动起来,现金流动起来能产生巨大的威力,因此在不动产与现金面前,他对现金更感兴趣。

乾隆五十七年(1792年),庄头许五德与他人发生矛盾,托和珅帮忙打官司，并答应"事后或送地六十顷，或银一万两"，和珅听后明确表示"不要地亩要银一万两"①。他的贪污受贿所得，一小部分用于扩大不动产，更多的部分则用于各种工商业投资，其范围涵盖了金融、地产、矿山、物流、医药、商业等许多行业。根据相关资料统计，他在当时的北京城内拥有当铺十二座，其中永庆当、庆余当、恒兴当、恒聚当等，都是典当业巨头；他还经营印铺、账局、瓷器铺、药铺、古玩铺、弓箭铺、柜箱铺、鞍毡铺、粮食店、酒店、杠房、石灰窑等；此外，他家还专门置办了八十辆大马车，从事运输业。这些行业的收益率当然都远远高于地租。可以说在当时，只要是赚钱效益高的行业，就有和珅的身影。值得一提的是，当时采矿业由于风险巨大，管理复杂，投资多，见效慢，一般人不敢经营，和珅却敢于尝试。他看中了煤矿业是朝阳产业，曾投巨资在北京的门头沟和香山两地开了煤矿。和珅巨大家业的积累，贪腐所得当然是大头，但是他自己的投资收益也并非无足轻重。

传统士人往往耻于谈钱，和珅却有着强烈的契约意识，在金钱面前，亲兄弟明算账，至亲好友也毫不含糊。他的外祖父伍弥泰官至大学士，向他借过两千两银子，他担心外祖父不能及时还账，逼着老头拿自家地契抵押，"取田契价值相当者署券归偿"②。中国历史第一档案馆的档案《内务府来文》中也有记载，他岳祖父英廉的孙子向他借钱，也是拿地契为抵押品才借到的。

成为乾隆皇帝的私人助理后，他的这种经营天赋迅速得到了体现。乾隆四十一年（1776年），他出任内务府大臣。在此之前，内务府经常入不

---

① 转引自冯佐哲：《和珅评传》，中国青年出版社，1998，第172页。
② 陈康祺：《郎潜纪闻二笔》。

敷出，而他就任之后不久就面貌一新，不但弥补了以前的赤字，还出现了盈余。乾隆四十三年（1778年），皇帝加派他充任崇文门税务监督，在他的经营下，这个税关收入一下子跃居全国三十多个税关的前几位。这两炮打响，乾隆对和珅的理财本领愈加刮目相看。在乾隆眼里，和珅简直就像一个魔术师，总是能出人意料地制造出财富。所以乾隆把所有与财政有关的部门渐渐都划归和珅一人把持，他先后任户部侍郎、户部尚书、管理户部三库大臣、内务府大臣。

以上我们说的，都是和珅的正面品质。如此正面，为什么他最后还一败涂地呢？这是因为和珅身上有一个致命的地方，就是他是一个没有操守、没有原则的人。如果说他的一生有什么原则的话，那就是现实的享受，要做最大的官，要享受最好的生活。这是他的追求。他身上没有传统士大夫那种为国家、为民族献身请命的精神，那种"致君尧舜上，再使风俗淳"的理想主义追求。

为什么呢？第一个原因，和珅这个人自幼对钱比较看重。我们说过，和珅早年丧父，十岁的时候，父亲常保就在福建都统的任上去世了。父亲一去世，家里的主要收入来源就断了，所以《清史稿》说和珅"少贫"，就是小时候家里比较贫穷。因此，和珅小小年纪，就充分认识到了钱的重要性，所以走上仕途之后，对钱看得也比一般人要重。

除了和珅自身的人性弱点，他做官不讲操守，这还与乾隆皇帝本身的统治政策有关。我们说过，乾隆中期，为了保持社会稳定，乾隆刻意制造了许多冤案，限制当时人们的思想，防止人们乱说乱动。结果造成了什么呢？虽然一时收到彻底稳定之效，却造成了一个更为严重的后果，那就是清代后期士大夫的道德与精神的迅速堕落。

可以说，乾隆打断了当时官员和士人的脊骨。他告诉大臣们，你们不要追求什么人格独立、什么个人尊严，你们只需要给我做好奴才，对我百依百顺就行了。所以从乾隆中期起，乾隆朝的大臣就越来越平庸，越来越没有操守，越来越没有骨气。和珅就是其中的典型代表。因此，和珅的所作所为，从不考虑大清王朝的长远发展，只顾满足皇帝的眼前需要，有很多措施都造成了严重的后果。比如"议罪银"的制度化，这是和珅制造财富的一个出奇手段，是他的一个天才发明，但也是加快清王朝毁灭的一个加速器。正是和珅力荐的"议罪银"，最终催生出乾隆朝一桩又一桩的惊天大案。

当然，乾隆晚年也仍然不断惩贪，"议罪银"催生出来许多大案，他一个接一个地处理。就在乾隆认为他已经把贪官一个又一个挖干净了的同时，一个清代历史上最大的贪官却在他身边迅速地成长起来。这个贪官贪到了前无古人后无来者的程度，王亶望之流，和他一比，完全是小巫见大巫。

这个人就是和珅。

## 第三节

# 一个巨贪的诞生

应该说,和珅的大肆贪污,乾隆一开始是毫无察觉的。一方面是因为和珅贪污手法十分隐蔽,欺骗乾隆皇帝的本领非常高强;另一方面也反映出乾隆皇帝确实是过于自信,认为凭借自己的英明,一定能把和珅这样一个没根没派的人牢牢控制在自己的掌心。他哪里想到,事实上,是和珅把他乾隆皇帝控制在了掌心。一方面,和珅利用乾隆的信任大肆以权谋私;另一方面,他又把乾隆哄得团团转,对他的所有建议,乾隆几乎无不言听计从。后来,乾隆应该有所察觉,但是他的判断是和珅沾染灰色收入并没有特别过格。而且那时他和和珅已经是儿女亲家,所以就有意睁一只眼闭一只眼了。

那么,和珅是怎么一步一步成为乾隆朝最大的贪官的?有记载说和珅家产有八九亿两,究竟是不是真的呢?

我们讲了,乾隆四十一年(1776年),和珅被任命为户部右侍郎、军机大臣,兼内务府总理大臣。

接下来,他仍然在继续蹿升。乾隆四十五年(1780年),他升任户部尚书，兼议政大臣，充《四库全书》正总裁。更为重要的是，这一年他和皇帝成了亲家，乾隆皇帝把自己最喜欢的小女儿固伦和孝公主许配给和珅的儿子丰绅殷德。乾隆四十九年（1784年），和珅当上了协办大学士。乾隆五十一年（1786年），晋文华殿大学士。这样，他就达到了文臣的最高品级。后来，因为几次镇压起义有功，他还被授为公爵。我们知道，在中国传统贵族品级"公、侯、伯、子、男"中，"公"是最高的。亲王和郡王，那必须是皇族才能当，所以"公"是一个非皇族的人能封的最高爵位了。后来晚清的曾国藩，替清王朝立下了镇压太平天国的大功，相当于再造清室，也才封了个侯爵。可见乾隆对和珅是多么够意思。

随着官位的不断升迁，和珅家也从清朝一个普通人家，迅速蹿升为全国首富之家。历史记载，乾隆五十年（1785年）之后，和珅的家里就变成了一个市场。什么市场呢？权钱交易的黑市。史书记载："和珅当国，一时朝士趋之若鹜，和每日入署，士大夫之善奔走者皆立伺道左，惟恐后期。时称为'补子胡同'。"①"补子"是官服，就是说，和珅每天上朝的时候，从他家到皇宫，道路两边站满了全国各地的官员，都是来找他办事的。买官卖官，成了和珅发财的主要途径之一。档案中记载的两淮盐政"徵瑞行贿案"可以说明当时买官的价码。"两淮盐政"是一个肥缺，为了保住这个肥缺，徵瑞在嘉庆三年（1798年）和珅的妻子去世的时候，给和珅送了二十万两白银作为吊礼，档案记载："彼时和珅意存见少，伊欲增至四十万，是以未收。而从前曾送过和珅二十万，当经收受。"②就是说，和珅认为你才随二十万两的份子，太少。你这样的情况，至少应该

---

① 徐珂：《清稗类钞·讥讽类·补子胡同》。
② 李桓：《国朝耆献类征》卷九六《徵瑞传》。

随我四十万两，所以没收他的。仅仅是为了保官，而不是升官，就需要四十万两。

在这种情况下，和珅就成了名副其实的"二皇帝"，也成了清代历史上第一大贪官。

关于和珅家产到底有多少，流传最广的说法是和珅贪污了八九亿两。比如徐珂在《清稗类钞》中说和珅"籍没家产，所得，凡值八百兆有奇"，就是说，有八个多亿。当然还有更离奇的说法，晚清学者丁国钧就在《荷香馆琐言》中说仅"有数可稽者"，就达到一百个亿。

按常理推断，这是不可能的。据著名经济学家彭信威所著的《中国货币史》，清代乾隆年间白银的总流通量是多少？是三亿六千万两。就是说，那个时候，整个中国，用来当货币的白银才三亿六千万两。和珅一家的钱，怎么可能比全国的货币总流通量还多出三倍甚至是三十倍呢？和珅确实是清史上第一大贪官，不过贪污的数量没有这么多。严肃的历史学家研究的结果，认为数量应该是一两千万两，而不是八九亿两那么多。

那么，几个亿的离谱说法是从哪里来的呢？主要是源自一份流传甚广的野史，叫《和珅犯罪全案档》。许多非专业的清史爱好者认为，这个"全案档"是研究和珅家庭财富的正史依据，也是第一手材料。为什么呢？因为这个"全案档"来头很大，它藏于中国第一历史档案馆。我们知道，中国第一历史档案馆是专门保管明清两朝中央政府和皇室档案的中央级国家档案馆，其资料基本上都来自清宫旧藏。所以从这个存放地看，这似乎是一份很权威的资料。

但实际上，这份档案，任何有一定历史知识的人，只稍微一细看就会发现，它绝不可能是官方正式档案。为什么呢？因为它破绽百出，内容非常杂乱,既包括嘉庆皇帝的上谕,也包括和珅小妾的诗文,可谓是一个名副其实的大杂烩。这份档案字体粗陋,许多用词和称谓非常不专业,比如其中管抄家的官员叫什么"八王爷""十一王爷"等,在清代政府的公文中,称呼亲王、郡王,要叫封爵的全称,是绝不可能出现这些民间称呼的。而且这个档案当中,凡是遇"宁"字,都缺了一笔,就是没有下面的钩。这说明什么呢?说明它根本不是嘉庆朝查办和珅时所写的原始档案,而是到了道光年间才出现的一份野史资料。因为道光皇帝名字叫"旻宁",遇"宁"字少写一笔,说明是在避道光皇帝的讳,所以说它是直至道光年间才出现的野史。

因为是野史,所以这份资料里有很多常识性错误。比如,说和珅家里有多少黄金呢?按今天的单位,两百多吨。要知道,乾隆年间全国的黄金年产量,也不超过十吨。一个人家里藏了全国二十年的黄金总产量,这可能吗?再比如,这份资料说,抄和珅家的时候,抄出大东珠六十余颗,每颗重二两。二两重的珍珠,得有鸡蛋那么大吧?你问任何一个从事珠宝行业的人,都会告诉你,珍珠长这样大是不可能的。所谓"七分为珠,八分为宝",一般直径为11毫米的珍珠已经很难得了,根本不可能长到二两重。

所以从这些特征看,这份《和珅犯罪全案档》只是一份民间传抄的野史大杂烩。那么有人问了,它怎么会进中国第一历史档案馆这样重要的地方呢?很有可能是道光年间,某个好事的太监从外面民间抄来这本野史,大家传看,就留在了宫中,所以后来被中国第一历史档案馆所收藏。

所以,专门研究和珅问题的清史专家冯佐哲先生,经过多年研究,综合《清实录》《清史稿》,以及其他正史、档案的资料记载,结论是:

和珅家的现金、土地、房产，总价值当在一两千万两之间。当然，所藏古玩、字画没包括在内，因为这些无法准确估价。

因此我们介绍乾隆一朝所创的诸多历史纪录里，到现在又出现了一个：乾隆朝的大贪官数量，以及这些官员所贪污的钱财数量，也创了清代的历史之最。

# 第八章 官场：晚清官员的妥协与坚守

## 第一节

## "不妄取一钱"的林则徐

鸦片战争时一位英国军官说:"若说林公虽然不为皇帝所喜,但是他却很受他新近所管治的人民的爱戴,这对于林来说只是公道而已。他的最大的死敌也不得不承认他的手从来没有被贿赂玷污过。在中国的政治家中,这种情形是闻所未闻的。"①

林则徐入仕之初,就发誓要做一个清官,"但当保涓洁,弗逐流波奔"②,因此他为官首重防微杜渐。道光十年(1830年),他赴湖北任布政使,事先发出传牌,昭告沿路守土官员,谢绝一切接待供应。传牌声明:"所雇船只,系照民价,自行给发,不许沿途支付水脚,亦无须添篙帮纤。……伙食一切,亦已自己买备,沿途无须致送下程酒食等物。所属官员,只在本境码头接见,毋庸远迎。……倘有借名影射,私索水脚站规及

---

① 宾汉:《英军在华作战记》,寿纪瑜、齐思和译,收入《中国近代史资料丛刊·鸦片战争》(第五册),上海书店出版社,2000,第146页。
② 林则徐:《林则徐诗集》,《答陈恭甫前辈(寿祺)》,郑丽生校笺,海峡文艺出版社,1987,第125页。

一切供应者，该地方官立即严拿惩办，不得稍有徇纵。切切！"①

林则徐在居官过程之中，针对当时官场贪风陋习，采取了一系列比较有效的矫治措施。他出行习惯轻车简从。道光十九年（1839年），他以钦差大臣身份赴广东查禁鸦片，随从人员"惟顶马一弁、跟丁六名、厨丁小夫共三名"，没有带一名官员或供事书吏。②

他对属下的官吏随从要求十分严格。对于随身跟丁兵弁人等，"不许擅离左右"，"不许暗受分毫站规门包等项"③。每到一地，即贴出关防告示，昭告士民，自己"一切食用，均系自行买备，不收地方供应；所买物件，概照民间时价给发现钱，不准丝毫抑勒赊欠。……偶遣家人出门，乘坐小轿，亦系随时雇用，不必预派伺候。如有借名影射扰累者，许被扰之人控告，即予严办"④。声明"倘有诡称与本司亲朋故旧，可代关说，以及丁胥人等，向外招摇，混称打点照应者，无论事体大小，犯必立惩。有能指首到官者，所首得实，定加重赏"。⑤

为了防止贪污舞弊，林则徐还注意从制度上堵塞漏洞。他在湖北布政使任内，针对捐官、银两假捏等弊病，制定防范办法，"捐监具呈上兑，均由内署按卯、按名，层层稽核。除印发实收仍照例另换部照外，先于收卯之后，填榜示知"⑥。如有假捏等情，在层层稽核下，很容易水落石出。

---

① 中山大学中国近现代史教研组编《林则徐集·公牍》，中华书局，1985，第16页。
② 同上书，第46页。
③ 同上书，第50、46页。
④ 同上书，第50页。
⑤ 同上书，第17页。
⑥ 同上。

林则徐在人情礼仪方面的要求亦很严格。道光四年（1824年）林母去世，同乡挚友梁章钜时任江苏淮海道，知道林则徐家境不裕，拟倡率同僚送厚赙，林则徐得知后立刻写信婉拒。道光二十七年（1847年），林则徐升任云贵总督，张集馨记载，"同人馈赠概行辞却"①。

　　因此林则徐所到之处，大抵乡评极好，被公认为是一个好官。冯桂芬追述江苏百姓对林则徐的怀念时说："虽乡曲妇孺，莫不慨然思夫子当日事，至形诸谣谚，益信德泽之入人心者深也。""今距公去数十年，心歌腹咏，如公在时。"②

　　但是，林则徐并不是"一清如水"的"标准意义上的清官"，他也收"陋规"。道光二十六年（1846年），陕西发生重大灾荒，地方税收大幅减少，导致国家的军粮都停征了，然而时任陕西粮道的张集馨在回忆录《道咸宦海见闻录》中说这一年"督抚将军陋规如常支送"，其中的"抚"就是陕西巡抚林则徐。那么林则徐这一年所得"陋规"有多少呢？张集馨说，计白银"每季一千三百两"，另有"三节两寿"的表礼、水礼、门包和杂费，年逾万两。

　　不管多大的天灾人祸，林则徐的"陋规"都会旱涝保收。我们很难想象林则徐为一己之私不顾百姓死活，但因为财政体制的实际状况所限，他在各地也不得不遵从官场惯例，在一定程度内收受"陋规"，以为办公之用。也正是因此，他的养廉银才能寄回家中，在身后留下了一定规模的遗产。

　　关于林则徐的遗产，曾国藩有一个说法，他在致曾国荃的家书中写道："今日闻林文忠（林则徐）三子分家，各得六千串（每柱田宅价

---

① 张集馨：《道咸宦海见闻录》，杜春和、张秀清整理，中华书局，1981，第85页。
② 冯桂芬：《显志堂稿》卷五《上林督部师书》；卷三《林文忠公祠记》。

在内，公存银一万，为祀田，刻集之费在外）。督抚二十年，真不可及。"①道光二十六年，包世臣在《致前大司马许太常书》中曾说过，"南方银一两皆以二千为准，北方闻更增于此"，所以按曾国藩的说法，大致以二千文兑换一两计算，则林则徐的遗产总数为一万九千两。在当时的省级大员中，这个遗产数额是很少的。

道光二十七年，林则徐在陕西巡抚任上，曾写过一份分产书，把老家的田宅家产均分给三个儿子。分产书说："合计前后之产，或断或典，田地不过十契，行店房屋亦仅二十三所，……除文藻山住屋一所及相连西边一所，仍须留为归田栖息之区毋庸分析外，其余田屋产业，各自按原置价值匀作三股，各值银一万两有另，……再目下无现银可分，将来如有分时，亦照三股均匀，书籍衣物并皆准此可也。"②由这个分家文书看，此时林则徐的家产，除了留作归田养老用的两座房屋及现银，还有三万余两，因此总计林则徐的遗产当在四万两左右，是曾国藩所说数量的一倍。不过这种遗产规模在当时督抚大吏中，仍然属于特别清廉之列，所以其遗产之薄才可能成为一时之新闻，广为流传，到曾国藩耳中时，以讹传讹成了不足两万两。

所以，林则徐也是中国传统官员中的一个典型代表，代表了虽然清廉，但是也会在"习俗"认可的范围之内谨慎地收取"应得的"灰色收入的一类官员。像这样的官员在晚清还可以找到很多例子，比如曾国藩的好友郭嵩焘。郭嵩焘早年为官，志节颇高。咸丰九年（1859年）他奉命前往烟台等处海口查办隐匿侵吞关税情形，所到之处大小官员接待隆重，郭嵩

---

① 曾国藩：《曾国藩全集·家书一》（20），岳麓书社，2011，第447页。
② 来新夏编著：《林则徐年谱新编》，道光二十七年丁未，南开大学出版社，1997，第637—638页。

焘却"不住公馆,不受饮食"①,更不受礼,一时为官场所侧目。然而同治二年至同治五年(1863—1866年),他署理了三年广东巡抚,罢官回籍之时,所带行李船只达六十只之多,可见收获之丰。他并不以此为愧,反而很坦率,"身为督抚,岁支养廉良亦不薄,何嫌何疑,而畏人訾议?一身服食起居,而多怀顾忌"②,身为督抚,只要靠养廉银就可以积累丰厚家产,这没有什么值得隐瞒的。至于与曾国藩关系颇近的另一位巡抚沈葆桢,据郭嵩焘所说,回乡之时也带了四万两白银:"沈幼丹江抚归装四万金,而以卖字为生。"③

在晚清官场贪墨成风的大背景下,那些志在经世致用、力图有所作为的能员,比如湘系中的很多人物,都采取了这种"知足知止"的居官姿态。

当然,在天下滔滔中,总会有个别刻骨清廉之员,成为人们谈论的对象。晚清自我要求最严的地方大吏应该是罗遵殿了。咸丰九年他任浙江巡抚,"到官,痛吏习浮竞,乃严举劾,察营伍",后以"城陷,仰药死,妻女同殉"④。胡林翼说他"外任二十六年,身后止薄田四十亩,土屋十余间,其清廉亦足为数十年来疆吏之冠"⑤。《清史稿·罗遵殿传》亦载:"遵殿任外吏二十年,廉介绝俗,家仅土屋数椽,胡林翼集赙,乃

---

① 郭嵩焘撰,梁小进主编:《郭嵩焘全集·集部三·文集》(15),岳麓书社,2018,第761页。
② 郭嵩焘撰,梁小进主编:《郭嵩焘全集·集部一·书信》(13),岳麓书社,2018,第169页。
③ 同上。
④ 赵尔巽等:《清史稿(四)》卷三九六,列传第一八二,《罗遵殿传》,中华书局,1998,第3023、3024页。
⑤ 胡林翼:《胡林翼集·奏疏》(第一册),胡渐逵、胡遂、邓立勋校点,岳麓书社,2008,第654页。

克归丧。"曾国藩称他为当世第一清官:"罗淡村中丞,以乙未进士历官直隶、湖北、浙江等省,凡二十五年,家无一钱,旧屋数椽,极为狭陋。闻前后仅寄银三百两到家,其夫人终身未着皮袄,真当世第一清官,可敬也。"[①]其可敬之处,正在于能做到这种程度的人确实凤毛麟角。

---

① 曾国藩:《曾国藩全集·日记二》(17),岳麓书社,2011,第41页。

## 第二节

# "不要钱"的统帅曾国藩

我们都知道曾国藩一生做的最主要的事是镇压太平天国运动,具体地说,就是他创建湘军,从咸丰二年年底到同治三年(1852—1864年),和太平军打了近十二年的仗,最终挽救大清王朝于危亡之际。

咸丰二年(1852年)腊月十七,离过年只有十三天了,从北京回到湖南乡下老家正在为母亲守孝的曾国藩却在这个时候告别了老家,匆匆赶往省城长沙。原来,几天前,咸丰皇帝给曾国藩下了一道上谕。因为太平军席卷了两湖地区,咸丰皇帝特别着急,命令在家守孝的曾国藩出山,帮助湖南官员兴办"团练",用今天的话来说,就是训练"民兵"。曾国藩从此弃文从戎,从一位文官变成一位武官。

在京官时期,曾国藩曾经立下了"不靠做官发财"的铮铮誓言。不过,作为一个穷京官说这个话,其实有点放空炮的意思,因为京官就是想发财也没什么机会。然而,从带兵打仗开始,这个誓言可就真正要受到考验了,因为在晚清时代,带兵是最容易发财的途径。换句话说,晚清军队非常腐败。

曾国藩是一介书生，没当过兵，也从来没有摸过武器，但是他毕竟从道光二十九年（1849年）起兼任过数年的兵部左侍郎，所以他对清朝军队现状很了解。他认为，国家正规军腐败习气已经"深入膏肓"，没法治了。要挽救这个国家，只有一个办法，那就是"赤地立新"，抛开正规军，从头开始，自己动手练出一支崭新的湘军。所以，到了长沙之后，曾国藩就向咸丰皇帝汇报说，我按您的命令来训练民兵，不过我这支民兵，可不光是要保护乡里，我希望他们发挥比正规军还要大的作用。

曾国藩创建湘军，在制度上最引人注目的一点，就是实行"厚饷"原则。因为他认为军饷太低是军队风气败坏的主要原因，所以他规定的湘军士兵的收入，是国家正规军的三倍左右。这样高的军饷标准，使士兵能够专心训练，这就为湘军形成战斗力打下了坚实的基础。

对于湘军军官，曾国藩更是采用"高薪养廉"的政策。湘军中级军官，每月的纯收入可达一百五十两，一年就是一千八百两。正规军中的高级军官一年还不到一千两，中级军官只有三五百两。湘军中级军官的收入，是正规军同级军官的三倍到六倍。湘军高级军官收入更高。曾国藩规定，统帅一万人的高级军官，每年净收入五千四百两，这个数字是国家正规军同级别军官的六倍左右。因此，很多湘军军官光靠工资都发了财。比如湘军中的名将李续宾，带兵六年，积攒了几万两白银。

曾国藩是湘军最高统帅，我们如果仅以统帅一万人这个级别的军官收入计算，曾国藩一年净收入也可达五千四百两，这个数字比做侍郎时的五六百两增长了八倍左右。要是这样算，他带兵十一年半，他的合法工资收入就可达六万多两。更何况曾国藩在湘军财政上，实行"一支笔"的管理方法，也就是说，他对湘军的所有收入都有绝对的支配权。湘军不是国家正规军，没有国家拨款，军费基本上都由曾国藩自筹，那么怎么花当然也都由曾国藩一个人说了算。从咸丰三年创建湘军到同治三年（1853—1864年）镇压完太平军，曾国藩先后报销军费近三千万两，如果想贪污点，搞个一二百万两，实在是太轻松的事了。

但曾国藩却没有因此而发财致富。虽然赚的钱比以前多了许多倍，但是曾国藩寄回家里的钱，却比以前当京官时还要少了。

带兵之后他第一次寄钱回家，是离家将近两年后的咸丰四年（1854年）年底，寄了多少呢？一百五十两。咸丰五年（1855年），我们查资料，他没有寄钱回家。咸丰六年（1856年）他又往家寄了一百两。大致算一下，曾国藩带军之后，每年寄回家中的银两平均一百两。而他在做京官的后期，每年寄回家的银两是二百两，就是说，从军之后寄回家的钱少了一半。

为什么收入高了寄回家的银子反而少了呢？

第一个原因，曾国藩出山打仗时发过"不要钱"的誓言。刚刚出山的时候，为了表明自己的决心，曾国藩曾经给湖南各界写了一封公开信，信誓旦旦地说："国藩奉命以来，……唯有'不要钱、不怕死'六字，时时自矢，以质鬼神，以对君父，即借以号召吾乡之豪杰。"[1]就是说，他一定要在金钱这方面，给大家做一个表率。既然对家乡父老发下了"不要钱"的誓言，曾国藩自然不可能像其他人那样，往家里头大笔寄钱，叫人家对他指指点点。

第二个原因，曾国藩深知廉洁才出战斗力，所以他对军队中的廉政建设一直抓得很紧。他对军官们反复提醒，士兵们对一个军官服不服气，有两点，一是打仗时你敢不敢冲在前面，二就是看你在钱上头干不干净。只有你本身不贪污，士兵才服你，打仗时才听你的指挥。原话是"弁勇之于

---

[1] 曾国藩：《曾国藩全集·书信一》（22），岳麓书社，2011，第101页。

本营将领,他事尚不深求,惟银钱之洁否,保举之当否,则众目眈眈,以此相伺,众口啧啧,以此相讥。惟自处于廉,……有以服弁勇之心"①。

因为曾国藩很注重廉政,所以湘军的风气和当时的正规军完全不同。咸丰十一年(1861年),有一个叫赵烈文的文人来到湘军大营拜访曾国藩,后来这个人成了曾国藩的幕僚。他在日记当中曾经记载了他所见到的景象。他说湘军"营中规矩甚严,黎明即起,每日二操,武弁皆令赤足穿草鞋,营中无一人吸食鸦片者"。②也就是说,曾国藩的湘军每天黎明就起床,士兵都光着脚穿草鞋,军中没有一个人吸鸦片。

他又说:"吾八年春,省吾兄于秣营,遍观长濠营垒,识其兵帅,……又人事异者复有二:一、营官饮食,咄嗟立办,客至无不留饮,而此间客至,方谋到城中饭肆买菜,客卒不及候而罢。二、营官及随身亲勇皆华服,此皆如田人,不可辨认。此五者,严既胜懈,俭复胜奢。呜呼,一成一败,非偶然矣!"③

也就是说,咸丰八年(1858年),赵烈文曾经到清朝正规军建立的江南大营去过一次,他发现那里的风气与湘军这里完全不同。正规军的大营里头,成天大吃大喝,一来客人,厨子马上能做出一席丰盛的酒菜;这儿呢,来了客人,根本没有饭,只能到城里的饭店去买饭,客人往往等不及就走了。正规军那里,军官和随从亲兵们都穿得很漂亮、很讲究;这儿呢,军官们一个个都穿得像农民似的。

所以赵烈文看到这些之后非常感动,说曾国藩"忠清坚苦,至于如

---

① 曾国藩:《曾国藩全集·批牍》(13),岳麓书社,2011,第125页。
② 赵烈文:《能静居日记》(第一册),咸丰十一年七月二十日丙午,廖承良标点整理,岳麓书社,2013,第344页。
③ 同上书,咸丰十一年八月二十六日壬午,第369—370页。

此，可为流涕"①，让人感动得要流泪。

虽然采用高薪政策，但是湘军和国家正规军比起来，其实是远比正规军省钱的。道光三十年至咸丰三年（1850—1853年）春，清廷用九万多正规军来镇压太平军，两年多的时间，就花掉了二千五百一十万余两军饷，还没取得胜利。而曾国藩创建的湘军，从咸丰三年到同治三年（1853—1864年）止，苦战近十二年，终于把太平军镇压下去，湘军人数最后发展到十二万人。那么十二年间一共花了多少钱呢？也仅花了二千九百万两左右。由此可见湘军整体上是很节约的，湘军的军费利用效率比正规军不知道高出多少倍。

以上就是我们说的曾国藩做军官时不往家里寄钱的两个原因。除此之外，还有一个原因，那就是出于教育子女的考虑。

咸丰五年，曾国藩给弟弟曾国潢写过一封信，信中说："子孙之贫富，各有命定。命果应富，虽无私产亦必自有饭吃；命果应贫，虽有私产多于五马冲倍蓰什佰，亦仍归于无饭可吃。兄阅历数十年，于人世之穷通得失思之烂熟。"②就是说，子孙后代有没有钱，都有定数。有的人，你不留什么私产，他一样能吃饭；有的人，你给他多少钱，他都给你败光了。我人生阅历几十年，对这个看得很透了。

这段话背后，隐藏着曾国藩独特的金钱观：曾国藩认为，奢侈的生活环境不利于子孙的发展。

曾国藩日记中记载，他有一次与左宗棠聊天。左宗棠对他说，人生一世，不要给子孙们留什么遗产："收积银钱货物，固无益于子孙，即收

---

① 赵烈文：《能静居日记》（第一册），咸丰十一年七月二十日丙午，廖承良标点整理，岳麓书社，2013，第345页。
② 曾国藩：《曾国藩全集·家书一》（20），岳麓书社，2011，第278—279页。

积书籍字画，亦未必不为子孙之累云云。"①不光不要给他们留金钱，也别留什么字画、古玩之类。为什么呢？因为穷人家的孩子才有奋斗精神。富人家的孩子往往不争气，因为富人家的孩子有依靠、有指望，即便不争气，他们也不会缺钱花。所以曾国藩认为大富之家，不利于一个人良好成长。他说："凡世家子弟衣食起居，无一不与寒士相同，庶可以成大器；若沾染富贵气习，则难望有成。"②就是说，富人家的孩子，如果从小艰苦朴素，懂得约束自己，将来才可能成大器。如果从小锦衣玉食，肯定没大出息。所以他说他决不"蓄积银钱为儿子衣食之需。盖儿子若贤，则不靠宦囊，亦能自觅衣饭；儿子若不肖，则多积一钱，渠将多造一孽，后来淫佚作恶，必且大玷家声"③。就是说，我这个孩子将来要是有出息，我没有遗产，他也能生活得不错；要是没出息，我给他留太多钱，反而是帮他造孽。多留一文钱，他就会多造一孽。

所以，曾国藩不往家里寄银子，一个主要原因是从家庭教育这个角度考虑，他担心奢侈的生活会败坏家风。

那么曾国藩带兵那么多年，积攒的合法工资都用到哪儿了呢？

第一是用于军队开支了。咸丰七年（1857年）曾国藩回老家时曾给弟弟曾国荃写过一封信，信中说："余有浙盐赢余万五千两在江省，……余嘱其解交藩库充饷。"④也就是说，他在江苏有一笔一万五千两的收入，本来是可以归个人支配的，但他交到省财政，补充军饷了。

第二则是用于地方公益事务。

---

① 曾国藩：《曾国藩全集·日记二》（17），岳麓书社，2011，第39页。
② 曾国藩：《曾国藩全集·家书二》（21），岳麓书社，2011，第27页。
③ 曾国藩：《曾国藩全集·家书一》（20），岳麓书社，2011，第164页。
④ 同上书，第320页。

还是在老家期间，他写信给弟弟曾国荃，要求他把军队中多余的钱用来救济士绅百姓。因为战火所到之处，百姓流离失所，他说你遇到生活不下去的穷人，就给他们些银子，给的时候不要留名。

在另一封信中，曾国藩说过这样的话，"余在外立志以爱民为主，在江西捐银不少"[①]，这更说明他把大量的钱财都用来施舍他人了。宁可把钱捐掉，也不寄回家里，像曾国藩这样的人，实在非常少见。

高薪政策，使除了曾国藩之外的湘军将领都发家致富了。人们说"故一充营官统领，无不立富，家中起房造屋"[②]，一当上中级军官，家里就开始造房子了。征战十多年之后，湘军将领"人人足于财，十万以上赀殆百数"[③]，就是说有十万两家产的人可达一百人之多。特别是攻下天京城（今南京）之后，大批湘军将领带着金银财宝荣归故里，长沙城内顿时"甲等峥嵘，簪缨叠起"，新增"宫保第"十三家之多，也就是一年内新落成的官宅达十余家之多。湘乡县（今湖南省湘乡市）的变化更大。湘乡籍将领章合才，回家后在白田一带置了六千多亩良田，又在田间建成两座大庄园。另一位将领陈湜回家的时候，运了好几十船金银财物，所以人称"陈百万"。

然而湘军最高统帅曾国藩，却始终保持着清贫。咸丰八年（1858年），因为曾家四兄弟当中有人已经发财致富了，曾国藩就要求家里分家。这年年底分完家后，曾国藩分到了一座叫"黄金堂"的小宅院，此外还有五十五亩地。曾国藩表示很满意。一座小宅院和五十五亩地，这就是带兵打仗多年后他在湖南乡下的全部财产。曾国藩确实实现了自己"不要钱、不怕死"的誓言。

---

① 曾国藩：《曾国藩全集·家书一》（20），岳麓书社，2011，第331页。
② 赵烈文：《能静居日记》（第二册），同治四年闰五月初八日辛未，廖承良标点整理，岳麓书社，2013，第904—905页。
③ 王闿运：《湘军志·筹饷篇第十六》，岳麓书社，1983，第166页。

### 第三节

# 不为钱所"累"的李鸿章

李鸿章在晚清名臣中算得上一个"巨富"。

关于李鸿章家产的数量,有多种说法。

在洋务运动中和李鸿章共事过的容闳说,李鸿章"有私产四千万以遗子孙"[1]。这是对他的遗产数额最高的估计:四千万两白银。

第二种估计是一千万两左右。比如清末的费行简在他所著的《近代名人小传》中说:"(李鸿章)殁,家资踰千万,其弟兄子银私财又千余万。"

第三种估计是"数百万"。比如梁启超就认为李鸿章的遗产没有数千万那么多:"世人竞传李鸿章富甲天下,此其事殆不足信,大约数百万金之产业,意中事也。招商局、电报局、开平煤矿、中国通商银行,其股份皆不少。或言南京、上海各地之当铺银号,多属其管业云。"[2]

那么,李鸿章的家产到底有多少呢?

---

[1] 容闳:《西学东渐记》,徐凤石、恽铁樵原译,张叔方补译,杨坚、钟叔河校点,湖南人民出版社,1981,第71页。

[2] 梁启超:《李鸿章传》,百花文艺出版社,2000,第110页。

李鸿章于1901年去世。三年后,他的直系子孙进行了分家,写了一份比较详细的遗产分配"合同"。具体内容如下:

一、庄田十二块、坟田一块、堰堤一道,安徽桐城县城内产业四处,另加省城安庆房产十四处,均留作李鸿章发妻周氏祠堂开销之用。由经方经管。

二、合肥县撮城庄田一处,留作祭祀葬于该处之李鸿章的两妾及经方发妻开销之用。由经方经管。

三、合肥县庄田两处,为经述之祭田(他葬在其中一处),由经述之子国杰经管。

四、合肥县田产两处、庄田三处、坟地一处,留与经迈为其殁后之祭田及墓地,由经迈本人经管。

五、李鸿章在合肥县、巢县、六安州、霍山县之其余田产及其在庐州府、巢县、拓皋村、六安州及霍山县之房产,均为李鸿章祭田及恒产。上述田产房产永不分割、抵押或出售,其岁入用于祭祀和维修庐州府祠堂之外,其余部分用于扩置房地产。由国杰经管。

六、合同签订之日起十年后,若李鸿章祭田及恒产岁入逾二万石,除上述开销外,所有盈余部分由三位继承人平分,本规定永不变更。

七、合肥县东乡李文安(李鸿章之父)之墓地及祭田继续保留,不得分割、抵押或出售。

八、上海一栋价值四万五千两白银之中西合璧式房产出售,其中二万两用于上海李氏祠堂开销,其余二万五千两用于在上海外国租界买地建屋,该房屋应为三位继承人之公有居处,归三人共同拥有、共同管理。

九、江苏扬州府一当铺之收入用于省城江宁（南京）李鸿章祠堂之开销。

十、分别位于江宁、扬州之两处房产出售，卖房所得用于扩建上海之公有居处。

十一、根据李鸿章生前指示，江宁学馆分与国杰作宅邸，扬州一处房产分与经迈作宅邸。①

这是目前所能找到的关于李鸿章遗产最直接的资料。这份分家"合同"内容虽然比较详细，但是它只涉及一部分不动产，并未提及金银票据等动产，所以依靠它还无法准确估计李鸿章遗产的总值。②但这份"合同"仍然提供了大量的有效信息。

我们先来看田产。据曾在李府管过事的唐凌辉说，李鸿章所置田产，每年可收租五万石。③从李鸿章分家"合同"中第五、第六两条的情况看，李鸿章在合肥、巢县、六安、霍山等地的田产每年的收入有两万石左右。如此推算，加上他的原配夫人、两个小妾、儿子李经述等人的祭田收入，与"五万石"之数大体应能相符。由此倒推，李鸿章一支在安徽的田产大约有六万亩。④当时安徽东乡地价为每亩74银圆，⑤按照这个价格，

---

① 宋路霞：《细说李鸿章家族》，上海辞书出版社，2009，第100—101页。
② 同上书，第101页。
③ 同上书，第98—99页。
④ 同上书，第99页。
⑤ 同上书，第104—105页。

则这六万亩土地价值为444万银圆，以白银衡量则值324.12万两。①

再来看房产，这也是李鸿章遗产的重要组成部分。

李鸿章"发迹"之后，他们家六兄弟在家乡均建有"大者数百亩，小者亦百数十亩"的庄园宅邸。二十世纪三十年代，金陵大学地政学院曾对李翰章、李鸿章兄弟的田园邸第进行过一次调查，他们描述说："合肥东乡之李相府，西乡周、刘、唐、张之'圩子'至今犹在，吾人旅行其间，所有封建规模历历在目。盖当日显宦地主，煊赫一时，仗势恃财，广置田亩，所筑邸第极其宏伟堂皇。查李相府及周、刘、唐、张之圩子，每个邸第所占面积大者数百亩，小者亦百数十亩。邸第外围先凿壕沟，内筑高墙如围寨，佃户环居于内，四周并辟花圃菜圃，广阔整齐，园圃内层又凿内壕沟，而紧接于主人居住之宅第。宅第大抵分两大部分，每部分设三大门，内进各自三大堂。闻西乡最小之张圩子，曾住五百余人，其他可想见矣。圩子内有碉堡、炮台、内花园、外花园、藏书楼、秘密走廊等设备。所住佃户，或兼卫士，或兼炮手，或兼轿夫，或兼其他徭役，完全为佃奴性质。"②

除了合肥，李鸿章在外地也拥有多处房产。比如前文所引分家"合同"当中，提到他在上海有"一栋价值四万五千两白银之中西合璧式房产"，在南京、扬州、安庆的多处房产，以及在扬州还有当铺一座。

安徽芜湖也是李氏家族房产的集中地。芜湖水运便利，地理条件优越，1877年秋，在时任直隶总督兼北洋通商大臣李鸿章的建议下，清政府将镇江七浩口米市迁至芜湖。在芜湖米市的建设过程中，李鸿章发挥了重

---

① 宋路霞：《细说李鸿章家族》，上海辞书出版社，2009，第104页。
② 郭汉鸣、洪瑞坚：《安徽省之土地分配与租佃制度》，转引自陈恩虎《明清时期巢湖流域农业发展研究》，南京农业大学博士学位论文，2009，第59页。

要作用。李鸿章家族在李鸿章长子李经方的带领下，抓住这个机会，在芜湖大量投资置业，在芜湖拥有了大量房产。"李府兴建房屋，大体分为两种，一种是李府自用的，有公馆、钦差府等深宅大院，走马楼房；有大花园、景春花园、长春花园、柳春园等楼台亭阁，规模宏大，气象不凡。一种是出租的市面房屋和住宅楼房，收取房租、地租。"①可以概括地说，在当时芜湖的老市区，"包括沿河南路、长街、二街、三街、渡春路、新芜路、中山路、吉和街、华盛街等地区的地皮房屋，全部或绝大部分都是属李府所有"。②当然，这些房产有些是李鸿章身后所置，但是在他生前，规模也已不会太小。

除了以上这些，李鸿章家书中也提到了一些其他住房的情况。比如光绪二十四年（1898年），李鸿章曾考虑出售干鱼胡同的房子，要价两万，没能成交："有人议购干鱼胡同世宅，索二万余金，未成。"③

另一封信中，李鸿章提到李家在上海兴建的一所住宅，并且对房屋设计方案做出指示，要求建筑费用控制在两万多两："沪地房图嫌过昂，汝往沪时斟酌另绘。除正房楼底外，零碎房间要稍多，大约二万数千金可矣。"④

综合以上资料，我们可以确认，李鸿章一支的房产广布于合肥、安庆、扬州、桐城、芜湖、北京、上海等地。这些房产当然是一笔相当巨大

---

① 许知为：《李鸿章家族在芜湖的经商活动》，载《工商史迹》，安徽人民出版社，1987，第35页。
② 赵焰：《野狐禅》，安徽教育出版社，2012，第203页。
③ 顾廷龙、戴逸主编《李鸿章全集·信函八》（36），安徽教育出版社，2008，第207页。
④ 同上书，第259页。

的财富，唯其具体数额无法估计。

除了不动产，李鸿章家族的动产也为数不菲。李鸿章家书中有一条记载涉及"股息"，"昨闻有北归之志，自因七家湾小口不利（指孙殇），前属并归试馆又不愿。北方穷乡，焉得有合式房屋可购，且股息在南，取携不便，家用何出"①。

这封家书显示，住在老家的李鸿章家人，主要收入之一是"股息"。

除了这条第一手资料，关于李鸿章动产收入的第二手资料很多，不过都是概而言之，并没有准确的数字。比如清末费行简所著《近代名人小传》所说："招商轮船、开平煤矿皆有鸿章虚股甚多。"梁启超在《李鸿章传》中说李鸿章有数百万金之产业，用以作为证据的就是"招商局、电报局、开平煤矿、中国通商银行，其股份皆不少。或言南京、上海各地之当铺银号，多属其管业云"。《李鸿章与晚清吏治》一文中则揭示，盛宣怀在光绪三年（1877年）以轮船招商局名义购买旗昌公司时，企图另立公司，并请李鸿章参股。②

综合以上关于动产和不动产的资料，我们发现对李鸿章遗产的估计，弹性空间很大，从一千万乃至数千万皆有可能。不过，李鸿章家产富厚逾常，至少有一千万之数，在晚清名臣"曾胡左李"当中名列第一，这一点应该毫无异议。

不仅如此，在四大名臣中，李鸿章的生活水平也是最高的。

甲午战争清政府战败后，经营了一辈子洋务的李鸿章名誉扫地，被撤去了直隶总督、北洋大臣的职务，被调进京城做了"伴食宰相"，他每

---

① 顾廷龙、戴逸主编《李鸿章全集·信函八》（36），安徽教育出版社，2008，第152页。

② 谢世诚：《李鸿章与晚清吏治》，《江苏社会科学》2005年第2期，第159页。

日闲居贤良寺，无所事事。吴永在《庚子西狩丛谈》中，提到过李鸿章在贤良寺中的生活："早间六七钟起，稍进餐点，即检阅公事；或随意看《通鉴》数页，临王圣教一纸。午间饭量颇佳，饭后，更进浓粥一碗、鸡汁一杯。少停，更服铁水一盅，即脱去长袍，短衣负手，出廊下散步；非严寒冰雪，不御长衣。予即于屋内伺之，看其沿廊下从彼端至此端，往复约数十次。一家人伺门外，大声报曰：'够矣！'即牵帘而入，瞑坐皮椅上，更进铁酒一盅。一伺者为之扑捏两骽，……凡历数十百日，皆一无更变。"

这样的"赋闲"日子，在吴永的叙述中显得清闲而朴素，而据李鸿章家书提供的信息，即使这样的"简朴"生活，每年也要花掉一万多两银子。

李鸿章在家书中说："吾年衰耄，当终老京师，岁需食用应酬万余金，时形竭蹶，不复能顾家事。兹因李楼小宅倾圮，不得已勉筹修费六千余金。"[1]

也就是说，估计在北京每年要花一万多两银子，所以不能给家里寄多少钱。这次家里修房子，只能给六千两。

吴永所说的李鸿章每天喝一杯鸡汁，据梁启超《李鸿章传》所说，那是两只鸡熬成的。"铁水"和"铁酒"，是用人参、黄芩等药材配制的补品。而且李鸿章追求健康生活，每天都要做例行体检，"每膳供双鸡之精汁，朝朝经侍医诊验，常上电气"[2]。可见他的生活在晚清这个时代环境中，是相当高端大气上档次的。

李鸿章的老师，另一位晚清名臣曾国藩的生活水平与李鸿章相比，

---

[1] 顾廷龙、戴逸主编《李鸿章全集·信函八》（36），安徽教育出版社，2008，第192页。

[2] 梁启超：《李鸿章传》，百花文艺出版社，2000，第109页。

相当之低。曾国藩的幕僚赵烈文在他的日记当中记载,说他第一次见到曾国藩,见到堂堂两江总督所穿"不过练帛,冠靴敝旧"[①],就是说曾国藩穿的衣服料子非常普通,而且帽子和鞋子都非常旧了。他还在日记当中记载了曾国藩的卧室是多么简陋:"今日直诣相国卧室,葛帐低小,布夹被,草簟而已。旁有二小箱,几上陈设纸笔之外,无一件珍物。吁!可敬哉。"[②]

在曾氏往来家书中,我们可以看到,曾国藩的家人经常给曾国藩寄些食物,不过内容多是茶叶、小菜之类,价值不高。而李鸿章给家人寄赠的食品可就昂贵得多了。比如光绪二十三年(1897年)他在致女儿李经璹的信中说:"附寄燕窝十二合,聊供早餐。"[③]燕窝一寄就是十二盒。

光绪二十四年(1898年),他在致儿子李经方的信中说:"昨又寄到鱼翅百斤,照收。"[④]同年另一封信又说:"两次寄到板鸭百四十只,未免稍多,其味尚美。"[⑤]

光绪二十五年(1899年),李鸿章在致李经方的信中提到,"十月朔日通永镇专弁送到蟹二千只,多而且旨,此次仅坏千一百只"[⑥]。

---

① 赵烈文:《能静居日记》(第一册),咸丰十一年七月二十日丙午,廖承良标点整理,岳麓书社,2013,第344页。
② 赵烈文:《能静居日记》(第二册),同治二年五月初九日甲寅,廖承良标点整理,岳麓书社,2013,第657页。
③ 顾廷龙、戴逸主编《李鸿章全集·信函八》(36),安徽教育出版社,2008,第157页。
④ 同上书,第184页。
⑤ 同上书,第202页。
⑥ 同上书,第247页。

鱼翅一寄就是一百斤，板鸭一寄就是一百四十只，又专门派人长途运送"多而且旨"的螃蟹两千只，这种生活水平，自然是曾国藩家族难望项背的。

曾国藩任京官时期，有时也会从京中购买一些名贵补品寄回老家，以孝敬堂上老人，不过内容多是人参、鹿茸之类的常见之物。而李鸿章孝亲之物的档次也较此为高。光绪元年（1875年），李鸿章寄给家兄李瀚章"碧螺春茶六瓶，海虾三百对，呈堂上用"[①]。光绪四年（1878年），李鸿章在致李瀚章的信中说，今年的燕窝是专门托香港商人从东南亚购得，而茶叶则是苏州人、道员潘其钤在其家乡附近选定茶园，每年专门为他特供的，价格很低，但品质难得："敝处年例购呈母亲上白燕窝、碧螺春新茶等项。燕窝系托香港商户由暹罗觅购者，内地无此好货；碧螺春系潘道其钤家中附近山产，每年为我选定，价廉品精。兹各寄上十斤，望转呈慈亲收用。"[②]

这种生活水平，放到今天也罕有人能及。

和曾国藩凡事谨慎低调，处处强调撙节不同，李鸿章则对这类生活"小节"从不以为意。曾国藩嫁女，规定陪嫁不得超过二百两白银。而李鸿章孙女出嫁，他一送就是一千两："二孙女喜期闻在冬间，拟给奁资一千两，将由义胜源汇交张媳代存。"[③]

---

① 顾廷龙、戴逸主编《李鸿章全集·信函三》（31），安徽教育出版社，2008，第263页。
② 顾廷龙、戴逸主编《李鸿章全集·信函四》（32），安徽教育出版社，2008，第332页。
③ 顾廷龙、戴逸主编《李鸿章全集·信函八》（36），安徽教育出版社，2008，第236页。

李氏家族的生活花费很大，另一个原因是家族有事，总是习惯大操大办。

同治十一年（1872年）正月，李鸿章五十岁生日，躬逢其盛的赵烈文在日记中描述其总督衙门内"烛爆如山，黼绣成队"，宾主仆从"无虑千人，人气如烟云，声如闷雷，目为之炫，耳为之震"，参与其事的有上千人，以至赵烈文不禁叹息："噫！繁盛至此极矣。"①

李鸿章母亲八十大寿的时候，他在京津两地同时给老母亲操办寿席："此间哄动一时，京外送礼称祝者络绎于道，因设寿堂于两江会馆。初二留面、初三设烧烤全席，共二百余桌。津署亦设堂开筵，令方儿代为谢客，共花费四千金。而人情过重，除珍异之物璧却外，寿屏五十架、联二十余幛、三百余轴，如意仅收百枝，计所费亦不赀矣。"②

也就是说，他在北京两江会馆和天津北洋公署两处设宴，席面是"烧烤全席"，摆了两百桌，花掉四千两白银。收的礼品当中，仅如意就有一百柄。当时高官大吏中，能做到这样地步的并不多见。

不光是位高权重的李鸿章如此，比如这封信中显示的信息："惟丧具称家有无，汝婶及椠（李昭庆次子）等既非素封，汝亦虚有其表，不必效三婶、五叔之丧，花至巨万，炫耀乡邻。"③可见李氏族中办事，大抵都习惯于铺张喧闹、炫耀乡邻，作风与其师曾国藩为代表的湖南曾氏家族完

---

① 赵烈文：《能静居日记》（第三册），同治十一年正月初四日己丑，廖承良标点整理，岳麓书社，2013，第1471页。
② 顾廷龙、戴逸主编《李鸿章全集·信函四》（32），安徽教育出版社，2008，第242页。
③ 顾廷龙、戴逸主编《李鸿章全集·信函七》（35），安徽教育出版社，2008，第228页。

全不同。

那么,李鸿章上千万的巨额财产,来源是何处呢?

应该有两种渠道:一种是传统渠道,也就是官场上的各种"陋规",以及战争中的劫掠;二是新兴渠道,即从洋务运动经营中获利。

我们先来看第一种渠道。

李鸿章和曾国藩一样,事业心极强,对清王朝可谓"鞠躬尽瘁,死而后已"。然而和曾国藩不同的是,李鸿章对"节操"二字,并不那么重视。虽然出身翰林,但是李鸿章身上有着著名的"痞子气"。他为人机变圆熟,敏捷灵活,对老师的"儒缓""迂拙"一直不以为然,一生急于事功,拼命做官,处事首先论利害,再论是非。在朝廷上、国际间,都以善于捭阖闻名。

曾国藩建立湘军选择人才时,首重道德品质,"选士人领山农"[1],以忠诚相尚。李鸿章则在初建淮军时,就强调"利益"的重要性,人以利聚,鸟为食来,他认为"非名利无以鼓舞俊杰"[2],所以在淮军建立之初,李鸿章就公然以子女玉帛诱集将弁,用人时广收杂揽。淮军军纪一开始就不好,"自始至终,俱在贪图利禄,以骚扰民间为能事"。[3]军饷之多少,对淮军将士来说不是最重要的,因为在战争中通过劫掠所收获的,远远过之。柴萼记载:"(淮军)初赴上海时,饷项匮乏,食米而外,仅酌给盐菜资。及接仗克城,人人有获。每向夕无事,各哨聚会,出金钏银

---

[1] 王定安:《湘军记》卷二十《水陆营制篇》,朱纯校点,岳麓书社,1983,第337页。

[2] 顾廷龙、戴逸主编《李鸿章全集·信函三》(31),安徽教育出版社,2008,第132页。

[3] 王尔敏:《淮军志》,中华书局,1987,第223页。

宝堆案，高数尺许。遇发饷时，多寡不较也。"①

风纪如此，当然会受到社会的抨击。对于指责，李鸿章总是勇于替部下挡箭，并说"乡井子弟为国家捐躯杀贼保疆土"，于国有功，因此"一切小过悉宽纵勿问"②。

在李鸿章的姑息纵容下，淮军将领多发了大财，李鸿章本人亦成为表率："庐州府属合肥、庐江、舒城等县，军功地主每县多者近千，少者也有数十人。仅舒城一县就有军功地主300人以上。……李鸿章及其淮系头目，发战争之财，获取大量收入，并以购买土地传之子孙视为稳固的投资方法，于是合肥土地率为大地主所垄断，阡陌相接，绵延数十里者的大地主也不少。"③

因此，李氏家族的"第一桶金"，应该是来自战争。

李鸿章更多的财富积累完成于息兵之后漫长的督抚生涯之中。在晚清督抚中，李鸿章并非丝毫不讲操守之人。他也曾激烈抨击吏治腐败，对官僚只顾搜括，不顾民生痛恨不已，"官府内外，竭蹶供支之不遑，何暇计及民生之休戚。……纪纲日隳，踵此而行，乱机将兆"④。他在督抚任上也曾大力整顿吏治，参革劣员。特别是在离开直隶总督之任时，将其带兵数十年截旷、扣建所存之"淮军钱银所"现银八百多万两全部移交给后任

---

① 柴小梵：《梵天庐丛录》（第一册），山西古籍出版社，山西教育出版社，1999，第237页。
② 胡思敬：《国闻备乘》卷一《李文忠滥用乡人》，上海书店出版社，1997，第8页。
③ 陈恩虎：《明清时期巢湖流域农业发展研究》，南京农业大学博士学位论文，2009，第59页。
④ 顾廷龙、戴逸主编《李鸿章全集·信函二》（30），安徽教育出版社，2008，第442页。

王文韶，因获"公忠体国，廉介可风"之评。①

然而，这仅是李鸿章居官作风之一面，他还有着另一面。

李鸿章为人喜欢排场，讲究气派，对官风官纪之细枝末节一向不那么重视："对下级官员的逢迎，李鸿章也会安之若素。根据清朝规定，凡邻省督抚及钦差大员过境，在离城一二里地面以内的，准地方官前往送迎，不得过二里之外。……但直隶司道大员率同在省各员每逢大员过境，皆远出二十五至四十里处迎接，以致现任州县纷纷效尤，无不越境迎送，在邻封地面驻候。……但李鸿章从不拒绝，坦然受之。"②

以权谋私、利益交换、安插私人等官场上常见的勾当，李鸿章信手拈来，一生没少做。"李鸿章也曾多设机构，安插闲人。光绪十五年，李鸿章以直隶升科地亩为名，于省城及各州县创设清赋总局分局，其实此为藩司应办之事，多此机构，如御史所奏，'无非位置闲员''不独糜费，且恐需索贻害'，次年被撤销。"③

在李鸿章的头脑中，一定限度内的"陋规"是天经地义的，甚至是放诸四海而皆准的，因此在出访欧洲的时候，他闹出了这样一个笑话："李鸿章之在欧洲也，屡问人之年及其家产几何。随员或请曰：此西人所最忌也，宜勿尔。鸿章不恤。盖其眼中直无欧人，一切玩之于股掌之上而已。最可笑者，尝游英国某大工厂，观毕后，忽发一奇问问于其工头曰：君统领如许大之工场，一年所入几何？工头曰：薪水之外无他入。李徐指其钻石指环曰：然则此钻石从何来？欧人传为奇谈。"④

---

① 《三水梁燕孙先生年谱》，光绪三十年甲辰。
② 谢世诚：《李鸿章与晚清吏治》，《江苏社会科学》2005年第2期，第158页。
③ 同上书，第159页。
④ 梁启超：《李鸿章传》，百花文艺出版社，2000，第110页。

也就是说，他访问欧洲的时候，最喜欢问人家挣多少钱。随员提醒他，老外很忌讳这个，他也不理。有一次，他参观英国一个大型企业，问企业主：你管这么大一摊事，一年收入多少？厂长说：只有一份薪水而已。李鸿章不急不忙地抬起手，指着厂长的钻戒说：那这么贵重的东西是怎么来的？显然，他认为这是"陋规"所得。

由此判断，李鸿章按官场惯例，收受下属"陋规"，当然是题中应有之义。"宰相合肥天下瘦，司农常熟世间荒"，其贪名由来有自。清代督抚年均"陋规"收入十八万两，李鸿章封疆数十年，收入数百万两不出意外。

李鸿章巨额财富的另一个来源是从洋务运动官办企业中获利。这是晚清部分官员有别于传统收入来源的一个财富新源头。

同治二年（1863年），李鸿章雇用英国人马格里在松江创办洋炮局，这是他办洋务之始。此后，洋务规模日益扩大，陆续创建或者扩建江南制造局、金陵机器局、天津机器局。同治十一年底，他创建了中国近代最大的民用企业——轮船招商局。此后又陆续创办河北磁州煤铁矿、江西兴国煤矿、湖北广济煤矿、开平矿务局、上海机器织布局、山东峄县煤矿、天津电报总局、唐胥铁路、上海电报总局、津沽铁路、漠河金矿、热河四道沟铜矿及三山铅银矿、上海华盛纺织总厂等一系列民用企业，涉及矿业、铁路、纺织、电信等各行各业。

这些企业建立之初，一般都是清政府直接控制的官办国有企业，类同封建衙门，效率低下，漏洞百出，成本核算不严，损失无人负责，所以贪墨者有大量漏洞可钻。"岁用正款以数百万计，其中浮支冒领供挥霍者不少,肥私橐者尤多",结果是"制成一物,价比外洋昂率过半"①。李鸿章所用之员,很多也名誉不佳。比如他最倚任的洋务人才盛宣怀就经常被人诟病。盛氏在购买旗昌公司时,被王先谦、刘坤一参劾受贿,李鸿章对盛宣怀多方保护才使其过关。

李鸿章之所以如此尽靠山的义务,是因为这些人从经济上会对他进行回报。光绪三年,盛宣怀在购买旗昌公司时,发现旗昌在账外还有房产三十间、洋房十七所,约值五十万两。盛宣怀即密函李鸿章,建议由几个靠得住的内部人另立一公司,收买下来,估计每年可得8%的收益。他问李鸿章"师欲附股若干,乞密示",由其操办。②李鸿章是否同意,在档案中未见记载。不过李鸿章在招商局、电报局、开平煤矿、中国通商银行等处都有不少的股份,并无疑问。再看下《近代名人小传》中的记载:"招商轮船、开平煤矿皆有鸿章虚股甚多。及殁,家资踰千万,其弟兄子银私财又千余万。"所谓"虚股",即今日所说的"干股"。随着轮船招商局、开平煤矿等"实业"的扩张和壮大,其获益自然相当可观。

李鸿章出身并不显贵。他出生之际,李家尚属庶民小地主水平,李鸿章曾经在家书中说,祖父每到过年时就会被债主围困,时间长了,甚至为亲友所厌:"前吾祖父穷且困,至年终时,索债者几如过江之鲫,祖父无法以偿,惟有支吾以对。支吾终非久长之计,即向亲友商借。借无还期,亦渐为亲友所厌。"③李鸿章十五岁时,父亲李文安才中进士。但是李文安以普通京官终,仕宦所得十分有限。李家后来成为合肥首富,李鸿章的

---

① 中国史学会主编《中国近代史资料丛刊·洋务运动》(第一册),上海书店出版社,2000,第557页。
② 谢世诚:《李鸿章与晚清吏治》,《江苏社会科学》2005年第2期,第159页。
③ 李鸿章:《李鸿章家书》,翁飞、董丛林编注,黄山书社,1996,第6页。

贡献当然是第一位的。

李鸿章做官第一目的当然不是要发财,但是他为官不以操守为重,而且又掌握大量社会经济资源,自然导致大量财富沿着权力管道汇入其门。这在晚清参与洋务运动的督抚中,应该具有一定典型性。

## 第四节

# "不以一钱自污"的左宗棠

同样出身湘军集团,同样位高权重,同样晚年参与洋务的左宗棠,居官风格与李鸿章截然不同,却与曾国藩不谋而合。

左宗棠是湖南湘阴人,生于清嘉庆十七年(1812年),举人出身。咸丰二年(1852年),太平军围攻长沙,左宗棠入湖南巡抚张亮基幕,后又入曾国藩幕。咸丰十一年(1861年),由曾国藩疏荐任浙江巡抚,督办军务。同治元年(1862年)升闽浙总督。太平天国平定后,封一等恪靖伯。后历任陕甘总督、两江总督,兼南洋通商大臣、军机大臣。光绪十一年(1885年),病故于福州,赠"太傅",谥"文襄"。

和曾国藩一样,左宗棠在出山入幕之初,就曾立誓"不以一钱自污"。在辅佐数任湖南巡抚的过程中,左宗棠掌握着巨大财源,"抚幕八年,筹兵筹饷,办厘减漕,一切财政无不经心,无不经手"[①]。成为独当一面的将领之后,他的薪饷更为优厚,但是他坚持每年只寄二百两回家。

---

① 襟霞阁主编《清十大名人家书·左宗棠家书》,宋效永校点,岳麓书社,1999,第165页。

同治元年，他在家书中这样解释原因："念家中拮据，未尝不思多寄，然时局方艰，军中欠饷七个月有奇，吾不忍多寄也。……境遇以清苦澹泊为妙，不在多钱也。"①

军中收入所余，他都慷慨地捐助地方慈善等事业。左宗棠在同治二年（1863年）的家信中说："吾在军中自奉极俭，所得养廉银，除寄家二百金外，悉以捐赈。"②

之所以如此，是因为左宗棠独特的家庭教育理念。咸丰十年（1860年）四月初四，曾国藩在日记中记载，他与左宗棠聊天，左宗棠说，"凡人贵从吃苦中来""收积银钱货物，固无益于子孙，即收积书籍字画，亦未必不为子孙之累云云"③。这也是曾国藩一贯的思想，所以他评价此语为"见道之语"。曾左二人都从自身成长经验中总结出大富之家并非是一个人良好的成长环境，所以他们都主张不给家里寄过多银钱。

治理地方期间，和曾国藩一样，左宗棠从不收属下的贵重礼品，只收价值菲薄之物。胡雪岩从上海给远在甘肃的左宗棠寄送金座珊瑚顶、人参等贵重礼物，左宗棠只留下了一些食物，其余物品全部退回，并且回赠了一些甘肃的土产。④

在治理地方的过程中，左宗棠非常重视对下属的廉政教育。他将清初名臣汪辉祖的《佐治药言》和陈宏谋的《在官法戒录》分发给官吏，"俾

---

① 左宗棠：《左宗棠全集·家书·诗文》，刘泱泱等校点，岳麓书社，2014，第50页。
② 襟霞阁主编《清十大名人家书·左宗棠家书》，宋效永校点，岳麓书社，1999，第168页。
③ 曾国藩：《曾国藩全集·日记二》（17），岳麓书社，2011，第39页。
④ 张耀中：《左宗棠整饬吏治》，《唐都学刊》1995年第1期，第31页。

其知所儆畏"。他还于同治十一年（1872年）在兰州精心选编了陈氏的施政文书、汪氏的《称职在勤》以及清朝专论吏治的文章共十八篇，编成《学治要言》一书，"颁诸寅僚"。①

左宗棠还不厌其烦地在对属员的批答中进行训谕，比如他在批复临潼县（今陕西省西安市临潼区）知县伊令"允桢禀接印视事情形由"的批札中说："做官要认真，遇事耐烦体察，久之无不晓之事，无不通之情。一片心肠都在百姓身上，如慈母抚幼子，寒暖饥饱，不待幼子啼笑，般般都在慈母心中，有时自己寒暖饥饱翻不觉得。如此用心，可谓真心矣。有一等人，其平日作人好，居心好，一旦做官，便不见好。甚或信任官亲幕友门丁差役，不但人说不好，即自己亦觉做得不好。……今以百姓之事交付官亲幕友门丁差役，若辈本非官，官既非真，心安得真耶？"②

这些批语，从用语到文风，与曾国藩的批牍都高度相似。

和曾国藩一样，做地方大员期间，左宗棠也没忘了对自己的家人严格要求。在给儿子孝威的信中，他说："吾家积代寒素，至吾身而上膺国家重寄，忝窃至此，尝用为惧。一则先世艰苦太甚，吾虽勤瘁半生，而身所享受尝有先世所不逮者，惧累叶余庆将自吾而止也。尔曹学业未成，遽忝科目，人以世家子弟相待，规益之言少入于耳，易长矜夸之气，惧流俗纨绔之习将自此而开也。"③

他要求儿子在官署中不可摆少爷排场："在督署住家，要照住家

---

① 鲍永军：《汪辉祖的幕学思想》，《绍兴文理学院学报》2005年第6期，第32页。
② 左宗棠：《左宗棠全集·札件》，刘泱泱等校点，岳麓书社，2014，第150页。
③ 左宗棠：《左宗棠全集·家书·诗文》，刘泱泱等校点，岳麓书社，2014，第83页。

规模,不可沾染官场气习、少爷排场,一切以简约为主。署中大厨房只准改两灶,一煮饭,一熬菜。厨子一、打杂一、水火夫一,此外不宜多用人。"①

左宗棠不愿"营田宅以为子孙计",因为儿子没经自己同意改建房屋而痛责孝威:"家中加盖后栋已觉劳费,见又改作轿厅,合买地基及工料等费,又须六百余两。孝宽竟不禀命,妄自举动,托言尔伯父所命。无论旧屋改作非宜,且当此西事未宁、廉项将竭之时,兴此可已不已之工,但求观美,不顾事理,殊非我意料所及。据称欲为我作六十生辰,似亦古人洗腆之义,但不知孝宽果能一日仰承亲训,默体亲心否。养口体不如养心志,况数千里外张筵受祝,亦忆及黄沙远塞、长征未归之苦况否。贫寒家儿忽染脑满肠肥习气,令人笑骂,惹我恼恨。"②

正因为不想"遗子孙以银钱",所以左宗棠在督抚生涯中,廉俸所余大都"随手散去",捐给了地方慈善或者其他公用开支。同治八年(1869年),湘阴水灾,左宗棠捐银一万两,"今岁湖南水灾过重,灾异叠见,吾捐廉万两助赈,并不入奏。回思道光二十八九年,柳庄散米散药情景如昨,彼时吾以寒生为此,人以为义可也;……养廉岁得二万两,区区之赈,为德于乡亦何足云?有道及此者,谨谢之"③。光绪三年(1877年),陕甘等地大旱,左宗棠带头捐给陕西一万两,甘肃庆阳三千两。光绪五年(1879年),左宗棠的老部下刘典去世,家中老幼无以为养,左宗棠拿出六千两薪俸,为刘典治丧并接济他的家人:"至其身

---

① 左宗棠:《左宗棠全集·家书·诗文》,刘泱泱等校点,岳麓书社,2014,第199页。
② 同上书,第143页。
③ 同上书,第127页。

后一切费用，……共六千两，均由我廉项划给，不动公款，恐累克翁清德。"①

这类资助记录，在左宗棠家书中随手皆是，不妨再录几条：

"丁果臣先生两次书来，并寄示《秩老易学》《篁村遗事》，意欲索三百金为刻书之赀。此老志节甚高，读书有得，不尚声称，不求荣利，实亦当时所仅见。到老穷窭可念，当划廉银畀之。"②

"下第公车多苦寒之士，又值道途不靖，车马难雇，思之恻然。吾当三次不第时，策蹇归来，尚值清平无事之际，而饥渴窘迫、劳顿疲乏之状，至今每一忆及，如在目前。……再以千金交儿分赠同乡寒士为归途川费，或搭轮船，或俟秋间车马价贱再作归计，均听其便。"③

"贺仲肃居官清洁，身后萧条，应致赙二百两交其世兄，并问慈豁交代清楚否。"④

"周文荆来营，询其在长沙开小碓行，失本欠债至二三百千，而所分家产仅田一石数斗，子女又多，无以为生。此子老实可怜，具其先世谨厚有余，应有以恤之。大约除此间给盘川外，应由家中付银百两与之。"⑤

"吾同年唐慈陔讳萱庆，身后两子俱故，不知有孙否，可详询以告。又有同年金季亭讳有成，家贫而持介节。寒饿所迫，遂以早殒，数子亦

---

① 左宗棠：《左宗棠全集·家书·诗文》，刘泱泱等校点，岳麓书社，2014，第185页。
② 同上书，第155页。
③ 同上书，第118页。
④ 同上书，第194页。
⑤ 同上。

相继亡。闻袁克卿说，其家仅剩一寡媳、一孤孙，不能存活，竟至流为乞丐，可伤之至。……由家中取银百两恤其孤寡。……切切。"①

左宗棠任总督多年，遗产只有两万五千两。在家书当中，左宗棠这样谈及自己身后的分家计划："吾积世寒素，近乃称巨室。虽屡申儆不可沾染世宦积习，而家用日增，已有不能撙节之势。我廉金不以肥家，有余辄随手散去，尔辈宜早自为谋。大约廉余拟作五分，以一为爵田，余作四分均给尔辈，……每分不得过五千两也。爵田以授宗子袭爵者，凡公用均于此取之。"②

和曾国藩一样，左宗棠为人治学均深受倔强自强的湖南文化性格和经世致用的近世湖南学风影响。与其他区域文化相比，经世思想传统在湖湘文化中表现特别突出。湖湘文化培育出来的强悍性格，"所表现的内涵是积极的人生观，是强烈的权威感，是高度的成就需要"③。受这种学风熏陶的曾、左身上皆有一种胸怀天下、不以个人得失为念的大气。左宗棠虽然屡试不第，但并不以个人境遇为忧，而是时时为将来有功于天下做准备："身无半亩，心忧天下；读破万卷，神交古人。"④曾国藩也认为，立志之时，不必谋及个人利益："做个光明磊落、神钦鬼服之人，名声既出，信义既著，随便答言，无事不成，不必爱此小便

---

① 左宗棠：《左宗棠全集·家书·诗文》，刘泱泱等校点，岳麓书社，2014，第194—195页。
② 同上书，第173页。
③ 张朋园：《湖南现代化的早期进展（1860—1916）》，岳麓书社，2002，第348页。
④ 左宗棠：《左宗棠全集·家书·诗文》，刘泱泱等校点，岳麓书社，2014，第419页。

宜也。"①也就是说，如果做成了光明磊落的伟人，人生日用、建功立业自然也就不在话下。这两个人身上都有理学家气质，所以曾、左二人一生都很少以物质条件为念，精神专注于大事。

和李鸿章一样，左宗棠晚年也深度介入洋务运动。同治五年（1866年），左宗棠创建马尾船政局，正式建立了近代中国第一个大型的新式造船厂。同治十一年，他在兰州建立甘肃制造局，自造枪炮。光绪六年（1880年），他又创设兰州机器织呢局。此外，他还鉴于西北地区旱灾频仍、水利不修的情况，多次托人在上海购置西洋开河、凿井等新式机器，运到甘肃，发展农田水利事业。可以说，洋务运动中，他和李鸿章一样掌握了大量经济资源，但是我们找不到他参股其中以谋私利的记载。同样，曾国藩督两江时，如果想发财，也是易如反掌。比如通过批盐票一项，就可以成为巨富。然而他却严格要求家人不得领取盐票。

与之相比，李鸿章身上的"江淮气质"则与"湖湘性格"颇有不同。李鸿章的老家安徽合肥所处皖北地区，川原平旷，为南北要冲，历代大的战乱多涉及此地，"安危治乱，与时升降"。地方上土匪横行，社会治安条件极差，所以民众尚武，"民情好斗"。王定安在《湘军记》中说："独滨淮郡邑，当南北之交，风气慓急，其俗好挟轻死，侠刃报仇，承平时已然。"曾官居淮北知县多年的查揆曾感慨："安徽省介江淮间，其俗之悍戾狠斗，凤阳、颍州、泗州为尤甚……"②

在这样的地理环境中，明规则常常不起作用，潜规则才是支配社会的真正力量。在这样的人文环境中成长起来的李鸿章，受底层文化影响比

---

① 曾国藩：《曾国藩全集·家书一》（20），岳麓书社，2011，第182页。
② 查揆：《筼谷诗文钞》，收入聂崇岐编《捻军资料别集》，上海人民出版社，1958，第29页。

较大,性格崇尚豪迈,做事不拘一格,行动以实用主义为指针。福尔索姆在《李鸿章的气质、性格与事业》中说:"他极端实际和讲求实效,脚踏实地,……在会谈中,他总是不拘礼仪,不让它阻碍达成友好协议,并能以令人惊异的明晰见解,一下抓住问题的核心。……在李鸿章看来,与想象中的邪恶斗争是无益的。人们只能做他们能做的事。'惟有量力踏实做去。'"①

李鸿章特别讲哥们儿义气。"李一生中对朋友的忠诚几乎具有传奇色彩。……当朋友身处逆境时,也必须忠于他们,运用自己的影响帮助他们。李非常确信这一点,以至愿意冒危害自己地位的风险去这样做。在曾国藩指控李元度的事件中,李鸿章辞离了曾国藩的幕府,这与其说是支持元度,倒不如说是维护忠于朋友的原则。"②与此同时,李鸿章还酷爱虚荣、喜听奉承、善打痞子腔,这都是底层文化性格的表现。在物质享受上,李鸿章也非常现实,没有理学家那种以物质享受为敌的行为倾向。

因此在居官操守及吏治方针上,曾、左二人表现出惊人的相似性,而与李鸿章存在巨大反差。

当然,虽然都是清官,左宗棠和曾国藩还是有一些不同之处的。曾、左虽然性格都很刚强,但是其"刚"亦有区别:左宗棠性情张扬外露、办事凌厉果断,曾国藩则内刚外柔、做事低调。

曾国藩虽然骨子里是一个清官,但是不想居清官之名。他资助很多慈善事业,都是只做不说,深恐为人所知。而左宗棠性格凌厉直接,乐于显

---

① 福尔索姆:《李鸿章的气质、性格与事业》,周乾译,翁飞校,《安徽史学》1993年第1期,第31页。
② 同上书,第33页。

扬自己的清廉之名。郭嵩焘说左宗棠在军中，日以"吾无一钱"为言①，唯恐自己的清节不为人所知。曾、左二人都拒绝下属送自己贵重礼物，曾国藩通常是通过自己的门子家人代为拒绝，左宗棠却高调地发布公告，以"通饬"的方式，要求"文武印委员弁删除庆贺礼节勤思职守"，"照得新疆军务未竣，本大臣爵阁部堂驻节肃州，启处不遑，所有关内外文武及营局各员，凡遇庆贺礼节概应删除。即谓长属分义攸关，宜随时通候以表虔恭之意，禀启将意亦无不可，断不准擅离职守来辕进谒，致旷职守。其有专差呈送礼物者尤干例禁，已早饬文武摈弃不收。各文武印委均应勤思职业，毋得非分相干，自取咎戾。懔之！"②

曾国藩虽然在家书中反复教育儿子要俭朴自持，却从来没有提及要将这些家书传之后世。左宗棠则特意嘱咐自己的儿子将家书装订成册，以流传后人："吾本寒生，骤致通显，四十年前艰苦窘迫之状今犹往来胸中。……自今以后均得从俭，不得援照尔兄嫂往事为例。此纸可装订成册，以示后人。"③

曾国藩中年变法之后，对官场的潜规则采取部分妥协的策略，因此他晚年居官也时有"灰色"之举。比如曾国荃经常举荐亲友到两江总督衙门谋差事，曾国藩多数都给予了妥善安排。而左宗棠则一生基本保持了清峻凌厉的做官风格，操守之严，到老弗懈。在西北主政之时，有不少家乡的亲朋前去投靠，希望谋个饭碗或前程，这些人大部分都被左宗棠峻拒，所

---

① 郭嵩焘撰，梁小进主编：《郭嵩焘全集·集部一·书信》（13），岳麓书社，2018，第169页。
② 左宗棠：《左宗棠全集·札件》，刘泱泱等校点，岳麓书社，2014，第545页。
③ 左宗棠：《左宗棠全集·家书·诗文》，刘泱泱等校点，岳麓书社，2014，第180—181页。

获不过是一份回乡的川资。仅在肃州一地,左宗棠就为这些人支付了高达四千多两的路费。左宗棠写信给陕甘总督杨昌濬,说我的戚族如有逗留兰州一带请求收录的,决不宜用,"亦可省弟一累也"①。他的夫人去世前曾请其给予湖南柳庄家中的门丁何三以勇丁粮饷,他认为何三是家人,非勇丁,而从自己的年俸中拨银付给:"何三在家看门久,老实,而晚景不好。在闽时尔母曾说过给与一名勇价,吾亦诺之。惟念勇之口粮不可给家人,是以久未给,予亦且忘之。今寄信若农观察,请其划拨二百十两零六钱交尔给何三,以了此项,盖四年勇费之数也。"②

所以曾国藩一生未以"清"名著,而左宗棠却成为一些传说逸事中的主角。比如这一则:

"当左宗棠抵达北京时,他发现自己置身于一个很不适合他那率直脾性的世界。还没进城,他就遇见了腐化堕落的实例。腐败已经吞噬了朝廷,使认真管理国家事务的企图一败涂地。他碰到了一个惯例:所有任期结束奉召进京的高官,都要在城门口交纳一笔银子。那些刚从油水特厚的位置上退下来的官员,有时要交纳十万两之多。左宗棠来到京城门口,门房要他交纳四万两,被他拒绝了。他说,皇帝召他进京,他就来了,如果进入国都面见皇上要交钱,那就应该由朝廷埋单。至于他,一个铜板也不会掏。他在城门外等了五天,直到事情有了转机,但他未掏腰包。"③

可以说,在左宗棠身上,更鲜明地、风格化地体现了湖南人的"霸

---

① 左宗棠:《左宗棠全集·书信三》,刘泱泱等校点,岳麓书社,2014,第613页。
② 左宗棠:《左宗棠全集·家书·诗文》,刘泱泱等校点,岳麓书社,2014,第142页。
③ W. L. 贝尔斯:《左宗棠传》,王纪卿译,江苏文艺出版社,2010,第246页。

蛮"、较真或者说"骡子"精神,而曾国藩则更大气含元,藏而不露,以浑为用。二人官风一墨一黄,体现了传统清官的两种不同类型。

当然,虽以"孤介"闻名,但是左宗棠亦并非不通人情世故、毫无弹性之人。

上文引左宗棠家书"吾在军中自奉极俭,所得养廉银,除寄家二百金外,悉以捐赈"的下文是:"宁波海关,有巡抚平余银八千两,历任皆照例收受,我以今日何需乎此款,本可裁,以其为陋规也,但裁之之后,未必人皆似我之省约,则必不敷用矣,岂可以我独擅清名,而致他人于窘境乎?因遂受之,仍以转送赈局。书告尔等,应知取与皆当准之于义,而又不可不近人情也。"①

可见他对于官场上的规矩并非全盘摒拒,特别是在涉及个人感情之时,他的处理也会很到位,比如他以宝鼎馈潘祖荫,就是一个证明。

咸丰九年(1859年)底,左宗棠遇到了自己人生中最大的跌蹉。其时他在骆秉章幕府,恃骆氏的信任,一意孤行,对那些品级很高的大员也不假颜色,终被人以"劣幕"之名上奏朝廷。咸丰皇帝发下谕旨,命逮捕左氏,若其果真有不法情事,可立即就地正法。左宗棠的好朋友郭嵩焘求助于大理寺少卿潘祖荫,潘祖荫遂上了《奏保举人左宗棠人材可用疏》,极言左氏之才,在折子末尾甚至对皇帝说出"国家不可一日无湖南,即湖南不可一日无宗棠"这样的话。因为众人不遗余力地营救,左氏转危为安,咸丰皇帝亦因此对左宗棠这个人极为注意,不久他就被授以四品京堂候补,成为曾国藩的助手。

---

① 襟霞阁主编《清十大名人家书·左宗棠家书》,宋效永校点,岳麓书社,1999,第168—169页。

左宗棠对潘氏的夸誉救助一直念念不忘，封疆之后，每年都送以千两"炭敬"。后来在陕甘总督任上，他得到一件极不寻常的古董，将它送给了当时已经受到革职处分的潘祖荫，以表敬谢安慰之意。这件古董就是后来中国历史博物馆的镇馆之宝，闻名全世界的"大盂鼎"。

关于此事的原委，在左宗棠的书信中可以考见。大盂鼎乃康王时贵族盂所做的祭器，道光初年于陕西岐山礼村出土，为左宗棠的僚属袁保恒所得，袁转献左宗棠。这尊稀世珍宝，因为器形巨大、造型完美，极为引人瞩目。左宗棠知道潘祖荫是金石收藏大家，遂将大盂鼎拓片寄给潘氏，言明相赠之意。不过潘祖荫见到拓片后，对其真伪产生了怀疑。事见同治十二年（1873年）左宗棠答袁筱坞书："《盂鼎》拓本细玩定非赝作。伯寅侍郎疑为不类，亦因其后互有出入，而神锋微露隽异，……弟意宝物出土，显晦各有其时，《盂鼎》既不为伯寅所赏，未宜强之，盍留之关中书院，以俟后人鉴别。……殊器不可令其勿传，致之八喜斋当称得所，尊意云何？"①

从信中可见，潘祖荫对大盂鼎的真伪持疑，左宗棠坚信这是"宝物"，决定将大盂鼎留在关中书院，以候后人鉴别。

第二年，潘祖荫经过细考，确定这是举世之珍宝，致信左宗棠，请他从速送到都中。事见同治十三年（1874年）答袁筱坞书："伯寅侍郎书来，亟盼盂鼎之至。前函敬托代为照料，辇致都中，计已承筹措及之。"②

---

① 左宗棠：《左宗棠全集·书信二》，刘泱泱等校点，岳麓书社，2014，第354—355页。
② 同上书，第402页。

从同治十三年十二月二日陈介祺（簠斋）致潘祖荫的一封信中，可以判断大概这年年底此鼎终归潘氏所有："得十月惠书四缄，……盂鼎既云年内可至，刻想已纳尊斋。"[1]

---

[1] 陈介祺：《秦前文字之语》卷一《致潘祖荫书》，同治十三年甲戌十二月二日，陈继揆整理，齐鲁书社，1991，第42页。

### 第五节

# "赤贫"刘光第和"巨富"那桐

如果要数清代历史上最穷的京官,刘光第应该可以上榜。

我们知道刘光第,一般都是因为他是"戊戌六君子"之一,因为参与百日维新被杀害于菜市口,同时他也有诗名,是清末维新派的著名爱国诗人。但是对于他的经济状况,很少有人注意。

刘光第是四川人,光绪九年(1883年)高中进士,授刑部候补主事,时年不过二十五岁,在当时可谓少年得志。但是奇怪的是,中了进士之后,他却一直没有到北京去当官。为什么呢?因为家里太穷,他拿不出到北京当官的本钱。直到光绪十四年(1888年),就是中进士五年后,他获得了亲戚一笔资助,才能起程奔赴北京。他在北京做了十年京官,在京官生涯的最后几个月,刘光第才因参与戊戌变法达到仕途的顶点:光绪二十四年七月二十日(1898年9月5日)被授予四品卿衔,在军机章京上行走。但是这段辉煌持续的时间十分短暂,到了八月十三日(9月28日)他就因变法失败被杀害。

刘光第的整个京官生活,都穷得一塌糊涂。一般京官都住城里,上下班方便,他却住在郊外。因为他付不起城内的高昂房租,所以他在北京南西门外找到一座废弃的菜园子,当中有几间旧房,简单收拾了一下,就住了下来。当然,史书说得很客气,说他之所以住在这里,是因为不愿意在北京城里呼吸污浊的空气:"君恶京师尘嚣,于南西门外僦废圃,有茅屋数间,篱落环焉,躬耕课子。二三友人过访,则沽白酒,煮芋麦饷客。"①

刘光第一大家子人的生活水平都很低。清代京官的收入当中,有一项实物补贴叫"禄米",就是大米。但是大部分时候,京官领到手的禄米都质量低劣,根本无法食用。因为管理粮仓的官员往往会把好米私下贩卖掉,然后把劣米偷运进仓充数。在发放禄米时,粮仓官员会"先将霉烂之米充放",虽"间有好米,亦多掺和灰土"②。因此一品大员能领到些好米,中下级官员领到的基本都是放了好几年的陈化老米,且"老米多不能食"③。一般人都领出来低价卖掉,买的人用作牲畜饲料。只有刘光第一家领到之后,是自己吃掉的。刘光第在书信中说,"幸兄斋中人俱能善吃老米""幸兄宅中大小人口均能打粗,或时买包谷、小米面及番薯贴米而食"④。因为一直处于艰难之中,所以刘家中的大人小孩子都很能吃苦。

一家人穿的也十分破旧。刘光第唯一一件体面衣服,一穿就是十年,

---

① 高楷:《刘光第传》,收入《刘光第集》编辑组:《刘光第集》,中华书局,1986,第440页。
② 《光绪朝东华录》,光绪十八年十二月。
③ 何刚德:《春明梦录》卷下《京官俸银及其他收入》,张国宁校点,山西古籍出版社,1997,第101页。
④ 同①书,《自京师与自流井刘安怀堂手札》,第215、280页。

"一布袍服十年不易。……笔墨书卷外无长物"①,"除着礼服外,平日周身衣履无一丝罗"②。其夫人则"帐被贫婆"③,被子蚊帐千疮百孔,看起来根本不像一位官员夫人,而像是一位城市贫民。他的几个儿女则更是"敝衣破裤,若乞人子"④,像是要饭花子。

因为住在城外,所以刘光第的上班路程很远,"从寓至署,回转二十里",又因为无钱坐车,所以平时"均步行,惟雨天路太烂时偶一坐车"⑤。每天步行十公里,倒是非常锻炼身体。

刘光第避居城外,除了无力支付城内高昂房租,还有一个原因,这样可以避免频繁的应酬往来,换句话说,就是可以少随点份子。别人家都是三天两头请客吃饭,只有他们一家人很少出门交游。他夫人在北京待了十一年,没出过一次门:"寻常宴会酒食,亦多不至。其夫人自入都至归,凡十一年,未尝一出门与乡人眷属答拜。宅中惟一老仆守门,凡炊爨洒扫,皆夫人率子女躬其任。其境遇困苦,为人所不堪,君处之怡然。"⑥

综合以上情况,刘光第的生活比北京普通市民强不了太多,自然应该被归为京官中最贫困的一类。他的生活之所以如此穷困,有以下原因:

第一个原因是收入低微。晚清太平天国运动兴起,为了弥补军费不

---

① 胡思敬:《刘光第传》,收入《刘光第集》编辑组:《刘光第集》,中华书局,1986,第443页。
② 同上书,《自京师与自流井刘安怀堂手札》,第248页。
③ 同上书,高楷:《刘光第传》,第440页。
④ 同上书,《子长安圹铭》,第70页。
⑤ 同上书,《刘光第年谱简编》,第451页。
⑥ 同上书,高楷:《刘光第传》,第439页。

足，朝廷不得不卖官筹钱，结果官多职少，所以刘光第到京之后，一直以候补的身份工作。按清代官制，刘光第正途候补的京官，只有正俸，他所任主事为六品官，国家正俸为六十两，除此还有六十斛禄米。但是因为财政困难，正俸又经常被打折扣发放，刘光第在家书中曾说自己"俸银五十余两"。除此之外，晚清捐官兴起后，官员给老乡做保人，每年可以获印结银收入约一百五十两，加上五十两俸银，刘光第每年全部收入为二百两左右。但是在北京拖家带口生活，一个官员每年至少需要六百两，所以正常情况下，他每年的赤字要在四百两左右。

第二个原因是刘光第出身非常贫寒。京官生活水平如何，与家庭背景有关。有些收入低微的京官在北京也能过上安定优越的生活，是其家族在背后提供了强大的经济支撑。比如翁同龢状元及第后官授翰林院修撰，每年工资收入不过一百多两，但是他的生活从来没有遇到什么窘迫，因为翁氏一族在北京仕宦多年，他的父亲翁心存时任体仁阁大学士，家资丰厚。

而刘光第则出生于贫穷的农民兼小商人家庭。读《刘光第集》，他的祖父冬天连棉袄都穿不起，成天赖在邻居家的铁炉边不肯走，熏得脸面漆黑，亲戚来了都不认识，"隆冬犹衣败絮，寒不可支，则竟日负邻家铁炉坐不去。面目黧黑，亲故至不可辨识"。①到了他父亲一代，家境也没什么好转，全家两三个月才能吃一次肉，一次不过几两，"家经变故多，支用绌，入不敷出，食常不买生菜。两三月一肉，不过数两。中厨炭不续，则弟妹拾邻舍木店残杈剩屑以炊"②。

刘光第被钦点刑部主事后，因家境贫寒不能支持京官生活的浩大费

---

① 《刘光第集》编辑组：《刘光第集》，《先大父家传》，中华书局，1986，第35—36页。
② 同上书，《先妣述略》，第44页。

用，没有进京。后来，他的一位族叔，自贡盐场绅商刘举臣，主动提出每年资助他银钱二百两。富顺县令陈锡鬯一度"亦年助百两"①。这样，刘光第才在母丧服阕后进京为官。因为自己花费全靠他人捐助，欠着巨额人情债，刘光第自然能省即省，不敢大手大脚。

刘光第其实有着强烈的出人头地的欲望，也不怎么掩饰自己对仕途的热衷，到北京之后，很想快快升官。盖因他之读书，是全家人节衣缩食供出来的，母亲甚至"卖屋而买书"②，以供他读书。所以全家人发达之愿望，皆在他一身。

到刑部上班后，他工作十分勤奋。一般人一个月到衙门上二十天班，就已经算非常勤奋的了，他每个月出勤可达二十八九天。《年谱简编》载："销假就职后到署甚勤，每月必到二十八九次。"③在致刘举臣的信中，他这样解释自己为什么如此勤奋："惟本司人数太少，主稿等均劝勤上衙门，一月得二十天都好，如能多上，便见勤敏。"④如此勤敏，大家都说他过不了几年就能升官，"同乡皆言，如此当法，数年后，必定当红了"⑤。大家如此鼓励，他对自己的仕途也很有信心，认为像自己这样拼命做官，不难飞黄腾达。光绪十六年（1890年）底，他在家信中说："故就兄一人一身而论，尽可无虑，十数年间，一帆风顺，便可出头。"⑥

---

① 《刘光第集》编辑组：《刘光第集》，《刘光第年谱简编》，中华书局，1986，第451页。
② 同上书，《先妣述略》，第44页。
③ 同上书，《刘光第年谱简编》，第451页。
④ 同上书，《自京师与自流井刘安怀堂手札》，第193页。
⑤ 同上书，第196页。
⑥ 同上书，第217页。

虽然如此说，事实是十年之间，他却始终在候补主事一职上不能迁转。一方面原因是晚清仕途过于拥挤，另一方面则是刘光第的个性并不适合混迹官场。

刘光第从小在艰难困苦中长大，个性强硬方刚，能吃寻常人不能吃之苦。《年谱简编》记载，有一次他走在路上被疯狗咬伤，怕感染病毒，他硬是从附近人家借了把菜刀，活生生把伤口周边的肉都挖下来了："常步行富泸间，为瘦犬所伤。从乡人借厨刀削去伤口，乡人围观骇叹。"[1]此举断非寻常人所能为，可见其性格之强。

刘光第的另一个性格特点是内向、孤介。对于社交活动，刘光第既不擅长，也不感兴趣。除了必不可少的礼仪，比如师门的三节两寿之礼，平日"少交游，避酬应"[2]。偶尔应酬，也多独坐"寡相谐"[3]，坐在那儿不和别人交流。胡思敬说他"恂谨寡交，稠人广坐中，或终日不发一言。官刑曹十余年，虽同乡不尽知其名"[4]。他当了十年官，连同乡都没认全。他这样做，原因当然主要是对官场上的喧嚣浮华十分看不惯，也不愿意对高官做谄媚之态。刘光第也说自己"冷僻犹昔"[5]，"在人稠中"他"不善作便佞趋承之状"，以致"众皆木石视之"[6]。这样的性格，自然影响他在官场中广结机缘，导致迟迟不能升迁。

---

[1] 《刘光第集》编辑组：《刘光第集》，《刘光第年谱简编》，中华书局，1986，第450页。
[2] 同上书，第452页。
[3] 同上书，《上张安圃师书》，第291页。
[4] 同上书，胡思敬：《刘光第传》，第443页。
[5] 同[3]。
[6] 邹元标：《答方凤轩民部书》，见上书《都门偶学记》，第175页。

刘光第的收入中缺少外官"馈赠"等灰色收入，这是因为入仕不久，他就立志要做清官名臣。光绪十五年（1889年），也就是进京为官的第二年，他就在家信中说，自己要效仿康熙朝的名臣魏象枢，有了亲戚的资助，就不收什么灰色收入，而是力图保持清廉之节："昔康熙时魏敏果公（名象枢）为一代名臣，俗所称保荐十大清官者也。其初得京官时，亦患无力，不能供职，其戚即应酬之，后来竟成名臣。（有人接济，免致打饥荒，坏人品，此亦魏公之福也。）"①

因为立志要做名臣，刘光第十分爱惜羽毛，其清峻程度远过于曾国藩。步入官场之初，刘光第也一度和光同尘，接受过一些馈赠。后来，随着做清官名臣的人生设计日益清晰，他开始拒绝被大多数官员都视为正常的馈赠，"兄……不受炭别敬（方写此信时，有某藩司送来别敬，兄以向不收礼，璧还之）"②。甚至连好朋友的帮助他也不要，因为他不想沾染任何灰色收入。有一个好朋友发了笔小财，得到三四千两白银，想帮他一把，也被他拒绝："京中今年结费太坏，用颇不敷。抢三已补员外，别项进款约三四千金，平时颇知兄，常欲分润，露于言句，不知兄不敢受也。"甚至有人看他成天穿着破旧衣服，想给他两件衣服，他也不要："赵寅臣欲出京时，欲以纱麻等袍褂相送，因兄所穿近敝故也，兄亦婉而却之而已。"③这样他就失去了"他人馈赠"这一京官颇为重要的收入来源。

及至后来因参与变法而获得重用后，他的作风在军机中也独树一帜。

---

① 《刘光第集》编辑组：《刘光第集》，《自京师与自流井刘安怀堂手札》，中华书局，1986，第200页。
② 同上书，《京师与厚弟书》，第287页。
③ 同上书，《自京师与自流井刘安怀堂手札》，第233页。

升了官，别人都要给报信的太监赏钱，只有他一个钱不给："向例，凡初入军机者，内侍例索赏钱，君持正不与。"不仅如此，不管谁家有事，他也不随礼："礼亲王军机首辅生日祝寿，同僚皆往拜，君不往。军机大臣裕禄擢礼部尚书，同僚皆往贺，君不贺。谓：'时事艰难，吾辈拜爵于朝，当勖王事，岂有暇奔走媚事权贵哉！'其气节严厉如此。"①

当了军机章京，别人每年都可以收到大笔外官送的礼金，只有他一文不要："（光第）性廉介，非旧交，虽礼馈皆谢绝。既入直枢府，某藩司循例馈诸章京，君独辞却；或曰：'人受而君独拒，得毋过自高乎？'君赧然谢之。"②

如此做官之法，使得他升官反而更为赔钱，每年要赔五百两。他自己在家信中说："兄又不分军机处钱一文（他们每年可分五百金之谱，贪者数不止此）；……如不当多时，所赔犹小；如尚不能辞脱，则每年须干赔五百金。"③

基于以上原因，刘光第的生活自然摆脱不了艰窘。他在书信中描述自己的生活说，因为今年收入少，所有家务都是夫人带一女仆亲自干："兄今年京中尤窘迫非常，……以致连厨手亦不能请了，全是一婢女与敝室同操作，日无停趾。"④家里越发破旧得不像样子："盖去夏大雨后，顶棚全漏，烂纸四垂，屡次觅裱糊匠不得（通京俱从新裱糊，匠人忙极）。及觅得，又以价太昂，屡相龃龉，直至冬月，始迫于不得已，费十余金，乃

---

① 梁启超：《刘光第传》，收入《刘光第集》编辑组：《刘光第集》，中华书局，1986，第436页。
② 同上书，高楷：《刘光第传》，第439页。
③ 同上书，《京师与厚弟书》，第287页。
④ 同上书，《自京师与自流井刘安怀堂手札》，第207页。

收拾完好。……惟是顶棚未裱好时,客厅诸事,俱颇潦草。"①

这种贫困状况贯穿了刘光第京官生涯的始终。一般人苦熬、苦做京官,一是期望能在级别上快些升上去,二是期望能外放到外地做地方官,收入可以名正言顺地大涨。资助刘光第的族叔也是这样期望的。可惜,因为参与维新变法,刘光第没有迎来自己经济状况改善的那一天就断送了性命,他的族叔也没能收回投资。在他变法失败后被捕之时,连执行抓捕任务的官兵都惊叹他家之穷:"缇骑见家具被帐甚简陋,夫人如佣妇,皆惊诧曰:'乃不是一官人!'"②

作为一个庞大的群体,京官的生活水平自然不尽相同。虽然明清两代京官通常都很穷,但是并不是说所有京官都生活在困窘当中。京官之中,也有少部分人身处巨富阶层。

这些人一般分两类。一类是立身不谨的重臣权臣,因为掌握的资源广而巨,夤缘攀附者门庭若市,所以营私肥己的空间很大。典型代表当然非清中期的和珅和晚期的奕劻莫属。

另一类是"肥缺官员"。京官中有些职务,表面不显山露水,但"实惠"却非常之巨,比如内务府及户部的某些职官、银库官员、各榷关税务官员等。但是他们绝大多数是满人,这是因为清代的"首崇满洲"的民族政策。王志明说:"中央机关的满缺最多,据《清朝文献通考》的记载,1785年朝官中满洲缺、蒙古缺、汉军缺、汉缺分别是2751、253、142、558名,其中户部和工部的某些机要部门如银库、缎匹库、火药局等,全为满缺所独占。可见要津和中央机关为满人所控制,牢固了满人的统治

---

① 《刘光第集》编辑组:《刘光第集》,《自京师与自流井刘安怀堂手札》,中华书局,1986,第247页。
② 同上书,《刘光第年谱简编》,第457页。

权。"①这类满族京官自然活得特别滋润。那桐就是其中的代表。

那桐是中国近代史上的一位重要人物,晚清历任户部尚书、外务部尚书、总理衙门大臣、军机大臣、内阁协理大臣等要职,对晚清政局产生过重要影响。在这里我们不论其政绩,只来看一看他的经济生活。

那桐乃内务府镶黄旗满洲人,叶赫那拉氏,咸丰六年(1856年)生于北京。他的家族是内务府世家,家资丰厚。不过和大部分内务府纨绔子弟不同,他自幼肯于读书,并且取得了举人功名,这在满人中算得上相当难得,所以被人称为晚清"旗下三才子"之一。他又颇有办事才干,在满族官员当中属于一位"能员",所以升迁之路相当顺遂。

那桐留下了一部日记。读这本日记,我们发现,从青年时代起,那桐的生活就是极为优裕,甚至是奢华的。

那桐的住宅位于金鱼胡同,这是一座豪华宅邸,一座横向并联的七跨大院,占地二十五亩之多,房屋三百多间。特别是其中的"那家花园",以"台榭富丽,尚有水石之趣"而闻名京师。②

那桐日记起自光绪十六年。从日记记载来看,那桐几乎天天都是在饮宴应酬、唱戏听曲中度过,生活既按部就班,又富足滋润。比如光绪二十二年(1896年)三月,他共有十九天赴宴或者在家宴请别人,约晚饮,到同兴楼小食,赴福寿堂之约,在家晚饮,赴九九园消寒九集,到福全馆晚饭,谈崇文门公事,同和楼晚饭,赴九九园之约……名目繁多,经

---

① 王志明:《雍正朝官僚人事探析》,华东师范大学博士学位论文,2003,第16页。
② 贾珺:《台榭富丽水石含趣——记清末京城名园那家花园》,《中国园林》2002年第4期,第71、73页。

常子初、子正才归。①除了日常锦衣玉食，那家花园"经常举办各种演出活动。……京戏名角大都是那家的常客。那家爱听戏，经常一唱就是一整天，甚或连唱几天"。②

在晚清时代，能不能玩得起"西洋玩意儿"是一个家庭是否有实力的重要标志。光绪二十三年（1897年），在一次赴天津旅游之后，那桐迷恋上了西洋事物，从那一年起，"那家隔三岔五吃西餐，买洋货"，"坐汽车、安电话，甚至买汽车，反正什么东西时髦，那家便很快拥有"③。

那桐日常应酬手笔也很大。日记记载，光绪二十二年四月初九日，"熙大人宅"有喜事，他出份子二百两白银④；光绪二十四年（1898年）他升为"正部级"后，到各处拜谢老师，送给荣禄银一千两，其他送崇绮等十一人，从四十两至一百两不等⑤；光绪二十五年（1899年），庆亲王女儿结婚，他送"大裁江绸二套、九件荷包二匣、宴席二桌、绍酒二坛、茶叶百斤、羊烛百斤、喜分百金"⑥；日记中经常可见他借钱给别人，比如光绪二十四年六月十六日，伦贝子借去一千两京松银。⑦

那桐的生活水平如此之高，来自四个方面的因素。

第一个因素，是那桐的特殊出身。那桐出身内务府，家底本来就很厚。

---

① 北京市档案馆编《那桐日记》（上册），新华出版社，2006，第203—206页。
② 孙燕京：《从〈那桐日记〉看清末权贵心态》，《史学月刊》2009年第2期，第124页。
③ 同上书，第123页。
④ 北京市档案馆编《那桐日记》（上册），新华出版社，2006，第207页。
⑤ 同上书，第300页。
⑥ 同上书，第324页。
⑦ 同上书，第281页。

第二个因素，也是最重要的因素，是那桐一生工作多与经济收支有关，且多次署肥缺。中举之前，那桐因为精明能干，就经常被派一些临时性职务，比如"充户部恭办（皇帝）大婚典礼处派办司员""充恭办（皇帝）万寿庆典总办"①。虽然都是临时充任，但这些皇家庆典例来开支浩大，承办人员扯虎皮做大旗，可钻的空子极多。甚至修办光绪朝《大清会典》这类看起来没什么油水的工程，也有很大闪展腾挪的空间。光绪二十五年，那桐任《大清会典》馆提调官，事毕将工程用剩下的六万两白银交还朝廷，得到慈禧太后的专旨表彰，说他"奉公洁己，办事认真"②。这件"小事"能引起最高层的注意，说明这六万两如果想法分掉，才更符合那时官场之惯例。

那桐长期担任户部的职务。户部的职掌均与经济财政相关，户部官员的公开收入名正言顺地高于其他部门，"各部之中，以户部为较优"③。那桐长期任职户部，到底获得多少收入未见记载，不过他自光绪十一年至十九年（1885—1893年）在钱法堂当差，做到主事。光绪十一年起在捐纳房当差，光绪十八年（1892年）任总办，直至光绪二十四年。这几个地方都是极有油水的所在。此外，他还在贵州司掌过印。那桐为人，并不在意清节，反而是贪名久著，正如摄政王载沣的胞弟载涛在回忆录中说那桐"平日贪婪无厌"，"亦是著名大贪污者"④，所以在户部期间，他的收

---

① 北京市档案馆编《那桐日记》（下册），附录《那桐亲书履历本》，新华出版社，2006，第1079—1080页。
② 北京市档案馆编《那桐日记》（上册），新华出版社，2006，第327页。
③ 何刚德：《春明梦录》卷下《俗语以富贵贫贱威武六字分配六部》，张国宁校点，山西古籍出版社，1997，第84页。
④ 载涛：《载沣与袁世凯的矛盾》，载全国政协文史资料委员会编《晚清宫廷生活见闻》，中国文史出版社，2000，第75页。

入应该就已经不菲。

那桐还出任过一些著名的肥缺。

第一个肥缺,就是"户部银库郎中","佩带银库印钥"①。户部银库是收贮各地送到京师的赋税饷银之所。

众所周知,银库一直是清代财政中水最深的部门,那桐在这个正五品的职务上每年的养廉银是五千两,除此之外到底有多少灰色收入,他在日记中当然不可能透露。不过在担任银库郎中后的第二年,他就开始在京城繁华地段经营当铺。光绪二十三年八月二十四日,"余托孟丽堂价买北新桥北大街路东增裕当铺作为己产。……计占项一万二千余金,架本三万金,存项一万金,统计领去五万三千余金"。②

时隔一年多,那桐再次购买当铺。光绪二十四年十月十五日,"余托孟丽堂价买灯市口北东厂胡同口外路东元丰当作为己产,改字号曰:'增长',总管为孟丽堂,……价本市平松江银三万两,占项市松一万七千两,存项京松二万五千两,统计市松七万二千余金"。③

这两笔高达十二万余两的巨额投资显然不是他的公开收入所能承担的。事实上,分析那桐的升迁之路,我们可以很清楚地看到,银库郎中一职是他宦途升腾的关键点。在此之前,他一直是中低级京官,在此之后仅仅一两年间就跻身高级京官,后更飞黄腾达成了军机大臣、文渊阁大学士。

那桐做过的另一类肥缺是"派充左翼税务委员""派充崇文门正监

---

① 北京市档案馆编《那桐日记》(下册),附录《那桐亲书履历本》,新华出版社,2006,第1080页。
② 北京市档案馆编《那桐日记》(上册),新华出版社,2006,第252页。
③ 同上书,第293页。

督"等税收官员。① 这也是著名的肥缺。

清代税关官员都是肥缺,崇文门税关更是肥中之肥。崇文门税关处于万方辐辏的京师,商贾往来频繁,征税总额巨大,此关的税务官员和胥吏很容易暴富。② 清代巨贪和珅之发家致富,一个重要来源就是担任崇文门监督所获收入。那桐担任这些职务的具体收入我们不得而知,但从他一生行迹来看,我们可以肯定的是他不会洁身自好。

除去以上两个因素,那桐个人的理财水平也是一个关键因素。那桐极具经济头脑,擅长理财,"这也许与他长年在北档房、户部工作不无关系。……他热衷于从事各种经营活动。比如,他经营商铺、置田产、地产、买房产、出租房屋,把自家的经济活动搞得有声有色。……办事经常习惯性地核算成本,比如光绪十六年(1890年),第一次随两宫赴东陵谒陵,来回十余天,回来他曾算了一笔账,'此次一役除户部应领津贴银四十两,尚须赔数十金'"③。如此,那桐的资产积聚相当迅速。

那桐的经营活动中,获利最丰的当属当铺。清代皇族和大员热衷于典当业,这是因为开当铺税收少,获利丰厚。据夏仁虎记载:"质铺九城凡百余家,取息率在二分以上。"④

那桐生活优裕奢华的最后一个因素,是他的性格所致。与晚清大部

---

① 北京市档案馆编《那桐日记》(下册),附录《那桐亲书履历本》,新华出版社,2006,第1080、1082页。
② 万依:《供宫廷及税官染指的"崇文门"》,《故宫博物院院刊》1987年第2期,第29页。
③ 孙燕京:《从〈那桐日记〉看清末权贵心态》,《史学月刊》2009年第2期,第126—127页。
④ 夏仁虎:《枝巢四述·旧京琐记》卷九《市肆》,辽宁教育出版社,1998,第128页。

分满族官员一样，那桐虽然是"能员"，但他的"能力"仅限于操办具体事务，对朝廷大政、国家兴衰，他从没表现出什么独到的政治见解或思想主张。圆融、开朗、外向和精明使他很善于构建自己的人际关系网，在国步艰难之际仍然全力经营自己的"幸福生活"。从《那桐日记》看，他每年春节登门拜年往还的数字相当惊人。光绪十六年，那桐三十四岁，身为中级京官，当年正月初一至十五，他登门所拜的人家约计260家，第二年春节期间，拜年330余家。官至一品后，前往各府拜会的数量略有减少，但来访的客人却明显增加。成为重臣的1904—1911年，那家每年过年更是门庭若市。这自然也预示着他灰色收入的来源越来越广：除去附加效应不提，最直观的收获是每个登门者所携的节礼。《那桐日记》中记载的"持赘"者中，所持最高的为"千金"。①

所以，虽然国难重重，但那桐因经济实力雄厚，人际关系广泛，性格开朗乐观，在晚清社会政治灰暗沉郁的大背景下，他的生活却是一派阳光、热闹和快活。看《那桐日记》的九十万言中，最频繁的记载是家居生活、饮宴应酬、礼尚往来的繁忙和享受。不论年岁如何，每逢年节，那家肯定会频繁举办各种奢华的饮宴聚会。甚至国难临头之际，遇到红白喜事也从未草率行事，各种喜分、奠分一丝不苟。"1890—1925年间，那家的娱乐活动多得不可胜计。如果外出听戏（包括入宫听戏）、看花灯……出游不计算在内的话，那桐及家人最钟爱的文娱活动是堂会，内容包括'什不闲''八角鼓''大鼓书''说书''影戏'（含皮影、幻灯）、洋傀儡戏（木偶戏）和京剧。'双处评书''抓髻赵什不闲''子弟什不

---

① 孙燕京：《从〈那桐日记〉看清末权贵心态》，《史学月刊》2009年第2期，第122页。

闲'‘马老什不闲'‘马老八角鼓’，多是那家固定邀请的演员，甚至成为门客。日记里常提到这些演员的名字，有时还进行评论和比较。什不闲很受那家老少的欢迎，隔三岔五就会被请到那家来娱乐一番。……家庭祝寿，友朋拜寿多以演戏为乐，甚至把京剧当成‘贺礼’相互送来送去。1903年，那桐的二女儿19岁生日，'在新西花厅唱安庆高腔戏一天，伦贝子、诚玉如、三祝、小川、彭子嘉、陶杏南送昆戏六出，来客甚多，午正开戏，子初散'。"① "对这些活动，那桐总是兴致勃勃，乐此不疲，偶尔才会感慨两句‘忙累’‘倦极’。"② "几乎未间断记日记的晚清到民国的35年里，那桐绝少出现失望、烦躁、不安、不如意、心灰意懒等负面情绪。相反，倒是兴奋、昂扬、兴味盎然、兴致勃勃、心满意足表现得淋漓尽致。"③

综上所述，那桐是京官中优裕派的典型。清代优待满族的特殊政策，内务府出身的背景和屡署肥缺，使他拥有了雄厚的家底。而善于理财投资的天赋和开朗圆滑的个性，推动他在动荡的政治大背景下敛财投资，成为京城巨富，其生活水平是曾国藩等普通汉族京官无论如何都难以达到的。

---

① 孙燕京：《从〈那桐日记〉看清末权贵心态》，《史学月刊》2009年第2期，124页。
② 同上书，第123页。
③ 同上书，第122页。此段直接引文以外部分也主要参考了此文。

图书在版编目（CIP）数据

陋规：明清的腐败与反腐败 / 张宏杰著 . -- 长沙：岳麓书社，2020.7（2023.9 重印）

ISBN 978-7-5538-1322-6

Ⅰ.①陋… Ⅱ.①张… Ⅲ.①廉政建设—历史—中国—明清时代 Ⅳ.① D691.49

中国版本图书馆 CIP 数据核字（2020）第 067552 号

LOUGUI: MING QING DE FUBAI YU FANFUBAI
陋规：明清的腐败与反腐败

作　　者：张宏杰
责任编辑：丁　利
监　　制：秦　青
特约编辑：列　夫
营销编辑：柯慧萍
版式设计：梁秋晨
封面设计：别境Lab
岳麓书社出版
地址：湖南省长沙市爱民路 47 号
直销电话：0731-88804152　88885616
邮编：410006
2020 年 7 月第 1 版　2023 年 9 月第 2 次印刷
开本：680×955　1/16
印张：21.5
字数：278 千字
书号：ISBN 978-7-5538-1322-6
定价：65.00 元
承印：三河市百盛印装有限公司

若有质量问题，请致电质量监督电话：010-59096394
团购电话：010-59320018